纪录片实务译丛

丛书主编 王迟

An Insider's Guide
to Storytelling in Factual/Reality TV and Film

冲突：
纪实节目、真人秀、电影的故事宝典

［英］罗伯特 瑟克尔 (Robert Thirkell)◎著
彭 侃◎译

中国广播影视出版社

献给马蒂亚和所有与我共事、帮助过我的人，

感谢你们。

致　谢

我要感谢多位与我一起共事的才华横溢的朋友们，是他们影响着我，帮助我制作出更好的影片来。我首先要感谢《杰米的校园餐食》（*Jamie’s School Dinners*）的整个制作团队：安德鲁·康拉德（Andrew Conrad）、多米尼克·沃克（Dominique Walker）、盖伊·吉尔伯特（Guy Gilbert）、拉娜·莎拉（Lana Salah）、佐伊·柯林斯（Zoë Collins）、路易斯·霍兰德（Louise Holland）。当然还有杰米·奥利弗（Jamie Oliver），是他提出了这个伟大的想法。另外我要特别感谢所有其他用心为我制作过影片的导演——为我工作是很痛苦的事情！有时我会反省自己的错误——希望每部影片都成为赢家，而难免对导演过于苛求。但转念一想，推着他们超越自己、实现梦想难道不是件好事吗？我希望这本书也能帮助你们实现这一点。

我也要感谢那些呕心沥血的一线工作人员，是你们给予了我可以去处理的素材。虽然听上去可能有些夸张，但我打心底里觉得：导演只是那些把绝佳素材组织在一起，然后片尾署上自己名字的人而已，如果没有大家的努力便没有这一切。我还要感谢所有勇敢地允许我引用他们的话的朋友们，我非常感激你们每一个人。感谢艾伦·海林（Alan Hayling），当我担心出书只是痴人说梦时，他仍然鼓励我去做。感谢亚历克斯·格林汉姆（Alex Graham）、安翠雅·王（Andrea Wong）、阿克塞尔·亚诺（Axel Arno）、波·腾伯格（Bo Tengberg）、塞西尔·弗洛特·科塔兹（Cecile Frot-Coutaz）、查尔斯·瓦克泰（Charles Wachter）、夏洛特·布莱克（ Charlotte Black）、多米尼克·沃克、休·登（Hugh Dehn）、杨·托马琳（Jan Tomalin）、简·露特（Jane Root）、乔·波（Jo Ball）、乔恩·罗兰（Jon Rowlands）、约翰·史密森（John Smithson）、朱莉·乌里韦（Julie Uribe）、拉娜·莎拉、马修·罗宾逊（Matthew Robinson）、米歇尔·库兰（Michele Kurland）、尼克·米尔斯基（Nick Mirsky）、尼克·斯特林格（Nick Stringer）、帕特里克·克罗顿（Patrick Collerton）、彼得·摩尔（Peter Moore）、罗伊·阿克曼（Roy Ackerman）、西蒙·迪克森（Simon Dickson）、史蒂芬·兰伯特（Stephen Lambert）、史蒂芬·若罗维茨（Stefan Ronowicz）、托马斯·布雷恩霍尔特（Thomas Breinholt）、托马斯·海乌林（Thomas Heurlin）、维多利亚·达默（Victoria Dummer）和佐伊·柯林斯。感谢你们每一个人的参与，你们都做出了非常宝贵的贡献。

另外，如果没有我传奇般的代理人安妮塔·兰德（Anita Land），以及代理机构卡佩尔·兰德（Capel Land）的所有人，还有珍妮·里杜特（Jenny Ridout）以及她的团队，我是不可能做到这一切的。事实上是珍妮愿意出版这本书并且不断地包容我。我吹毛求疵的精神简直要把她逼疯了。一直以来我都觉得作家很难转型为影片制作人，而在自己一路跌跌撞撞尝试过之后，我才知道反过来也是同样艰难。

最后我要感谢朋友、家人，特别是我的爱人。自从我们在2006年相识以后，她就一直忍受着我重写这本书的过程。写作就像制作影片一样痛苦，但是对于情侣而言则更加痛苦，因为他们常常因写书和制作影片而忽视对方。马蒂亚（Mattia）希望把标题取为《一意孤行的混蛋》，但幸运的是出版商有更好的想法。

要感谢的人真是太多了。"感谢"对电视制片人来说是个非常好用的词——简直是屡试不爽的存在！

在这本书中，当提到那些给予过我非常好的建议的人时，我都是用写作这本书时他们的职位头衔来指称他们，可能不一定是正式的头衔，而是根据上下文的需要对他们工作内容的描述。希望我所说的这些头衔都是对的，也希望在我长久的职业生涯中，我对许多节目的回忆是准确的。与往常一样，为了追求精确，我把很多人都要逼疯了。但如果还是有影片中的某些细节、它的制作过程或者你的职位头衔我说错了，请务必容忍我。在电视界，人员流动太快，很多人的职位信息可能已不准确了，请谅解。

序

在过去的20年间，我很荣幸曾多次为来英国培训的中国制片人们授课，也曾多次访问中国。在此期间，我见证了中国电视业翻天覆地的变化，而且我感到最棒的变革即将到来，而你们可以帮助它的发生。我曾见证并参与开启了英国的节目模式变革，然后又见证了在美国发生的更大的模式变革，而现在我感到我们即将见证又一次由中国引领的变革。我相信中国已经准备好了面向世界去创造最伟大的、能够赢得国际奖项的纪实影片以及可以输出的节目模式，而这需要本书的主要读者——中国的制片人和导演们去把握机遇。

在我的职业生涯中，我曾不断面向世界各地的电视台、制作公司和制片人们去解释如何用充满强烈情感的叙事去赢得观众。而这种叙事方式在中国已有很深远的历史，如今它又要在中国大放异彩。我对曾与我共事的中国制作团队的创意与学习能力印象深刻，尤其是那些年轻人。在1990年代的英国电视业以及之后的美国电视业，我们大多数时候会发现要说服制片人接受这本书中提到的新创意是一个巨大的挑战，而在中国，我发现制作团队更加开放，能够接受新的创意，适应各种工作方式，并且有出色的能力和速度去完成工作。

在我近期访问中国的一次旅程中，来自中央电视台的一些领导们邀请我在北京朝阳区的一家饭店里共进午餐。我很期待这顿饭，对于一个有冒险精神的英国电视制片人来说，吃饭是每次中国之行中的一大亮点。从简单的路边小店到高级饭店里的宴席，我在中国能吃到各种美味佳肴，而这也是我为什么会热爱访问中国的重要原因。不过，比食物更有趣的是交流。央视的领导们很担心一个英国人能否真正帮到他们，因为如他们所说，中国是如此不同。中国的观众喜欢明星嘉宾，喜欢非常光鲜亮丽的制作，大部分成功的节目都脱胎自韩国。而我所讲述的没有明星的商业题材故事如何能在中国取得成功呢？他们还认为更大的问题在于我可能不会理解什么是最能触动中国观众的东西。他们告诉我中国的观众最关心的是诸如户口、房价这样的问题。而我能理解那些流动的打工者和因为房价太高、离开学校后租不起房子的大学生吗？

事实上，对于普通的欧洲人来说，移民问题也正在成为最大的问题，为了提高经济收入，欧洲人也经常会离开伴侣、父母和孩子，在欧洲大陆迁徙。移民问题也是英国人投票离开欧盟的主要原因之一。而我曾参与创作过BBC一部时事题材的影片，叫作《移民离开的那天》(*The Day the Immigrants Left*)，这部影片获得了非常高的收视率，并成为了社会话题，因为它准确地触及了英国人所关切的问题。在中国，我们也制作过一部很棒的关于移民家庭的系列节目，百万富翁体验这些家庭的生活，从中发现需要改变的地方，最后以双方的感动和喜悦结尾。我也曾帮助策划另一档中国的节目，关于在海外接受教育的“富二代”回国后接管家族生意的故事。正如你接下来将在这本书中所读到的，我给出的寻找好故事的诀窍之一是去探寻被我称之为社会板块的地方，每个国家都会存在这样彼此碰撞的社会板块，例如贫与富、新与旧、城市与乡村、传统与现代。这档节目囊括了很多存在于两代人之间的戏剧性冲突，这种冲突也存在于世界其他地方，而中国的节目制作者们率先发掘了这一题材。至于刚毕业的大学生们付不起房租的问题，事实上在伦敦也有类似的问题，房价飞涨，甚至在某种程度上是因为太多的中国人在这买房，所以我们正在考虑围绕这一社会问题来开发出一档节目模式，或者你也可以这么干?

回到1980年代的英国，那时刚开启职业生涯的我被告知制作关于商业题材的节目是不可能成功的。当时的大部分纪录片中都有一个主持人，再加上沉闷的旁白，而且这两者通常都被认为是必不可少的。当撒切尔夫人当选为英国首相，她开始对英国进行变革，从一个鄙视金钱的国家走向一个更加商业化的国家，中国如今也正在经历这种变化，而我希望能提供一些帮助。正如你将在这本书中读到的，我们曾创意过一档改造类的节目，最顶尖的英国企业家在节目中帮助那些陷入困境的英国公司实现转型。那时的英国等级森严，有很多繁文缛节，而我说服了这些企业家们直率地去表达，说出他们心中所想，这在当时是非同寻常的，你将在这本书里读到我是如何实现的。正因为这档节目的与众不同，它成功地吸引了观众，并荣获了英国学院奖的创新特别奖和其他很多奖项。我曾被告诫制作时间跨度很大的节目会非常昂贵，而且要想成功需要依靠明星，但我们制作了一档名叫《重返基层》(*Back to the Floor*)的节目，每期节目跟拍一位顶级的企业家假装成普通员工在门店里体验一周的经历。尽管没有明星，但这档节目取得了更大的成功，获得了更多的奖项，并且帮助开启了节目模式变革。

在新世纪初，我离开BBC，成为一位国际顾问，我经常会被美国的电视台和制作公司邀请去帮忙开发新创意。我的回答总是在《重返基层》的基础上再创造，但他们告诉我这在美国行不通，因为这档节目是关于商业题材的，没有知名主持人，没有明星，也没有新鲜夺目的娱乐元素。但当脱胎于《重返基层》的《卧底老板》(*Undercover Boss*)在美国首播时，却吸引了数以百万计的观众，创造了纪实类节目的最高收视率。

另一档我参与策划的系列节目《别告诉新娘》(*Don't Tell the Bride*)已输出到世界各地，包括中国。这档节目的创意是节目组将为那些无力承担婚礼花费的普通人埋单，前提是新郎要全权负责筹办婚礼，从挑选场地和结婚礼服，而且还不能告诉新娘任何消息，这样当新娘抵达婚礼现场时才会感到巨大的惊喜，当然也可能会变成惊恐。在所有的电视节目中，不管是何种类型，最重要的事情是要让观众好奇接下来会发生什么。而在制作这一模式的中国版节目时，中国制片人认为他们需要明星来吸引赞助商，但他们找到的明星是已经结婚的，所以明星们是在重新举办婚礼，而且还经常提前告诉对方接下来将发生什么，因此最终这档节目在中国未能成为爆款。这档节目的一大难点，就像在英国和美国一样，恰恰在于说服电视台和广告商接受以普通人为主角。在电视上呈现普通人的生活也可以达到像明星一样的效果，但需要高超的叙事技巧和真实的呈现，这正是我希望你在这本书里了解的。

世界各地的人们所喜爱的好故事都是类似的，这是为什么好莱坞那些英雄去冒险对抗邪恶的电影能风靡全球的原因。而奈飞的经验也表明，全球各地的观众都愿意去追随那些在压力之下有巨大变化的角色，传统的戏剧性元素并没有过时。

在过去的20年间，中国已经在节目制作方面有巨大的进步，如今它已做好了迎来模式变革的准备。我曾在1990年代后期见证并参与推动了英国的模式变革，10年之后，美国也经历了这一过程，制作出了更大型的纪实类节目。而我相信中国也即将迎来这样的阶段。我希望这本书能够帮助中国的制作者们成为在新的纪实类节目创意领域的领军者，讲出更多打动人心的伟大故事，赢得更多国际性的奖项。在其他领域，中国已经取得了如此多的成就，而在电视内容领域，也是时候大展身手了。

前 言

太棒了！世界上最优秀的电视制作人之一要把他在影片制作方面所有的秘诀和建议告诉大家。警告：这本书可能会让你感到自己的不足，让你开始怀疑自己的工作，但是一旦你读了它，你将有可能会拍出最好的影片。我个人认为罗伯特将他所有的关于电视行业的机密都吐露给大家的行为，简直是疯了。所以请你们务必要充分利用好它，向这位杰出的电视大师学习他的电视节目制作的理念。

《冲突》(C.O.N.F.L.I.C.T) 堪称一部出色的电视节目菜谱，能帮助你“烹饪”出有内涵的、很棒的节目。而罗伯特·瑟克尔无疑是“烹饪冲突”的大师。

杰米·奥利弗

目录 CONTENTS

引 言

当某一个星期天的清晨，在西西里岛和突尼斯之间的一个小岛上，杰米·奥利弗和他的妻子朱尔斯（Jules）冲进我的酒店房间，告诉我拍摄得暂停时，我正在琢磨这一次拍摄我打破了怎样的电视规则。当时，一场飓风正在靠近，轮渡试图入港但终被茫茫大海打败，被迫返航。杰米、朱尔斯和我们整个摄制组都被困在了这个偏僻的、只有两家饭店和一个简陋旅馆的小岛上，而我得以有了充足的时间来思考。

制作影片是艰难的。它不是科学，但我想可能有一些规律可以让制作过程更简单些。这本书运用了我在电视行业将近 30 年的经验，试图总结曾经令我自己受益的方法。我运用了制作节目的一手经验，有一些节目是同杰米·奥利弗合作的，我对它们进行了个案研究以说明这些规律是如何发挥作用的。

一直以来令我惊讶的是，大多数时候，造成影片失败的并不是多么大的困难——其实最难制作的影片结果通常都是最棒的，相反，造成失败的往往是一些琐细的、显而易见的、原本能轻易避免的事情。在电视上，如今有大量纪实类节目是失败的，包括真人秀、专题节目、纪录片、纪实娱乐节目、特殊题材类纪实节目①，等等。这些节目失败是因为它们忽略了纪实叙事的基本原则，这是当你埋头制作时很容易犯的错误。而这恰恰给了我施展的空间，我很幸运！

在 BBC1 频道时，我负责了很多现象级的模式，例如由我担任导演，和约翰·哈维·琼斯爵士合作，曾获得英国电影和电视艺术学院奖的《麻烦终结者》（*Troubleshooter*）；我担任 BBC 纪录片部门负责人时推出的《重返基层》以及《地毯上的血迹》（*Blood on the Carpet*）等；以及其他很多我希望忘记的作品。当我宣布我将离开 BBC 时，有独立制作公司邀请我加盟，而 BBC 方面鼓励我成立自己的公司。但我却问 BBC 及第四频道的电视主管们，我能否走一条不同的道路，

① 特殊题材类纪实节目是指历史、科学、艺术和信仰、人类学、心理学、犯罪学、经济学等特定类型的，以纪实手法表现的节目。这类节目主题通常比较宏大，不讲述简单的个人故事，而是着眼于表现上述领域的运行机制。

做一份之前没有的工作。我希望成为一位电视业的麻烦终结者。通过超过 100 部影片的积累，我在讲故事方面已经有一定的声誉，我希望进行一个新的挑战：看能否将我的经验运用到更多其他人的作品中，甚至创造出一个工具包，当我不在场时也可以使用，来帮助导演们避免很多我目睹的问题。

作为电视界的“救火队员”，我曾经探访很多不同的独立制作公司和电视台，有时帮助创意即将进入拍摄阶段的纪实类系列节目的结构，但更多是在剪辑房里帮助梳理结构，让导演们梦想中的节目实现。在当代电视业的浮躁氛围中，很容易在没有厘清思路时就开始了拍摄。在拍摄过程中，很容易陷入素材中而错过了最重要的核心。而在剪辑室里也很容易忘记一些让纪实类节目行得通的基本原则。

我每年会帮助世界各地电视台的数十部影片“解决麻烦”，从美国的 ABC 电视网和探索频道，到英国所有的主流频道，再到遍及欧洲和澳大利亚的频道，我很幸运可以拥有一个无与伦比的视野，深谙纪实类节目运作的奥秘。因此，从五年前意大利经历的那场风暴开始，我尝试总结出一套工作方法来从源头上防范混乱，以及当面对几乎不可避免的混乱时，应该如何摆脱。

这套工作方法首先得益于我在 BBC 商业纪录片部门工作的经历，我与英国顶尖的商人合作多年，与数以百计的公司打交道，也制作了数以百计的作品，包括数十部《金钱节目》(*Money Programmes*)[①] 和《高层麻烦》(*Trouble at the Tops*)。[②] 我提供的一些工具受到了商业世界的启发，虽然是关于电视，但其实对任何工作都有效。我将这些方法和我在职业生涯中发展出的其他方法结合在一起。后者首先来自我最初在电视世界里像爬蛇梯棋一般摸爬滚打的经历（你在蛇梯上蜿蜒爬行，一旦绳子被割掉，就会从梯子上跌落），也来自于最近这几年的经验，我取得了比较丰硕的成果，帮助了数以百计的纪实类节目，也与名厨杰米·奥利弗和赫斯顿·布卢门撒尔 (Heston Blumenthal) 密切合作，探索如何从一开始便富有创造力和原创性地思考，以取得成功。这本书里还有一些小窍门，关于如何在疯狂的电视世界里保持理智和快乐。这些窍门涉及整个制作过程，从寻找故事和角色到架构剧本和拍摄；从剪辑到最重要的——发现驱动人物和情节发展的动力，一直到表达、取标题和吸引人们观看的技巧等。它们是我发现的有用的规则，但并不是绝对真理，如果你们不同意而发现了适用于自己的技巧，那更好。我希望能通过阅读我的经验帮助你们做到这一点。

当我行走世界各地帮助创意新的模式，或是在进行得不太顺利的节目中担当“救火队

---

① 译者注：Money Programme 为 BBC2 套频道 1966 年便开始播出的一档关于金融和商业事务的老牌电视节目，节目历经了多次改版，2001 年每集改成单一主题的纪录片形式。

② 译者注：Trouble at the Tops 为 BBC2 频道一档商业类观察式纪录片节目，聚焦失败的商业案例，从 1997 年到 2007 年共播出十季。

员”时，我发现这本书里所勾勒出的强故事性对于节目的销售、生存和胜出，都变得日益重要，不仅是在英国，其他国家也是如此。美国如今从欧洲引进了很多的“无剧本”纪实类节目，自己也创造了越来越多的真人秀。我在这本书里列出的技巧正在传遍世界。大约十年前在BBC，我们创作出了《重返基层》这档大获成功的节目，节目中公司老板们到他们旗下的门店亲身体验。如今这个节目的概念已经被重新发掘，创造性地再造成了《卧底老板》(*Undercover Boss*)，后者在美国吸引了大量观众，折射出美国对纪实类节目如饥似渴的巨大需求。在美国一度不被重视的叙事艺术，重新获得了重视。关于如何挑选出彩角色以及凸显冲突的原则正在各处变得日益重要。

不管你在哪，这本书中所列出的技巧都能帮助你未雨绸缪。因为它们来自我在长期工作经历中所总结出的节目成功的要素。我将其发展成了“C.O.N.F.L.I.C.T”工具包。

讲故事从来都是重要的，但它需要我们紧跟自己所关心的人物。所以首先我们需要找到合适的“人物”(Characters)和概念。然后当我们建构一个出彩的剧本时，需要“跳脱常规”去(Out of the box)思考。当我们进入拍摄阶段时，我们需要保持强劲的叙事(Narrative)动力，始终考虑驱动整部影片和情节段落的问题。在剪辑阶段，如果我们能够理清最为重要的片头(Front)，理出角色和情节段落的动机，接下来就好办了。在整个过程中我们需要热爱(Love)并认真对待我们的节目主持人和参与者，并将他们变成普通人。然后我们需要面对将访谈(Interview)、同期声和旁白结合在一起的难题。最后，当我们完成影片时，我们需要将其播出并引起观众的关切(Care)，我们还需要让电视台主管们也注意到我们的项目。这也意味着要有合适的时间线(Timeline)和标题。在我曾目睹的被毁的影片中，这是最容易出问题的地方。最后也是最重要的，要始终保证影片的真实性，谨记真相所在。

所有这些字母拼在一起便是冲突(C.O.N.F.L.I.C.T)，这是本书的主题。当我主管BBC的商业节目部门时，每年会推出数十部影片，我总是强调在我们的影片制作中只有三件事情是重要的：冲突，冲突，还是冲突。讲故事便是揭示重压下的人物获得转变，以及在理想情况下实现救赎的过程。这种压力，或者说冲突，驱动着人物的自省和改变。如果它奏效了，我们会被触动，会更好地理解自己，也能更好地从我们自身存在的众多混乱维度中为我们自己建构出故事。所以让我们从第一个字母开始吧，去找寻那些人物和概念。

第 1 章　人物和概念

开端

大海仍没有平静的迹象，我和杰米以及整个摄制组都被困在西西里附近的小岛上，我回想起 18 个月前我第一次遇见明星大厨杰米时的情景。那是我刚刚离开 BBC 不久，被邀请加入他最新的关于学校食堂的项目。这个项目似乎有很大的缺陷。在此前的作品《杰米的厨房》中，杰米冒险用自己的钱开了一家餐厅：有 15 个他试图给予帮助、令人印象深刻的少年人物，还有一个充满了戏剧性的连贯故事。我似乎很难超越这个作品，尤其当我面对的是一个看似无聊的政治题材，而不是一个充满戏剧性和冲突的真正的故事时。因此我在想，“不，我不想干这个活”。在 BBC 工作了很多年后，我才刚刚试图在 BBC 之外站稳脚跟，将这作为第一部作品太过冒险。但这个项目又自有其吸引人之处，因此我还是开始考虑。

大部分时候制作影片是一件挺遭罪的事，但当你取得成功时你会忘记那些痛苦——当然如果你失败了会更加痛苦。在制作影片之前，我需要设计一个工具包来尽可能地防范失败，我也需要坚守自己职业生涯中所发现的所有原则。

这一章是关于“冲突”工具包中的第一项工具，即字母 C 所对应的——找到合适的角色和概念。这涉及选择合适的、有足够的野心或卖点的故事，找到合适的主人公，并说服他们参与。你的作品和你的辛苦工作的成败全系于此，如果得当，你会找到诸如赫斯顿·布卢门撒尔般的——在《当大厨遇到小厨》（*When Big Chef Met Little Chef*）里与“小厨”连锁餐厅的老板伊恩·佩格勒（Ian Peglar）对着干的人物，或是在《地毯上的血迹：冰淇淋战争》（*Blood on the Carpet: Ice CreamWars*）中与哈根达斯创始人斗争的本（Ben）和杰瑞（Jerry），抑或《厨房噩梦》（*Kitchen Nightmares*）中的戈登·拉姆齐（Godron Ramsay）及餐厅老板，还有

《学徒》(*The Apprentice*)中的唐纳德·特朗普(Donald Trump)和他的学徒们。如果不得当，你可能会浪费一年甚至更长时间，制作出没人看的东西。

得当不得当有一定的运气成分，但仍有一些关键因素会发挥作用：首先要有合适的人物，其次要确保他们被卷入或大或小的一番争斗、一场旅程或一次任务中。这是大部分讲故事的好手们所实现的，也是我所期望的。

寻找人物是困难的。当《学徒》引进英国时，我曾受邀提出建议，我认为要找到一个替代唐纳德·特朗普的人物是几乎不可能的，他是如此独特而敢言的商人，是他让《学徒》美国版大获成功。很多人在寻找一个英国的特朗普式人物，但我知道这是不可能的。英国团队需要足够大胆地寻找到非常不同于他的人物。

彼得·摩尔

英国第四频道纪录片部门前任主管

英国版《学徒》的首任执行制片人

我在找寻一个一走进会议室就让你感到非常害怕——真的非常非常害怕的人物。我想起了一部关于托特纳姆足球俱乐部的电影中，艾伦·休格(Alan Sugar)这个心直口快的角色。在会见休格之前，他的公关人员告诉我，艾伦是其效力过的最粗鲁的人。艾伦身上混合着非常聪明、非常犀利、又非常令人生畏的个性。而这正是冲突的配方。

但BBC不想用艾伦·休格——他们想用名气更大的人，例如菲利普·格林(Philip Green)或是理查德·布兰森(Richard Branson)。我不断重申艾伦是最合适的人选，他的发自肺腑的个性会让他成为荧幕上的明星。而当BBC的主管们看到结果时，他们也完全被折服了。

英国版的《学徒》不像美国版那般考究，以一种更加真实的风格拍摄。我们决定对我们荧屏上的中心人物要少一些矫饰。我们并没有兴趣去看到他的慷慨、他的财富、他的豪华吊灯等。我们的会议室看起来时髦而现代，没有什么装饰，拍摄采用了一种更加纪录片式的风格，没有太多的镜头和角度，因此感觉更加真实。

选择人物是如此重要，因为大部分的影片佳作都在揭示人们在压力之下的反应和变化，并告诉我们关于人类的普世真相：他们具有天然的冲突(这正是这本书所关注的)。但除非你足够幸运能够接手像《学徒》这样已经存在的节目，寻找人物总是像打开一个俄罗斯套娃一样扑朔迷离。

所以在这一章我们首先会看到如何确定一个主题领域来开始你的搜寻，然后如何从中找到一个故事，然后再如何从中识别出一个童话故事——所有这些构成了影片的理念——只有在这时才能看到影片制作中最重要的部分——发现构成角色的人物。

一个斗争的场域

首先需要确定能让人物产生冲突的最佳场域。我在 BBC 科学节目部的一小块领域工作了很多年——制作关于商业的影片，我总是羡慕同事们的题材。死亡的危险是观看一部影片的好由头，而我的同事们制作的影片正是关于能给很多人带来生命威胁的题材，诸如疾病、地震、火山、动物、空难、海难、车祸、医疗事故以及心理问题等。能用高风险给一部影片开场是很棒的做法，"这些人会死，除非……"这是好莱坞戏剧的套路。但商业没有这么多一触即发的死亡，除非是在意大利南部或是纽约的布朗克斯（Bronx）。值得庆幸的是，还有一些别的东西可以产生冲突：例如人物关系。看看 RDF 公司出品的《交换妻子》（*Wife Swap*），萤火虫（Firefly）公司的《家庭》（*The Family*，以升级版的"墙上的苍蝇"式的手法拍摄一个家庭，在房间里布置了数十台固定机位摄像头进行拍摄）或是斯科特·邓洛普（Scott Dunlop）创作的美国《真实主妇》（*Real Housewives*）。

所有这些反映的是不同观念模式的彼此碰撞，就像一个国家地表层下碰撞的地壳板块。如果你能直击到断层线，那么你可能会成为赢家。在英国，这些断层线可能是地理的（南与北）、历史的（现代与古代）、经济的（富贵与贫穷），或最常见的也是最好处理的阶级问题。而在美国，阶级问题可能不像英国那般突出，金钱话题以及年轻与老旧的冲突更为奏效。在我与戈登·拉姆齐合作的《厨房噩梦》及此前与约翰·哈维·琼斯爵士合作的《麻烦终结者》中，所发生的正是这样的"板块碰撞"。与死亡相比，这些冲突的优势在于你还可以加入幽默的元素。

然而，相对于主题，故事更容易引起关注。因此据我的经验，孵化及推销好的影片的首要法则是将它们变成一个故事，而不是空有一个主题。在我担任节目立项主管的多年中，很多人找到我说："让我们做一部关于收购，或关于双胞胎、关于火车的影片。"我总会问道："故事在哪里？"

光靠一个主题很难成就一部动人的影片：你需要有故事才有机会。这个故事需要是当事人真正关心的，如果是其热爱的那就更好了。这个故事如果有一个容易理解的挑战或寻找的目标也会有帮助。但除非你足够幸运，能在一张报纸上读到，或是在晚餐聚会上听到一个完美的故事，否则主题范围还是有作用的，它们能帮助你缩小搜寻的范围，尤其能帮你确定出一个可能包含好故事的范围。

确定一个主题领域

在讨论如何找到童话故事和人物之前，我希望以我在BBC时我们的团队挖掘出的几个成功的故事作为例子，来说明要如何寻找主题领域。在我的早期作品《麻烦终结者》（原创的专家改造秀，启发出了很多同类节目）中，顶级商人约翰·哈维·琼斯爵士去改变一些正在衰退的公司，直言不讳地发表他的观点。在我为样片寻找故事时，我充分意识到，为有个性的人物和冲突找到适合发挥的主题领域是非常重要的。约翰爵士那时是英国的商界领袖，刚刚被评为三年才评一次的年度实业家。一天晚上，他在某个场合碰到了BBC电视部门的老板迈克尔·格莱德（Michael Grade）。他问，自己是否可以在电视上做些什么，来让商业更受尊重。那是1987年，商业在英国仍然是一个有些脏的词汇。我那时是杂志类节目的助理制片人，几乎没有什么升职的指望，同时还在波特贝罗路（Portobello Road）做着一份卖衣服的周六兼职。当时我正在考虑离开电视业，而将卖衣服作为全职，那看起来更有前途一些。

但对我来说，幸运的是，公司的人都拒绝了这项挑战——将一个年老、肥胖、长头发、不修边幅的商人变成一个电视明星；大部分的人都讨厌从老板们那分配下来的创意，而且那时BBC的大部分的人还很讨厌商业。因此这个创意被纪录片部门拒绝了，而我所在的科学部门的主编冒了一回险：我当时是一个一部影片都没有制作过的毛头助理制片人，并正准备辞职走人。但我曾担任一部不太知名的商业系列节目的研究员，因此我成为了给这个总经理喜欢但无人肯接的项目制作样片的理想人选。这是一份无上的幸运，帮助我建立起了整个职业生涯。

我知道这个项目能否成功将决定我能否成为一名导演。但当我开始工作时，我对于电视节目究竟是怎样建构的并没有多少概念，尽管我曾经拍摄过一些插播式的短片，但我从未导演过一部完整的影片。而且跟我合作的是被“嫌弃”的约翰·哈维·琼斯爵士，做的是被“嫌弃”的商业主题的内容。虽然我没有导演过节目，但是我曾经读过很多童话故事，并感觉在某种程度上，我应该将约翰爵士塑造成为一位典型的英雄，就像多年后我为杰米·奥利弗所做的那样。并且我希望商业，和任何人类斗争一样，能够包含英雄故事，具有英雄人物和超乎现实的对手，尽管此前没有人在电视上这样呈现过商业。

电视总是会通过摄制过程改变其拍摄对象，但在当时按照惯例是从不承认这一点的。我没有认识到，于是我和执行制片人理查德·赖斯（Richard Reisz）一道，误打误撞地冒出了一个计划，不但承认电视会改变拍摄对象这一点，还将这一点推到极致，用电视去尝试大范围地改变现实。约翰·哈维·琼斯爵士，这位英雄人物，会负责一些公司，观察出现了什么问题，并做出改变的建议——例如将公司的一半股份卖掉，甚至有时解雇老板。

但当我开始第一次通过踩点拜访来观察约翰爵士实际表现如何时，这个创意被证明可能糟透了。他带我去了他正在拜访的赫里福德一家热交换器工厂。当我们到达后，他所做的只是问候了下，看了20分钟账本，然后便离开了。这个过程比观看画作晾干更无聊。我感觉我的职业生涯悬了。我发誓再也不在一家工程分包工厂制作影片了。但除了一个更好的主题领域外，我更需要找到厉害的角色来和约翰爵士形成对抗关系。这是真正的侦探式工作。你需要到处搜寻——从印刷媒体到互联网、行业组织、专家，你需要处处留心，甚至在《学徒》的足球赛上。我打给了《明日世界》这本流行科学杂志的联系人，他们拍摄了数百家公司。我也叨扰了一圈同事和朋友，甚至在报纸上搜寻日常报道，来准备我要做的节目。我搜寻了数百家公司来寻找合适的、能和约翰爵士形成冲突关系的人物。但我始终没有找到足够好的人物。项目不断推迟，不断推迟，我已开始参与其他影片，但我仍在不断寻找足够强的人物来与我作品中的主角对抗——这个人物得是孤注一掷的、处于真正的拐点、亟需做出改变，而且这个人物也得是在一个有趣的商业领域工作。

屡屡碰壁之后，我决定在那些大众能接触到、能被触动到的领域内寻找。我开始搜寻商店、超级市场、警察局、出售玩具和陶器的各种生活便利店、交通业（这会有额外的视觉表现价值），以及人们最容易发生冲突的服务行业：饭店和旅馆、旅行社和房屋建筑行业，毕竟去度假或是买一套房子会是特别有压力的。这些主题领域最后被证明正是收视率最好的那些集的主题，我们的大部分故事也从中而来。

当我继续为《麻烦终结者》之后的其他节目寻找故事时，例如原创商战秀《地毯上的血迹》，以及跟拍老板们回到基层商店一周时间的原创现象级节目、《卧底老板》的前辈《重返基层》中，我发现了几个为你的人物圈定范围的基本原则：首先，观众喜欢看到那些我们平常会看到、会用到的地方的幕后场面，但要能让他们从一个新的角度去看。

> **塞西尔·弗洛特·科塔兹和朱莉·乌里韦**
>
> 分别为弗里曼陀传媒北美公司无剧本节目发展部的CEO和高级副总裁
>
> 汤姆·比尔斯（Tom Beers）和他的公司曾成功地将观众带入了后台（从跟拍拖网捕鱼者的《致命捕捞》（*Deadliest Catch*）到《冰路前行》（*Ice Road Truckers*）。探索频道和国家地理频道则进入了钓鱼、石油开采、森林跳伞等领域的后台。而《美国偶像》能将你带入音乐世界隐秘的后台——这是一个有些神秘的世界，而这正构成了《美国偶像》吸引力的一部分。我们正在发掘肉铺和拍卖铺的世界……

探寻隐秘世界

很多成功的纪实类节目之所以成功，是因为将观众带入了那些我们所熟知的日常世界的后台：例如《铁警雄风》（*The Force*）将观众带入了警察的神秘世界；《百货商店》（*The Shop*）将观众带入了像塞尔福里奇百货这样的商店；《霍普金斯》（*Hopkins*）将观众带入了位于巴尔的摩的约翰·霍普金斯医院；《旅馆》（*Hotel*）则恰如其名地将观众带入了一家旅馆，或是一家饭店——在很多国家都是一个很棒的主题。所有这些领域都产生了成功的系列节目，因为每一个都揭示了我们看似熟知的、但其实只知其表的现实世界中的诸多隐秘。

我曾用这些主题一次次地寻找故事。在《高层麻烦》这部花了很多个月追踪刺激的商业故事的作品中，两集收视率最高也最具娱乐性的节目是关于玛莎百货（Marks &Spencer）和韦斯菲尔德（Weisfeld' s）——另一家苏格兰大型百货商店的。在《重返基层》系列中，塞恩斯伯里超市（Sainsbury）和弗雷泽百货（House of Fraser）那两集是观众最多的。我也总是会选择旅馆题材，《地毯上的血迹》这部追踪历史上的商战的系列作品中最好的一集，就是一场关于旅馆的恶意收购战。

这些主题领域是如此有效，以致每一个都产生了他们自己的《麻烦终结者》，例如针对饭店的《厨房噩梦》，针对旅馆的《旅馆监察者》（*Hotel Inspector*），还有针对商店的《商店女王玛丽》（*Mary Queen of Shops*），最后这部成功的作品追踪了传奇人物玛丽·波塔斯（Mary Portas）去拯救失败商店的过程。所有这些作品都做了很多季，也获了很多奖项。在别的热门地区，这种《麻烦终结者》式的作品就更多了，尤其是在美国，《厨房噩梦》在那里非常受欢迎。

公共机构也是好的主题领域。例如《重返基层》中所呈现的警察和军队，还有很多别的纪实类 / 真人秀节目。但做这类题材需要坚持，因为获得许可会是一个漫长的过程，尤其是在政治领域，例如《穹顶：顶层麻烦》（*The Dome*：*Trouble at the Big Top*）这部追踪工党政府兴建千年穹顶的作品，或是像《系统》（*The System*），这部关于政府部门内部运作机制的作品。倘若你足够幸运，甚至能够进入一个秘密组织，例如英国情报组织 MI5 或 MI6。

拍摄技术也能够帮助我们进入不熟悉的世界。例如在《英国探秘》（*Undercover Britain*）或《麦金太尔探秘》（*MacIntyre Uncovered*）中使用的隐藏拍摄；或是能够带我们潜入大海，记录从未见过的生命体的新式摄影技术，就像《蓝色星球》（*Blue Planet*）中那样；甚至可以使用内镜拍摄技术让我们了解自己的身体，从一个新的角度来看待我们自以为无比了解的东西，就像《人类身体》（*The Human Body*）中的那样。电脑成像技术（Computer-generated imagery，CGI）能够重现过去的世界，并将我们带入其中，进入庞贝、罗马甚至是恐龙时代的英雄世界。而最近兴起的大型远程隐藏摄像机技术，将隔壁的房间变成一个电视监控室，带领我们前所未有地进入到《家庭》(*The Family*)的神秘世界或是《忙碌的产房》(*One Born Every Minute*)的产房中。

有很多的机构让我们感觉非常熟悉，但其实我们只是从外部了解，而一部影片可以带领我们进入隐秘的内部。任何公共服务领域的题材都能奏效，如果你可以，不妨去思考揭示这些隐秘世界的方式。

我也喜欢能够运动的东西——汽车、船、火车或是飞机。他们比起热交换器要更容易拍摄！我第一次意识到这一点是在《明日世界》工作时，我需要通过短短5分钟的影片去追踪新发明。我能撑下来，全靠不断制作关于交通工具的影片，包括一辆辛克莱牌的电动单车、一架“二战”时代的潜艇、一艘中间开口能吸掉浮油的轮船、一列磁悬浮火车、很多的飞机、以及一辆在德国高速公路上无人驾驶的汽车。拍这辆汽车时，我不得不找到一条正在建设的高速公路，并祈祷不会发生什么问题。

此后，在《麻烦终结者》中，约翰·哈维·琼斯爵士去到了摩根汽车和诺顿摩托车公司，而在《重返基层》中，有几集是关于安格利亚火车和优捷(Unijet)航线的，这些节目都取得了不错的收视率。但交通领域目前还没有出现电视版的“麻烦终结者”，尽管已有一些系列节目，如《机场》(*Airport*)和LAX①，英国的顶级厨师赫斯顿·布卢门撒尔则在他最近与英国第四频道合作的新节目中探究了各种交通工具上提供的餐食。

那些制造我们熟知的产品的工厂也可能包含有趣的、被隐藏的秘密。《高层麻烦》中最成功的几集中，有一集是《古怪造鞋厂》(*Kinky Boot Factory*)，节目用略微有些诡异的方式，带领观众探秘一家传统的北安普敦制鞋工厂。《地毯上的血迹》中收视率最高的一集是《冰淇淋战争》，带领观众探秘食品行业，外加嬉皮士对抗公司的桥段。在这两个案例中，我们——即公众，都是终端产品的使用者，因此会有自己的看法。

要不惜代价避免让你影片中的主人公出现在无聊的地方，例如生产计算机、电子产品、各种小玩意、组装产品或是热交换器的工厂！最重要的是要避免那些能够成为主题，但不能成为一个故事的东西——例如，校餐便是一个没有故事的主题，缺乏能由个体人物，尤其是合适的英雄人物表现出来的清晰的目标。

最近我拜访了史蒂芬·兰伯特，《神秘百万富翁》(*Secret Millionaire*)和《交换妻子》的创造者，他当时正在他的新公司兰伯特工作室(Studio Lambert)制作受到《重返基层》影响的《卧底老板》。和《重返基层》类似，《卧底老板》跟拍老板们假装普通员工在自己的门店工作。但史蒂芬加入了两个额外的核心元素。像《神秘百万富翁》中一样，史蒂芬让每一集节目中的老板易容，我们曾经也在《重返基层》成功地尝试过这种做法，但没有在很多集中使用，因为我们担心它会影响信任感，也会影响我们一年又一年继续做这个节目的可

① 译者注：一部关于洛杉矶机场的纪实作品。

能性。此外史蒂芬也将奖励优秀员工的环节固定下来，使得结尾的高潮都是一次奖励——升职、涨薪，甚至是资助员工因为私人原因需要的一笔钱，而不是在商业结构上的一次剧变。换言之，这是一种更加个人化和煽情化的结局。

《重返基层》在英国播了很多季，堪称一部现象级作品。事实上我的BBC同事们曾对我很恼火，因为我们的领导简·露特一再地强调，她希望所有的作品都要像这部一样。《卧底老板》在美国取得了巨大的成功，超越了所有其他近期的同类作品，最终证明了英国精英式的纪实节目模式也能在美国取得成功，甚至比在英国更成功。当我拜访史蒂芬·兰伯特时，我从几十集我们曾制作的《重返基层》中挑选出了收视率最高的那些集带去，这些集的主题曾帮助我取得成功，它们都是关于商店的，包括大的连锁百货商店，知名的旅游公司，例如嘉年华邮轮（Carnival Cruises）、布特林斯旅游（Butlins）和优捷航空，还有一个出乎我意料的主题，关于超大型建筑企业——例如伯克利（Berkley）和卡里林（Carillion）公司，或许是因为那时大众热爱房子，而买房子、修房子当中具有很多的戏剧性。“这些很有趣”，史蒂芬说，“这些主题也正是我们已经在《卧底老板》中所做的。”英国版第一季两集节目呈现的是一个旅游集团和一家建筑公司。而美国版的第一集主题是垃圾清洁工，这也是《重返基层》中最成功的主题之一。这两档节目中效果最好的主题都是一致的。

事实上，通过回看过去成功的原创节目也是创作新节目的一种聪明的做法。看看从1970年代的《新面孔》（*New Faces*）到《X元素》（*X Factor*）所有的这些才艺秀节目，就像公共汽车般来回穿梭。再想想《麻烦终结者》所激发出的数量不断增多的改造类节目，例如让专家来帮助改造生意的《卧底老板》《厨房噩梦》和《旅馆监察者》；或是改造生活的《生活大扫除》（*Life Laundry*）；抑或是改造家庭的《超级保姆》（*Supernanny*）、《你的家有多干净》（*How Clean is Your House*）等。而最好的做法是将一个过往的成功节目带入一个此前没见过此类节目的国家，所以不妨读读那些旧的电视指南吧！

彼得·摩尔

英国第四频道纪录片部门前任主管，兰伯特工作室元老，《卧底老板》的创作者

《重返基层》是一档很棒的节目——该怎样面向21世纪制作这类节目？怎样能做得不同？你怎样去改进？怎样去再现？曾和我一块工作的一些人很擅长这些。如果你是个商人，这是个很好的创意。

在纪录片的世界里，创作者会翻拍经典，甚至包括格里尔逊（Grierson）、怀斯曼（Wiseman）和弗拉哈迪（Flaherty）。例如格里尔逊拍摄了《漂网渔船》（*Drifters*，1920

年代作品，关于拖网渔民），杰瑞米·米尔斯制作了《船长》（*The Skipper*，1990 年代初期的大热之作），以及如今的《致命捕捞》——关于捕鱼的三代作品，三种不同的风格。

乔恩·罗兰

BBC 纪实节目部门前任研发主管，叛逆者影业创意总监

随着技术的发展，你可以用来制作节目的方式也在变化。《致命捕捞》使用了多台摄像机，因为摄像机变得更小更便宜了，因此你可以拍得更像一部剧情片。尽管内容仍然是一样的，但是形式已经变了。1970 年代的《家庭》和 2009 年的《家庭》都是观察一个家庭的日常生活。创意是一样的，标题是一样的，但是形式却发生了变化，因为现在你可以操纵远程摄像机，你可以在一间屋子里布置 30 台摄像机，你可以摆脱过去用的单个便携式摄像机和 16 毫米摄影机，你可以让主人公们自然地过他们的生活。

主题 / 故事的选择可能看上去显而易见，但在电视行业，最明显的往往也是最容易被忽略的，因此也是最应该被记取的——这正是我要强调的原因。最好的值得搜寻的主题领域包括我已经提到的，还有很多充满压力和冲突、人们会关心的领域，从医院到丛林，抑或关于纳粹的历史系列节目。但除非你足够幸运，直接找到了一个引人入胜的故事，否则找到主题领域只是帮你缩小了搜寻的范围，不要忘记你还需要从中找到一个故事。

娱乐加上内容

要讲述一个成功、可信的故事，拥有我所说的"娱乐加"（entertainment plus）是很有帮助的。这意味着制作一个娱乐的、引人入胜的故事，但同时也有意义和内容作为基础，有真正好的研究作为支撑——就像一个对你有用的产品，如果还有一个好包装就会大大加分！很多现代电视建基于这样一个理念：娱乐节目不需要内容，还有一种更糟的想法，有内容的节目是不会有娱乐性的。然而，观众比起很多节目制作者所想的要更加有智慧，他们对既有娱乐性又有意义的节目有很大的需求。

许多娱乐节目的制作者认为，如果他们加上了任何内容或是意义会导致没人看，因此不怎么做研究工作。但如果你空有娱乐而没有内容和意义，你创作的可能只是我们在如今的电视上见过太多的那种可笑的真人秀节目。反过来，也仍有一些纪录片创作者害怕他们的作品是娱乐性的，从而不是真正的纪录片或有足够的价值。但如果你空有内容和意义，而没有娱乐，所产生的将是虽然杰出，但却枯燥无味的纪实类节目。让我欣慰的是，这样

的节目尽管仍统治着世界各地的公共电视频道，但在我们的荧屏上已开始变少。因此不管你的节目穿着怎样最时兴的外衣，每一次都要问你自己，你是否在作品中兼顾了两者。我并不主张对纪实类节目进行固化的切分——它是一个宽泛的类型，从纪录片到纪实类节目模式，而彼此之间可以互相助益。

简·露特

探索电视网前任主席，BBC2 频道前任总监，新乌托邦现任 CEO

你知道我们是怎么生出《我爱 80 年代：摇滚年代》(*I Love the 1980s: the Rock and Roll Years*) 的点子吗？大卫·莫蒂默和我在 BBC 的档案库里翻找出《摇滚年代》[①]，因为这个节目伴随我长大。BBC 团队很多年轻人没有看过这个节目，于是我在办公室放给他们看，并提出："如果我们要复活这个节目应该怎么做？"于是团队开始创作《我爱 80 年代》这档超级成功的节目。而其在美国甚至更成功，在 VH1 频道播了很多年。

另一个类似的例子是《鸟的视角》(*Bird's Eye View*)，这也是伴随我长大的作品。当我看这个节目时只有十岁。从那时起，我爱上了航拍，我认为它能提升任何节目，让节目更富活力，因此在制作《复原》(*Restoration*) 时，我们用了很多航拍镜头。

但如果你要翻拍或是制作第二季，抑或制作衍生节目，你都要做得比第一部更大，可能是发生的事件更大，或是增加情感层次，或是有更多台摄像机。你需要告诉观众："你喜欢之前的作品，而你会更喜欢现在这部作品"。有时候我觉得现在的观众和现在的电视台总监们，有些像两岁的小孩学说话，而他们学会说的第一批词便是"更多——更多，更多，更多！"因此拥抱你内心的小孩吧！

故事中的明星品质

约翰·卡德韦尔，这位曾负责在美国销售 BBC 科学节目的雄心勃勃的销售员，告诉我们要在美国成功，故事中有一个明星会有帮助。需要让人感到阵仗很大，或是有一个明星主持人，有一个闪耀的概念，或者更常见的是一个引人关注的主题领域——这一点对于我所制作的商业类影片是不容易实现的。响亮的名号会更容易引起观众的兴趣，因此会取得更好的收视率，尤其是在美国。

但是要进入大的公司和机构要困难得多，即便你去努力，也会因为它们的规模而很难摸到门道。由于这些困难，我决定转而去追踪小一些，但看上去很大的公司或机构，或

① 译者注：从 1980 年代中期开始播出的节目，每周聚焦一个年份。

是因为它们的名头，或是因为它们拥有意义重大的独特故事。因此我需要找到公众认为很大、但其实又足够小的公司，能够让观众对其中的主要角色产生认同感，而且也不能太小以至于没人关心。在任何主题领域寻找故事时，都可以运用这一原则。

当推销故事时，极致对创造一个“明星般”的主题会有帮助，即那些唯一或特别的东西。我为《麻烦终结者》列举的清单里包含了很多主题，从中我们可以找到一些特别的东西——从汽车（例如摩根，英国最古老，也是最有名的的汽车公司之一，却只有几百名雇员）到三角玩具公司（曾是世界上最大的玩具公司，但如今也只有几百名雇员）。你或许认为他们听上去不够像明星，但我们创造的节目当中有“明星”主持人约翰爵士，有拯救公司、解雇老板和转变生活这样“明星”般的概念，也有“明星”般的主题领域。更重要的是，我们从这些足够小、易于拍摄的“明星”公司中，发现了精彩的故事。

《麻烦终结者》挑选的这些公司也往往是处于十字路口，需要做出改变的公司，并且有充满魅力的老板。这个系列节目获得了很多奖项，包括很少颁发的英国电影和电视艺术学院奖原创奖，也获得了英国电影学院年度电视节目的提名，甚至获得了年度最佳科学类节目，看起来非常邪门。我当时非常吃惊，欣慰之余也没太明白到底发生了什么。但怎么能再创作一部成功的作品呢？

维多利亚·达默

美国 ABC 电视网非主流系列节目、特别节目及深夜节目部高级副总裁

首先要想出非常独特的、清晰的点子，既要主题聚焦，但又要包罗万象。《卧底老板》便是如此，它处理的是跟每个人都相关的主题，但用了一种很宏大的手法去处理，例如拍摄的都是全国性的公司和品牌。

然后你还需要有非常清晰的故事讲述者，有明确的主角及其对手，以及一条能真正吸引观众的故事线。我们经常会收到那种从 A 点到 B 点平铺直叙的提案，这自然是难以打动我们的。

请记住，对于广播电视（broadcast TV）来说，“广”（broad）这个字已经包含在名字里了。这意味着我们不能格局狭小。即使是一个非凡的点子，它也需要是宏大的，而不能是狭隘的好点子。

我继续寻找着出色的主题领域以寻找出色的故事。尽管《麻烦终结者》成功了，但我们的老板仍不放心，说要证明这并不是昙花一现，我需要制作一档并没有约翰·哈维·琼斯做主持人的节目。我的下一档节目《高层麻烦》，也播出了很多季，每季跟拍商业世界的故事长达一年多的时间，记录老板们试图让公司转型的故事。但因为没有明星主持人，这档

节目在题材上需要更大的吸引力。当一位充满渴望的、还没有制作过什么影片的助理制片人米歇尔·库兰（这恰恰是我喜欢的导演类型——大部分我的成功作品都是由他们创造的）找到我，并一下带来了两部影片时，我非常高兴。其中一部影片来自一个不太常见的主题领域——传统英国制鞋工业。在这部作品中，米歇尔发掘了一个很离奇的故事。一个家族制鞋工厂正在将权力移交给下一代。这是桩老派的生意，在北安普敦一个老旧的红砖工厂制造传统的绅士鞋，例如粗革皮鞋。这个工厂正在亏损，因为海外进口给英国的制鞋行业产生了不利的影响。

在这部影片中，工厂老板的儿子接管了工厂，尽管他的老父亲仍未撒手，但他萌生了新主意。时间紧迫，他开始尝试通过制作时髦的男士高跟鞋来拯救工厂。现在看来这是个很棒的主意！你很难去制造这样的情境，而且观众也会真正去关心。因为这其中有真实的危险，是真正的事关生存的问题。这其中也有家族斗争——这位年轻的英雄能取得成功，令他父亲吃惊吗？这位英雄主义的儿子愿意做一切事情来拯救他的工人们的工作，这些人的未来在此一举。有了足够多真实的冲突，再加上那些额外添加的、重要的趣味元素，才能够真正感染观众。这部作品充满了上文提到的“地壳板块”，新与旧、南与北彼此冲撞，还有沿海风格的幽默，例如当这些传统的工人们转型做时髦的装束，但又缺钱的时候，老板不得不亲自给摄影师当模特。

我们将这部影片命名为《古怪造鞋厂》，在《高层麻烦》系列中，这一部取得了最高收视率，甚至打败了《欲望都市》(*Sex and the City*) 的首播表现，尽管后者在全国做了很多户外广告宣传。它是一个如此好的故事，最近甚至还基于这个故事诞生了一部成功的同名电视电影。年轻导演们的初期作品似乎更容易成功，这是个有趣的现象。《古怪造鞋厂》的导演米歇尔·库兰继续创作了成功的作品，包括取得了巨大成功的《学徒》。

米歇尔·库兰

《学徒》执行制片人，《古怪造鞋厂》导演

新人的好处在于他们希望证明自己，他们也不会甘于“你只能以我的方式来做”。当你是新人，你不会认为自己什么都知道。我们了解我们知道什么，我们知道我们喜欢做我们所了解的事情，但我们不知道怎样将其做得更好。当你是个新人，你会希望学习，做你被要求做的，而当人们长期地做一件事情时，他们会想：“我们总是这样做的，这也不行，那也不行。”通常他们不再会接受新主意。

我的下一任老板简·班尼特 (Jane Bennett) 说《高层麻烦》很棒，但是它仍然是现实题材，而且要找到拍摄对象通常要花很多时间。她希望我们拓展到历史冲突中，她认为这可能会更容易些，因此我和尼克·米尔斯基一同开发了《地毯上的血迹》，我们决定追踪新近发生的大型商战，从商战双方切入。当与我竞争的执行制片人们正热衷于最成熟的导演时，我相信如果我想成功，我需要充满干劲的新导演，因为《麻烦终结者》以及和米歇尔合作的《古怪造鞋厂》这样做都成功了。

《地毯上的血迹》第一季中最好的一集也是由来自教育电视领域一位初入行的、年轻有才华的导演创作的。对他来说，纪录片是一个新的领域，而他选择的题材——冰淇淋，又是一个消费者感兴趣的主题，这种主题通过揭示大众看似熟知的事情的隐秘内部而具有吸引观众的潜力。但是《冰淇淋战争》(*Ice Cream Wars*)并不是一部关于冰淇淋主题的纪录片，而是关于这个行业的一场商战故事。这个故事是关于两大嬉皮士风格的冰淇淋制造商本(Ben)和杰瑞(Jerry)，与巨无霸般的哈根达斯之间的斗争。这是一个童话般的故事，关于两个英雄般的嬉皮士如何克服所有困难而获得成功。这一集影片获得了《地毯上的血迹》系列中的最高收视率，也为我们又一次获得英国电影和电视艺术学院奖(BAFTA)贡献颇多。西蒙·迪克森，这部影片机智的导演，后来不出意外地成为了第四频道最具创新性的纪录片主管。

当然，好莱坞的剧情片也是依靠故事取胜，而不是依靠主题，很多成功的美国纪录片也是如此。《超码的我》(*Supersize Me*)不是关于麦当劳，而是关于我们的主人公摩根·斯普尔洛克(Morgan Spurlock)如何去用麦当劳做实验。当迈克尔·摩尔希望制作一部关于美国枪支法律的影片时，他是通过一个故事来进行的：《克伦拜恩的保龄》(*Bowling for Columbine*)是一个关于两个孩子如何在学校枪击了另一个孩子的戏剧性故事。

艾伦·海林

英国第四频道，迈克尔·摩尔影片的主管编辑，
现任叛逆者影业(Renegade Pictures)的总编辑

我一开始并不知道克伦拜恩事件如何能制作出一部既有趣又有力量的影片——毕竟这是一个关于儿童枪杀儿童的残酷故事。然后迈克尔·摩尔向我描述了故事结构。迈克尔的叙事围绕一个故事展开。他会尝试招募数十万他的支持者们加入全国步枪协会(National Rifle Association)，选举他为主席，然后将这个机构变成一个反枪组织，"就像抗癌的全国癌症协会一样"。这是一个充满吸引力的故事，与克伦拜恩的悲剧事件结合在一起，明显有很大的潜力——这是一部迈克尔·摩尔作为主角的影片，而很多别的事情可以被抛开。

像《克伦拜恩的保龄》这样在影院上映的纪录片更加依赖于一个强有力的、精心架构的故事线。在好莱坞的剧情片中，哪怕只有几句台词的角色，也会有完整的背景故事，以使这些角色的几句台词和他们的故事不显突兀。总而言之，我总是鼓励制片人去寻找可以与大众产生互动，或有很强的戏剧性、有潜在的英雄和冲突的主题领域，抑或那些在当下英国能够彼此产生碰撞的“地壳板块”作为主题领域。然后在确定主题领域后，要找到一个故事。当然那些从古希腊流传至今的经典叙事元素，也会很有效。

约翰·史密森

达洛·史密森（Darlow Smithson）公司执行主席，《冰峰 168 小时》的制片人

纪录片可以非常有趣。好的纪录片可以参与很多出色的电影节，有获奖的前景，还能留存在人们的记忆中，产生真正的影响力。

最难的事情是找到一个能登上大银幕的故事。大部分电视纪录片，即便是真正优秀的，也不能在电影院奏效。得有一些额外的东西来说服观众们去掏钱在电影院或是 DVD 上观看你的纪录片。故事是至关重要的。你不能只是在视觉上发力。在某种意义上，我认为那些运用宏大的、特写式的、私人的故事来证明一个更宏大的主题的作品似乎更容易在影院取得成功。只有少数英国纪录片曾在创意和商业上都取得了成功。

时间和空间

很多最棒的故事是在有限的时间和空间里拍摄的。这更容易吸引观众。大热的纪录片《冰峰 168 小时》便是跟拍了两位登山者，在从秘鲁一座山峰下来时，他们不得不砍断绳索，其中一位更花了三天时间拖着一条断腿从一道深谷中爬出来。这是一个在时间和空间上都很集中，并且充满神秘感的故事。而展现新工党试图通过建造世纪穹顶来改变英国梦想的《千年穹顶：高层麻烦》虽花了两年时间进行制作，但基本上只是在南伦敦的一个建筑工地进行拍摄。

类似的，一个学校或一个工厂可能是不错的地点，抑或一个旅馆、一个商店、饭店或是一幢塔式大楼——在获奖系列《高塔》（*The Tower*）中，八集节目都在南伦敦一幢塔楼建筑里拍摄，就像肥皂剧的布景般。《金丝雀码头的噩梦》（*Nightmare at Canary Wharf*）跟拍珍妮特·斯却特·波特（Janet Street-Porter）建立 L!ive TV 的过程，也发生在一幢高层塔楼

中。事实上这部作品的取景地更加局促：几乎所有的行动都发生在24层。当然还有《老大哥》，所有的一切都发生在一套房子里。

有限的时间也有帮助。时间可以被压缩到一周之内，让节奏更紧凑，例如在《重返基层》《交换妻子》和《改头换面》(*Extreme Home Makeover*)中就是如此。你甚至还可以进一步加快时间，例如在《交换空间》(*Trading Spaces*)中，只花几天时间改造一栋房子，或者像《麻烦终结者》中一样，大部分的行动都在一天内发生。剧情片《24小时》更是个极端的例子。

创意的火花

通过与别人交谈，从报纸、杂志、行业刊物，尤其是如今的互联网去积极寻找尽可能多的故事也是值得肯定的方式。

乔恩·罗兰

BBC纪实节目部前任研发主管，如今在叛逆者影业任职，创造了众多成功模式，例如在BBC和BBC美国频道播出的热门节目《别告诉新娘》

互联网是挖掘人们关于生活的个人情感的新渠道，因为如今你可以访问“准备婚礼的博客”，阅读到一系列当事人表达的焦虑和担心。过去所有的事情都通过新闻被过滤，因为新闻要努力地去表达一种观点。而互联网却给出了直接去了解人类的通道，你可以即刻给他们写信：“嗨，克莱尔，你这么看待你的婚礼，为什么？”你如今也可以直接地深挖和研究你的观众，因此要不时地访问博客以及三五十家不同的网站，这是很重要的。将所有的关键词装载在Google的提醒软件上，这样每天早上你可以阅读，然后发现你的节目可以利用的宝藏。

你发现的故事越多，你触发创造力的可能性也就越大——例如，一篇文章讲了些什么，然后你可能会联想到另一个人说过的一些什么，然后这两者连在一起会形成一个创意。很多最棒的发明便来自不同点子的互相碰撞，从而激发出新的东西——这是创造的过程，一个恍然大悟的时刻。

随着你的研究，理想情况下你会感到异曲同工之妙。例如当《杰米重访校园餐食》(*Jamie's Return to School Dinners*)终于要投入拍摄时，我还呆在远东。在和一位助理工作人员闲聊时，发现她曾经是一位女校长，而且她曾很想弄清楚大笔的海啸救助资金到底是怎么花掉的。这令我想起《杰米的校园餐食》播出后，英国政府许诺给学校餐厅数亿英镑的拨款去哪了呢？这是我们这档最新的节目应当关注的问题，它是如此重要而醒目，而我此前却没有想到。我兴奋地立即跑到一个蚊虫肆虐的破旧电话亭，打电话给在伦敦的导演。

你经常会遗忘那些本是最重要、最明显的事情。在我入行做助理制片人工作时，便发现了这一点。那时，有部系列影片有一大显著的特点：每集的内容都花了超过一年时间拍摄。但我们忘了告诉观众这一点——其最大的卖点。我至今仍认为某种程度上正是这个原因，这部作品才没能真正取得突破，也没能赢得大众的太多关注。你永远不知道谁不经意间说的话，可能会让你恍然大悟，明白什么才是你影片的核心，因此你需要多倾听大家的意见。

有的时候最好的创意火花会在两个创意人碰撞想法时降临。流传世界的系列作品《1990 年的房子》(*The 1990 House*) 正是这样开始的。莎拉·拉姆斯登 (Sarah Ramsden)，第四频道的立项主管，和独立制作公司墙到墙 (Wall To Wall) 的亚历克斯·格林汉姆有一次会面。亚历克斯读到了《新科学家》(*New Scientist*) 杂志上的一篇关于我们的生活是如何被上世纪家居用品的进步所改变的文章。在与莎拉的会面中，亚历克斯试图兜售基于这个点子的内容。但听上去不怎么有趣，之后亚历克斯几乎忘了这回事。但这个主意其实还萦绕在他的脑海中。这是一个慢热的过程——如果点子一时半会还不成熟，不要忘了它们。很多点子需要慢慢的酝酿，暂时把它们抛开，可能几天之后，其中的要素会从你的脑海中冒出来，而催生出一些新的东西。

第二年，亚历克斯探访住在苏格兰的母亲时，看到了一些老旧的家用电器，他开始琢磨如果没有这些电器，生活会变成什么样。这令他回想起六个月前那顿午餐上讨论的节目创意，但他还不知道具体要怎样做。然后这一年晚些时候，莎拉·拉姆斯登邀请亚历克斯共进午餐，席间，莎拉提到很多年前在电视上播过的一部作品《生活在过去》(*Living in the Past*)，让 15 个志愿者假装在铁器时代生活。突然他们都意识到如何去让家居生活的变化这个枯燥的主题变得有趣——让人们去经历。他们可以去跟拍单个家庭的故事。更妙的是，这部作品是类型混搭的，将纪录片和剧情片混合在一起，因为家庭正是这样的地方。像很多成功的当代纪实类电视节目一样，这部作品是实验性的。于是《1990 年的房子》和很多将剧情、转变和实验性历史元素结合在一起的后续作品诞生了。它催生了后续一系列关于家居历史的作品，从美国公共电视台播出的《边疆的房子》(*Frontier House*) 到《1940 年代的房子》(*1940s House*) 以及《爱德华乡村别墅》(*The Edwardian Country House*)。亚历克斯在这部作品后还创造了另一部在国际上大获成功的作品《客从何处来》(*Who Do You Think You Are？*)。

亚历克斯·格林汉姆

墙到墙制作公司首席执行官

人们认为《1990年的房子》是突破性的，但在某种程度上它不过是翻拍《生活在过去》——两部作品贯穿的基本思想是相同的，不过是将在一个语境中表现不错的东西用在另一个语境中。我的贡献是找出如何实现的方法。我想这是百分之一的灵感，百分之九十九的执行。当人们说"我有一个好主意"，我的反应往往是"这没有什么大不了"。问题是，你能将它变成电视节目吗？这是真正重要的。可以有无数个制作公司制作出无数个不同版本的《1990年的房子》，但可能绝大部分都是垃圾。

关于《客从何处来》，在1989年我曾读过一篇杂志文章，在其中比利·康诺利(Billy Connolly)描述他和他父亲在格拉斯哥的造船厂做焊接工的经历，读着读着，我突然想到可以找到很多其他的名人，他们的故事可以成为宏大的历史故事的注解，就像康诺利的故事反映出格拉斯哥和它的造船厂的历史一样。

我们向BBC推荐了这一创意，但石沉大海了。12年后简·露特（时任BBC2套的总监）来和我叙旧。她刚刚完成《英国伟人》(*Great Britons*)和《复原》，我问她为什么墙到墙公司未能操刀这些伟大的主题。但简说真正伟大的主意通常并不是来自制片人，而是来自市场部门，因为他们关注的是人们正在做什么，而不是怎么做节目。

家谱学当时在互联网上已很热门，于是我们想起12年前冒出来的那个宏大的主意。好点子就是好点子，从来不会完全消失，只是需要等待时机。

史蒂芬·兰伯特告诉我，他的第一个大热模式《伪装者》(*Faking It*)的灵感源自他的妻子，有一天晚上，他的妻子问为何不试试把电影《卖花女》(*Pygmalion*)和《窈窕淑女》(*My Fair Lady*)的故事变成现实。有一种流行的说法，认为这样的灵感时刻并不存在，你需要不断地开策划会议去产生好的电视创意，但是这样的时刻是真实存在的，只要你是能吸收新点子的聪明人。作者风格强烈、自成一派的节目可能会更加诱人、流行。赢得最多奖项的，不是靠策划会产生的节目，而是发出强烈的作者声音的作品。

我时常琢磨，为什么这么多在英国取得突破的作品如《杰米的校园餐食》和《胖而难行》(*Too Big to Walk*，美国名称为*Fat March*)，在美国却并不太成功。很多人说这是因为文化不同，当然美国节目的确会剪辑得更紧凑，旁白也会更少。但根据我的经验，可能也是因为太多的人介入这些作品的创作中，而没有一个视角能贯穿整个节目。通常是作者风格强烈的作品才能在美国成功，例如迈克尔·摩尔，在他的作品中一次次地打破固有成见，表现个人风格。

艾伦·海林

BBC 纪录片部门前任主管，曾在英国第四频道担任迈克尔·摩尔作品的主管编辑

最好的作品当然不是从立项委员会来的，它们来自作者的声音。我不认为你能通过一个委员会制作一档好的纪实类节目。你需要一个出色的作者的声音，这个声音可以来自主持人，也可以来自导演，但你需要一种独特的视角。

立项委员会堪称创意的坟墓，而一场头脑风暴会则相反，让一群人彼此炮轰，反而能催生出好点子。迈克尔·摩尔周围有一大群人，甚至在拍摄过程中也会开头脑风暴会，但摩尔有最终决定权。他将头脑风暴作为一种创意的工具，但最终是他的视角主导。

有很多的方式去制作有强烈作者风格的作品，例如《难以忽视的真相》(*An Inconvenient Truth*)。在大西洋对岸，亚当·柯蒂斯（Adam Curtis）也曾取得巨大的成功，他制作了一系列非常颠覆传统、以档案为基础的关于近代历史的系列节目。从揭露科学真相的《潘多拉的盒子》(*Pandora' s Box*)，到揭露商业真相的《梅费尔套装》(*Mayfair Set*)，再到揭露公关业的《噩梦的力量》(*Power of Nightmares*)，每一部都获得了英国电影与电视艺术学院奖。

但光有创意的火花离一个故事还有距离。最成功的故事都在其表面下有多层含义。当我在审批项目时，我不仅会问制片人主要的故事，也会问隐藏的含义。主要的故事可能是三个兄弟内斗，争夺一家陶器厂的经营权，隐藏的含义则是特伦特河畔的斯托克城是如何与变迁中的英国渐行渐远的。隐藏的含义越多越好，它与戏剧冲突以及“地壳碰撞”一样重要。有了它，你的影片才能挖掘出画面背后的深意。它可能会向我们呈现生活在 1900 年的世界是何等景象，在基地组织背后的真相，抑或一个政府部门或一家连锁商店的内部，或是日常的冰淇淋行业内部的情景——这些全都来自获奖作品。

获得许可

要获得许可，需要坚持，等候时机。1996 年我有幸参与了科技部在皇家学院举办的一场沉闷的晚宴。这种晚宴是你不太会想参加的那种聚会——但如果你要找人，它则是非常值得参加的。哪怕在那里很难直接找到想找的人，你也可能会遇到什么人，能帮助你联系到那些难找的大人物。在这个晚宴上我被安排和詹妮·佩姬（Jennie Page）坐在一起，她此前刚刚被保守党政府聘为千年委员会的首席执行官。

当时的情况是如果政府批准了，佩姬便要负责千年穹顶的建设。大选在即，而这个项目要花费数亿英镑，所以它成为了一个非常政治化的决策，但她对此充满了热情。我把它作为一个点子记下来了，如果它能和别的东西结合在一起，可能会很棒——尽管那时似乎还没人对它感兴趣。1997 年 5 月，新工党赢得选举开始掌权。不久之后，他们宣布他们真的会建设詹妮·佩姬负责的千年穹顶。穹顶会成为以政府总理彼得曼·德尔森为首的新工党胜利的象征。好一个象征，好一部影片！突然间两件事情碰撞在了一起。我立即申请制作这部影片的许可，但是政府冗长的程序使事情迟迟没有进展。当从 1997 年拖到 1998 年，我担心我可能要错失这次机会了，但你必须要沉得住气。很多最佳的影片都需要时间和耐心。就像思想一样，它们也需要慢慢的熬制。

从我和佩姬的第一次会面到关于穹顶的影片开始启动，我将近花了两年的时间去努力。寻求拍摄玛莎百货（Marks&Spencer）的影片过程也是如此，因为这家公司正在经历漫长的困难时期，但我们最终获得了许可。这两个项目最终被证明是非常值得的。所以遇到那些你花了很长时间仍不得其门而入的题材也不要放弃。随着时间推进，你最终是有可能获得许可的，尤其当一些转折点出现时，这时电视台很有可能会予以立项，更棒的是，别人还做不了这个题材。

雄心壮志

对你的故事最后也是最重要的要求是雄心壮志。这意味着要进入一些巨大的、困难的或是特别的事情的内部，或者更常见的是要承担更多的风险。例如在《餐馆》（*The Restaurant*）中，我们不止是在拍摄一家餐馆，而是在拍摄一群希望通过比赛赢得一家餐馆的选手们。在《我在经营赛恩斯伯里超市》（*I'm Running Sainsbury*）中，我们让一家大型超市的员工担任高管（这档模式很快被美国所改编）。雄心壮志还可以指试图要改变的目标，例如《杰米的校园餐食》，便旨在改变整个国家的学校餐食。而这种雄心壮志最终帮助这档节目销向了全世界。

维多利亚·达默

美国 ABC 电视网非主流系列节目、特别节目及深夜节目部高级副总裁

我们宁愿华丽地失败，而不是中规中矩地取得成功。如果人们能够带来宏大的创意，其中真的存在有趣的卖点，能够让观众吃惊，让我们吃惊，那正是我们要寻找的——真正独特的创意。有时候，你认为是小的有线频道才播的节目，也可能会取得

> 非凡的成功，例如《卧底老板》，因为它能引入那些全国性的品牌，并且是一个能激发广泛共鸣的创意。

但是，这些创意实现起来是很困难的，就像我们之后将看到的那样。它们需要有一个现实而真诚的出发点，不仅是野心勃勃的，也需要是真实的。拥有一个独特的、出人意料的创意的那些节目，例如《交换妻子》《伪装者》《别告诉新娘》，会成为赢家。但这些节目的绝对秘诀，也是如此多节目之所以失败的障碍，是真实性。这些节目需要让人感觉是真实的，主人公的行动轨迹也要让人感觉是真实的。《我在经营赛恩斯伯里超市》在英国之所以不像预期那般成功，可能是因为这个公司太大了，也太懂公关，因此观众并不太买账。

但是很多时候，你并没有机会去推销你自己的故事，而且事实上你甚至不想这么去做，而是需要决定是否去用其他人的故事。很多成功的电视节目是因为从其他人那选择了合适的故事来制作。在这之前，你所读到的本书内容可能能帮助你建立自己的想法，而现在让我们来看看你应该如何去挑选想法，尤其当这些想法不是来自你自己的时候。

采纳其他人的故事

当我 2002 年离开 BBC，刚刚开始让自己成为一个电视"救火队员"时，我问 BBC 和第四频道有没有什么有问题的节目可能需要帮助。他们第一个找我谈的节目是《杰米的校园餐食》。杰米·奥利弗希望离开大型制作公司，通过他自己的小型制作公司来独立制作新节目，但第四频道担心新公司制作的第一个节目风险会很大。所以他们说服杰米聘请我这位"老手"。我同意和他会面，但仍然有些犹豫。

电视是一个时尚行业，现在正在流行的可能很快便不流行了。举例来说，接管正处于巅峰时期、已经 25 岁的《明日世界》（*Tomorrow's World*）是个坏主意，因为要冒着为其衰败负责的风险——这个节目的最后一任主编已经被遗忘很久了。在《最高档》（*Top Gear*）起初成功之后去和杰里米·克拉克森（Jeremy Clarkson）合作可能也是一个坏的职业选择。在这部作品之后，克拉克森的一系列作品都悄无声息，从他的谈话节目到环游欧洲的节目。但在这一系列作品之后，和克拉克森一起复活《最高档》的制片人则成功了，他不但"拯救"了克拉克森，也成为了 BBC 的英雄。

去接管一个正在风口浪尖上的部门、公司或是电视频道是最危险的事情：要做得更好会很困难，而走下坡路的风险很高。所以如果可能，不要接管别人的成功，而是要接管他们的失败！如果你也失败了，你可以说这是个无法避免的灾难。如果你成功了（哪怕是小成功），你也可以像救世主般享有成功的果实——沉甸甸的果实。

但杰米当然不是灾难，而是恰恰相反。如我们所见，他此前的两部作品《原味主厨》（*Naked Chef*）和《杰米的厨房》（*Jamie's Kitchen*）都是超级成功的节目：它们都有很强的娱乐性，并且获得了很多奖项，两部作品都获得了很有声望的皇家电视学会（Royal Television Society）奖，还获得了英国电影与电视艺术学院奖最佳专题系列节目奖，这是一个杰出的成就。当时一些媒体不断以一种典型英国式的方式对杰米进行连篇累牍的报道，大量的曝光还有遍布在赛恩斯伯里超市里的广告，使得一些公众开始对成功的杰米感到厌倦了，杰米似乎已经到达巅峰了。而对我来说更糟糕的是，从很多方面来看，《杰米的厨房》近乎是完美的，看似不可能企及，更别提超越了。首先，它拥有一个经典的元素，这个元素在很多成功作品中都变得越来越常见，并且是我认为成功的创意所应奉行的金科玉律之一：要想成功，需要让不同的类型进行碰撞。

结合不同的类型

《杰米的厨房》结合的不止两个类型，而是三个。而从我的角度来说最惨的是，这三个类型都是最棒的！首先是选拔哪些选手可以加入，哪些会被淘汰——经典的《流行偶像》（*Pop Idol*）类型，当时在非音乐类的纪实/真人秀模式中还很新鲜。然后是倒计时式的、不断建构紧张感的类型，因为这档节目跟拍的是杰米建设自己新开的名为“十五个”（Fifteen）的餐厅的过程。这也是我常用的一个类型，从一家新旅馆到一个新电视台，任何东西的开幕都能适用，因为这是个各种事情不断预热，然后达到开幕这一高潮的过程。最后这个节目也围绕经济紧张状态下杰米和朱尔斯的关系，讲述了肥皂剧般的情感故事。当时他们刚刚有了第一个孩子，而杰米把他们所有的钱和房子都拿来冒险。这三个故事线的任何一条都包含了最重要的东西：冲突，也正是这整本书所探讨的。

在当代电视中，混合不同的类型是成功的关键。《最高档》曾是一档虽长期播出，但却陈旧不堪的汽车评论杂志类节目，直到主持人杰里米·克拉克森离开了，并尝试了其他电视节目类型，包括成为一档谈话类节目的主持人。当他回归后，他和他的制片人创造了一种新的打破类型的杂志秀，一举成为全球性的大热节目，大约有3.5亿观众。而如今《最高档》已成为世界各地的杂志类节目都试图模仿的对象。

简·露特

探索电视网前任主席，BBC2套前任总监，现任新乌托邦公司首席执行官

我经常想象节目就像是婚姻一般，《最高档》是一档汽车评论节目和大量娱乐内容

的结合。它将《最高档》曾经的汽车评论秀形式和克拉克森的谈话秀结合在一起。它是一档成为了娱乐秀的汽车评论节目——我们将其从一种类型变成了另一种。克拉克森回归后，拥有了面对现场观众的自信，因此新版《最高档》让他和很多观众在一起，而不是让他只是面对摄像机说话。在所有人看来这都是一次冒险，因为这是一档看上去不会成功的节目。

正是受娱乐节目的启发，《最高档》拥有了当代纪实类杂志节目成功的关键因素。他们有一整套“工具包”：一群观众、风趣的挑战、游戏、你想参与的主持人们之间的互动，以及一两个噱头——在《最高档》中是试替哥（The Stig），一个神秘的试车手，还有想在试车道上比其他明星开的更快的明星嘉宾，以及其他疯狂的特技。

体验，而不仅仅是旁观

对于普通人，甚至是明星来说，体验都在变得越来越重要。如果你看那些传统的消费者杂志类节目，例如丹麦的《到此为止》（*Basta*），以及相似的英国传统版的《监察者》（*Watchdog*），所缺乏的正是体验。在当下成功的消费者节目中，例如《流氓交易》（*Rogue Traders*）中，主持人使用隐藏摄像机去曝光黑心商家，并和他们对质，我们是处在一个充满冲突，令人心惊胆战的过程中。《骗术真相》（*The Real Hustle*）做了类似的事情，呈现了（而不是讲述了）从扑克牌到自动取款机等骗术，节目中的主人公就像经历了一部惊悚片。杂志类节目需要运用这些技巧，而越来越多的节目也的确在这样做。

英国节目《粗话餐厅拯救者》（*The F Word*）如今正试图像《最高档》对待汽车那样，以同样的方式来对待食物。当人们认为杂志类节目已经死亡时，重新改造让它们卷土重来。由戈登·拉姆齐主持的《粗话餐厅拯救者》同样邀请了观众，但不是在一个传统的演播室内。就像《最高档》的机场仓库一样，这档节目中有一个餐厅，供50个人用餐，其中既有明星也有普通人。节目中还有很多搞笑的、实验性的挑战，以及一位观众喜欢的主持人或者说宴会主人。

朱莉·乌里韦

弗里曼陀传媒集团北美公司高级副总裁

我们在有线频道有如此多的杂志类节目，覆盖了整个消费领域，档期上排满了与骗子打交道的节目。他们有一整个新闻团队为这类调查类节目提供支持。它们不需要固定档期，它们可以被放在新闻节目之内，CNBC、MSNBC和CNN都在做这种解决纷争的节目。

乔恩·罗兰

BBC纪实节目部前任研发主管，叛逆者影业创意总监

当制作特辑节目时，你会希望和你觉得有趣的、愿意和他待在一起的人合作。节目中的主持人得是你希望和他成为朋友的、愿意和他每天共处一个小时的某个人。《最高档》中的主持人便是一个极佳的例子。大部分英国人都会愿意和他们这三个家伙一块出去，喝上一杯。这种他们能成为你的电视上的朋友的感觉是非常非常重要的。例如一个园艺类的节目模式可能很棒，但如果你不喜欢节目中的园丁，那么你就不会去追这档节目。如果你把类似于艾伦·蒂奇马什（Alan Titchmarsh）这样的人物放进去，就不一样了。他是那种人们会敬佩的和蔼可亲的长辈，所以你愿意和他一起消磨时间。

找到童话故事

我被邀请加盟的新节目《杰米的校园餐食》虽然有了一个很棒的主持人——杰米，但是经过一段漫长而艰难的思索，我发现要让故事变得鲜活仍然还有三大问题。首先，要超越《原味主厨》和《杰米的厨房》的成功几乎不可能。其次，这档节目似乎没有像《杰米的厨房》那样糅合不同类型的特征。而且不同于《杰米的厨房》中试图改变15个人物（这已经很多人了）的做法，《杰米的校园餐食》需要改变整个国家的孩子。第三，这档节目的主题虽然很有价值，但也带有政治性——涉及政府所说的英国的孩子们在学校究竟应该吃什么东西。而让情况更糟的是，在《杰米的厨房》中，杰米冒着很大的经济风险在名叫“十五个”的餐厅里培训不太出色的厨师，而这次他似乎没冒什么风险。对于我来说，这个节目似乎注定要失败。事实上，之后也证明要说服别人相信这个节目的点子很棒非常困难。当我为第一季搜寻制片人时，似乎已经验证了我的第一法则：永远不要接管已经成功的事情，因为可能只会走下坡路。没有人愿意成为那个让杰米失败的人，而且这也是我离开BBC之后的第一档节目，我当然真的很害怕失败。因此在搜寻更多的人物之前，该另一个工具登场了：故事的结构应该是怎样的？童话故事在哪里？

神话故事和英雄

在我的职业生涯中，我的故事结构都承袭了自古以来就被验证的，来自民间故事、传奇、古希腊神话、莎士比亚和安徒生的叙事手法。无论如何，被尝试过的、被验证过的可能是最好的。这些故事可以直击你的心灵，并且有一个普世性的主题，人们可以产生认同感，就像他们努力去实现人生的意义，去抵抗不可避免的衰老和死亡一样。不论什么时候别人有故事向我推荐时，我都会问："其中有什么童话故事？"当我们在剪辑室时，我会说："像讲童话故事一样讲给我听。"除非你能用简短的句子总结你影片的情节段落，并像童话故事般流畅，否则你的影片谈不上成型。

我主要擅长讲一个经典故事——英雄的探索——一次又一次，从《麻烦终结者》到《地毯上的血迹》，从《皮肤脱落的男孩》（*The Boy Whose Skin Fell Off*）到《当大厨遇到小厨》（*When Big Chef Met Little Chef*）都是如此。在每部影片中，我们跟随英雄经历重重困难，跟随他与其他的人物和障碍做斗争。事情看上去越来越困难，直到他最终获得成功。在这个过程中显露了他在压力下的真实性格，呈现出转变，理想的状况下还有救赎。对于一部最成功的影片来说，主人公们到了最后可能已变成他们自己都几乎无法想象的样子。

我偶尔还会使用基于《伊卡洛斯》这一经典悲剧形式的故事结构。在这个故事结构中，角色们会变得越来越膨胀，或者越来越自恋，但如同在《潘趣和朱迪》（*Punch and Judy*）中一样，我们希望他们得到应得的惩罚。我曾经参与的关于罗伯特·麦克斯韦尔（Robert Maxwell）的一系列影片，便追踪了他对《每日镜报》注定失败的接管过程及其后果。虽然这比起我们仅仅围绕悲剧的爆发制作影片更耗费时间，但在当时这对我来说是必须做的。我并不那么经常地追踪悲剧的过程，但英国人和北欧人喜欢看这个，尽管美国的电视网会倾向于选择让人感觉美好的快乐结局，欧洲的电视台大部分也是如此。

就如同英雄征途的神话故事一样，观众们从一开始就能看到结局，但在中途会产生怀疑。而在《潘趣和朱迪》中，他们到最后会略微感到吃惊，主人公被转变了，但却失败得一塌糊涂。

我会用的还有第三种故事，但事实上它是前两种故事的混合体。在这种故事中会有两派互相斗争——通常一派是英雄式的，一派是悲剧式的——而最终英雄获胜！因此需要去找到一个适合你的童话故事。作为导演，如果你能找到合适的童话故事，那是非常幸运的。有很多其他的神话故事——《小红帽》（*Little Red Riding Hood*），在其中叛逆者得到教训；《灰姑娘》（*Cinderella*），籍籍无名之辈大放异彩（《卧底老板》结尾正是加上了这种巧妙的情节），还有很多其他的道德故事。

如果你研究好莱坞的导演或编剧，会发现很多人找到一个好故事便会一直用，只不过换上不同的外衣。要区分不同导演的作品出人意料地容易。而在电视行业，因为更多地与当代生活有关，总是重复做一样的事情会显得很过时。因此工作的关键点在于，要把你总在重复使用的故事隐藏好，变成创新的节目！

大部分时候，当一位新的电视台老板就职，会做一个类似的开场发言，勾勒出他们认为创新的、令人感到新鲜的、与他们薪水相匹配的战略：他们希望节目能产生影响，有很多观众看，并且富有革新精神。但令我耿耿于怀的是，难道他们真的认为他们之前的历任老板会希望节目没有人观看，没有人谈论吗？所有老板们想要的都是所有人会谈论的节目，而在电视行业所谓“创新”跟前者几乎是同义词。像很多现代工业一样，在电视行业，“过时”这个词比受人鄙视的“剽窃”更遭人嫌弃，但我们也有个巨大的优势，那就是很多电视台主管们的无知和虚伪，他们乐于将所有的成功节目都称为“创新”节目。因此只要你重复的故事能取得成功，你就会被称作一个领军者，甚至会获得创新奖项，没有人会在意它是不是同样的老套路。

塞西尔·弗诺特·科塔兹

弗里曼陀传媒北美公司首席执行官

在这里，白手起家的故事总是最受欢迎，因为这是美国梦。这是为什么那些表演类的节目如《流行偶像》和《达人秀》(*Got Talent*) 如此成功，正因为它符合这样的美国梦，其中的理念是无名之辈——例如你家隔壁的女孩，都可能走上星途，可能变得有名，变得有钱，能够扭转他们的生活。这些竞赛类节目在当下充满竞争的环境中表现非常出色。不管是《美国发明家》(*American Inventor*)——这档节目很成功，尽管我们从来搞不清那些发明的其中奥秘，抑或《流行偶像》《达人秀》《顶级厨师》(*Master Chef*)，都遵循了上述的基本套路。

因此，我的大部分作品都是关于英雄的探险历程，从《重返基层》到《杰米的食物部队》(*Jamie's Ministry of Food*) 和《当大厨遇到小厨》。并不令人奇怪的是，尽管有很多其他的结构，但许多其他的纪实类获奖节目也遵照了这种故事线，例如精彩的《摩登原始人》(*Meet the Natives*)。在这部作品中，来自一个偏僻的玻里尼西亚岛的原住民希望见到他们的“神”——菲利普王子（作品中还有另一个梗：每一周这些原住民要和一个来自不同社会阶层的英国家庭一块居住和生活）。抑或《伪装者》，也是一样的结构，只不过加上了一些灰姑娘的元素和一个特别的悬念：假装从事某个工作的嘉宾能够最终使专家评委信服，而不被识破吗？尽管我有很多担忧，但我认为《杰米的校园餐食》也可以适用这种经典结构，但首先需要给它披上新的外衣，一个新的故事！这个故事需要让杰米和改造的对象都感觉是真实的，因为除非故事让角色们感觉是真实的，否则观众也不会相信。我很幸运，从接手这个挑战到做出决定有一个月的时间。尽管经历了低潮，经历了反复的纠结，但这对于帮助你最后想出奏效的办法是重要的。

让故事与时俱进

只要你为你的原型故事找到时髦的外衣，那么没有人会注意到其中的故事是老旧的——他们只会欣赏它。这些新的外衣也需要符合时代，你需要觉察到什么快要成为时尚了。在我的职业生涯中，我很幸运获了很多奖，但可怕的真相是几乎每次获奖的都是同样的老故事——但迄今都没有人注意到，而我还总是被夸奖很创新。因为那些同样的老故事一直都行得通。而接下来我将介绍我是如何反复讲述这些故事的。

在 1980 年代，我的原材料来自商业领域，制作的影片都是关于转型中的产业，这是一个丰富得出人意料的领域，充满了重压之下的英雄人物。毕竟，除了情感关系外，工作对于大部分人来说是最容易产生冲突的领域。这是我们实现梦想和使命、试图改变我们的世界、赋予生命以意义的地方。办公室如今已经变成了现代村落，我们也会经常在这里会见合作伙伴。

如果我是一位中世纪的电影人，我可能会制作关于穿着闪亮盔甲的英雄骑士策马扬鞭，参加十字军东征的电影。而回到 1980 年代，我可以跟拍商业大鳄领导一场撒切尔主义式的改革，改变英国并赚钱的故事。所以《麻烦终结者》的风格是犀利而尖锐的。但情况很快会发生变化。类型是循环的：随着一些类型的衰落，另一些会兴起。我记得简·露特——1999 年到 2004 年期间，她曾担任 BBC2 频道的总监，后接管了探索频道，她曾说烹饪类节目没戏了，因为在英国电视上这类节目太多了。但很快这一类型又被杰米·奥利弗和帕特·卢埃林（Pat Llewellyn）的《原味主厨》复活了。这档节目通过讲述一个年轻有活力的厨师大胆尝试新菜谱的故事，而为烹饪节目加入了冒险元素。

因此当烹饪类节目看似要过气的时候，也正是以一种新的方式重新占领这一类型的时候。在短暂的衰落后，它迎来了一场盛大的回归，在英国以杰米·奥利弗、戈登·拉姆齐、赫斯顿·布卢门撒尔、奈杰尔·斯莱特（Nigel Slater）和休·弗恩利·惠廷斯托尔（Hugh Fearnley-Whittingstall）为代表。但所有这些人如今都不只从事烹饪了，而是在改变我们吃的方式或是改变我们对食物的态度，或是改变学校餐厅，甚至建立他们自己的超市。通过这种重塑，烹饪节目已经变成了一种更主流的节目类型，世界各地有了很多成功的美食电视频道，有许许多多的厨师开设节目。而戈登·拉姆齐和杰米·奥利弗已进入了美国主流电视网的黄金时段。正如沃伦·巴菲特（Warren Buffett）对股票市场的评论：要在大家都抛售的时候买入。

商业领域在 1990 年代末期有些下滑，撒切尔夫人已经下台，新工党当政，时代氛围变得柔和些了。我觉得我们需要开始更多地关注人。因此我开始制作关于人的转变而不是商业的转变的节目，但故事仍是一样的。即便是我的商业主题节目也变得有更多的人文关怀——例如在《重返基层》中，有同情心的老板们会试图了解工人们的生活是怎样的。但这些老板们其实也生活在压力之下，而大部分的压力来自转型的过程。

简·露特

BBC2 频道和探索频道前任总监，新乌托邦公司现任首席执行官

我告诉你我曾经的想法是不对的。人们过去习惯用电视来给予信息。《旅游秀》（*The Travel Show*）这档被我取消的节目，过去会告诉你如何在飞机上订票。如今当看迪莉娅，[①] 这一烹饪皇后的节目时，你会希望去书里或网站上找到实际的菜谱。如今你进入到了一个充满了专家的世界，你见证着他们改变世界，叹服于他们的高超技艺。电视是一种蛊惑你的好媒介，使你对一些东西陷入危险的、情感上的着迷，但如果你希望实际地学习某种技艺，还有很多别的途径。

到了新世纪，在新工党的领导下，社会的变化开始得到大部分人的关注。我的故事也需要披上一套新的外衣。所以我创作了像《最后一份工作》（*One Last Job*）以及《强迫症之家》（*The House of Obesessive Compulsives*）这样的系列节目，前者跟拍了六位前科犯努力赎罪建立一家花店的故事，后者讲述了一群强迫症患者希望通过一种激进的新疗法获得救赎的故事。如今，当商业类节目开始占领美国电视荧屏时（10 年前，在大洋彼岸的英国，这是热门类型），社会团体正在变成英国电视节目的主题，因为当政治家不能或不愿改变社会时，人们开始抱团改变社会。

在《格里的大决定》（*Gerry's Big Decision*）中，格里·鲁滨逊爵士用他自己的钱来拯救那些陷入了困境、从银行借不来钱的公司。在美国，《奥普拉的至善之举》（*Oprah's Big Give*）中，甚至跟拍了一群人，看谁能在一场拳击比赛中为慈善筹集最多的钱。但是包括这两部在内的一些作品没能获得成功，部分原因在于它们在当地市场推出的时机不对，但另一方面，例如在《奥普拉的至善之举》这一案例中，是因为他们没有足够抢眼的、令人关心的人物，或是缺乏足够清晰、简单、可信的叙事。而我的建议仍然是，除非你有足够的能力驾驭更多，否则聚焦于一件事情，但要不断地根据观众的诉求去调整表达方式。这也会让找工作变得更容易，我们后续会谈到，那些有权给出工作的人需要知道你擅长做什么类型的节目。

---

① 迪莉娅·史密斯，1970 年代早期出道，被称为英国版的 Julia Child（朱莉娅·查尔德）或玛莎·斯图沃特（Martha Stewart）。

当我收到去制作《杰米的校园餐食》的邀请时，我正在努力从这个剧变中的社会中去为我的传统故事寻找外衣，而且我也正在再次考虑或许我应该放弃电视。但第四频道，以及杰米的电视部门总经理——充满魅力的安德鲁·康拉德触中了我的要害——大部分制片人都会有的不安全感，再加上他们的奉承话说服了我。我一直觉得电视制片人是在踩着自负和不安全感这两种燃料驱动的火箭飞驰——但是如果其中一种燃料过多，便可能爆炸。你同时需要两种才能运转正常。所以，就像所有充满了不安全感的制片人一样，当他们说我是这份工作的唯一合适人选时，我相信了他们！在雇主们让你签下合约前的时刻，总是待你无比亲切友好，然后他们便很可能会将你抛到脑后。

我如今已确信我的英雄故事——我一直在制作的影片，是可以奏效的。我在南非海滩上的网吧里收到的一封邮件促使我飞回去，在汉普斯特德的酒吧里见到了杰米。当时圣诞节刚过，在我的行李箱里恰巧有一套我刚收到的礼物——一套崭新的环球牌厨房道具，以及一本我的祖母写的烹饪手册，似乎冥冥中自有天意。面试并非我想象的那样。结果似乎变成了我面试杰米，而不是他面试我。这位有名的大厨心怀宽广，但当时年仅 28 岁的他似乎正处在追问自己人生方向的阶段。这有据可查，靠近 30 岁的年纪是一个转折阶段，会去质疑 20 多岁时走过的人生路。杰米感觉到他似乎正处在这样的一个时刻——从一个无拘无束的家伙，转变成为了一个关心这个世界的父亲。我认为他有潜力成为真正的英雄人物，因为最好的英雄故事也正是成长式的史诗，其中的英雄人物会一个人启程，然后当他遭遇了恶魔、巨怪和崩塌的索桥之后，会长大，会与现实世界达成和解，会在转型之后回归，变得更加成熟、睿智，从男孩变成一个年轻的男人，或从年轻的男人进入壮年。

所以尽管接手《杰米的校园餐食》起初看似非常疯狂，实则蕴含着一条看似不合常理，但在所有商业领域都凌驾于其他法则之上的真理：跟着直觉走——这种直觉实则是基于你所有的经验。尽管题材很棘手，而且杰米之前很成功，但我有越来越强烈的直觉，这是一个绝妙的主意，部分原因是杰米自己对这个主题有激情。尽管在电视行业，跟随你的直觉走可能会让你深陷困境，但更可能的是它会带你渐入佳境，因为电视本质上是一种情感性的媒介。我决定接受这个挑战。

而且，这件事儿也有个好处：没有人认为节目会取得后来那般成功，所以我可以按我想做的去做。我有整个第四频道的支持，还有值得信任的责任编辑彼得·戴尔（Peter Dale）的支持。他愿意让我做我喜欢的事情，还能偶尔给出犀利的建议或中肯的质疑——最好的那种。但如果我要更好地辅佐杰米，这档节目要想取得很大的成功，很明显我需要使出更多的生存锦囊，而首先需要的也是最重要的是：挑选到合适的人物角色。

找到人物角色

你们或许会说我们有像杰米这样的人物已经非常棒了，尽管有些媒体已经对他怀有敌意，而且根据第四频道营销人员的说法，甚至有一部分大众对他的态度已经冷淡，因为一些观众开始认为杰米不够真实——尽管其实他是真实的，他在现实中就像电视荧屏上一样充满同情心。但媒体已经盯上他了，而且还有那些塞恩斯伯里超市的广告——这些可能被误读成杰米为了赚钱而进行的过度曝光。杰米需要转变，再次成为公众的英雄。

我决定，尽管有各种危险，《杰米的校园餐食》需要以我常用的故事模式为基础——传奇般的英雄战胜数不清的困难，最终成就不可能。但我们该如何将杰米呈现为一个传奇般的英雄呢？要成为真正的英雄，他需要有可对抗的人物，而不仅仅是与政府对着干，后者缺乏人性的元素。我认为如果在一个真正关键性的转折点上，有一个厉害的反面人物让杰米去对抗，这个节目可能会成功。这正是这本探讨节目规则的著作的下一个关键点。

尼克·斯特林格

《杰米的校园餐食》的营销主管，目前就职于广告公司 BBH

当时杰米的热度的确在降温。在《杰米的厨房》中，他的确表现得很出色，但《杰米的校园餐食》在《杰米的厨房》之后太快推出了，再加上铺天盖地的塞恩斯伯里超市的广告让观众有些疲劳了，感觉到处都有杰米的存在。在他的书封面上，他的脸也从无忧无虑的、不修边幅的形象变得有些严肃。

反面人物和主人公

在一部纪录片中，要创造戏剧化结构，每个英雄都需要些可对抗的东西——可能是一座山，或是一些物理意义的东西，但更常见的是人格化的对抗对象。一个彻头彻尾的魔鬼是最简单的解决方案。在童话故事中，巨人和食人魔作为敌人的效果不错，因为当他们最终被杀死时，能让读者感到满足——就像《麻烦终结者》中节目临近结束时，老板们被解雇的场面。但也有另一种选择：给英雄赋予一位“二号人物”，他可以和英雄拌嘴，也能够在整部或整季系列节目中陪伴我们。很多小说中的人物都有这样的追随者。从唐吉诃德（Don Quixote）和桑丘·潘萨（Sancho Panza）到柯克船长（Captain Kirk）和斯波克（Spock），从罗宾汉（Robin Hood）和塔克修士（Friar Tuck），到独行侠（Lone Ranger）和印第安人托通（Tonto），或是蝙蝠侠（Batman）和罗宾（Robin）。英雄和“二号人物”通常需要有相反的个性才能产生戏剧效果。通常我们会看到一个天马行空、充满梦想和创造力的领袖作为一号人物，而一个更加务实、重返基层的角色作为二号人物。但他们会始终待在一起，而且部分的情节转变也会发生在他们理解彼此的想法时。

这对真实生活中的角色也会奏效。例如杰里米·克拉克森的系列节目《速度》(*Speed*)不太能被人记住，这并不令人奇怪，因为尽管克拉克森在体验那些风驰电掣的赛车，但他是在独自这么做。而新的《最高档》之所以能成为全球大热的节目，正是因为给他加上了两位好伙伴，能够和克拉克森逗趣和对抗。

但谁能成为杰米的对立面呢？首先显而易见的是，这个人不能有一丝的迟钝或无聊，因为电视会减弱人们的表现力，因此你需要人物角色拥有可以表现得比现实生活更夸张的潜力，但同时他们自己又得是真实的。要在电视上看上去出彩，角色们需要比你在现实生活中通常见到的人夸张得多。为了能在电视上看似正常，你需要说服他们，在说话时要表现得比他们日常生活中的样子夸张些、激动些。

史蒂芬·兰伯特

大热节目模式《交换妻子》《神秘的百万富翁》和《卧底老板》的创造者

要发现好的角色，需要聘请好的人手，然后告诉他们要好好去找。然后当你看到他们找到的人时，要相信你的判断，看这些人能否吸引你。你可能不会有不断去找人的时间，但这是你最值得投入的地方。不管是《交换妻子》还是《卧底老板》，都花了很长时间，面试了很多人。预期中的好人物非常难找，因此《交换妻子》和《卧底老板》的第一季都超支了，因为我们没有找到合适的人物而不得不延期拍摄。如果我发现一个模式有潜力，能够在一开始好好执行的情况下，成为一个现象级节目时，换言之，当我为一个创意感到兴奋时，我会承担推迟拍摄的经济压力，并持续地为它投资。我会做出这样的商业决定，因为我相信回报足够大。

在美国，电视网会非常关注选角的部分，因此你不得不要求人们去表演，甚至是在试镜录像时就得这么做。但吊诡的是，如果你指望在正式拍摄时从拍摄对象那获得惊喜，你就不能指望他在试镜时就已经把他想说的以最棒的方式呈现出来了。

“若想人前显贵，必得身后受罪”

重要的事情是将你作品中的主持人或主角塑造成英雄，这是对立的“二号人物”角色如此有用的原因。但要呈现出英雄气概，我们的英雄也需要面临一些巨大的挑战——越大越好。大部分的嘉宾，以及很多主持人（除了探险类的贝尔·格里尔斯式的主持人）都不愿意被逼得太狠，因为他们可能会失败。但事实上，当他们看到节目播出的效果后往往会后悔，到这时候，他们会希望能通过展示真我，让他们看上去更出彩些，这是为什么你在拍摄时必须要给他们施加压力。只有接受挑战才能吸引观众观看，才能展现出嘉宾们的英雄气概——若想人前显贵，必得身后受罪。

在我完成大热的系列节目《麻烦终结者》之后，BBC的科学部门终于将我的官方头衔变成了制片人！在与约翰·哈维·琼斯爵士合作完成了另外两档成功的节目之后，他们终于让我成为了一个执行制片人，但起初他们并不想要更多商业题材的节目（《重返基层》和《地毯上的血迹》这时还没有创作出来）。相反，他们希望我聚焦在制作“真正”的节目上。第一部作品是叫作《局限》（*Limit*）的关于工程学的节目。这部系列节目中的其中一位导演被一个特别危险、双重人格的嘉宾难住了。这位嘉宾是一位丹麦的桥梁建筑师，用没有抑扬顿挫的音调说着口音很重的英文，并且骄傲地宣称他从来没有冒过险。他的女儿甚至告诉我，她在学校提到父亲是工程师时会感到尴尬。我飞到丹麦试图说服他变得活泼些。我告诉他，这是工程师们必须克服的东西。我也迎合他的虚荣心，恳求他为自己的行业做些什么。

不妨说些奉承话，恳求嘉宾为了他们的行业或是爱好制作节目，或是告诉他们你会展示他们所从事职业的精彩世界。你需要用一切手段使你的嘉宾看上去尽可能地充满英雄气概。但这一方法并不足以调动这位非常沉闷的丹麦嘉宾。从专业的角度看，任何关于桥梁建设的事情都不足以让他担忧了，所以我告诉他这个节目对于导演来说是个很大的机遇，因为这是导演的首部影片，也是我首次作为执行制片人的作品——这都是真的。我告诉他，我们的职业岌岌可危，的确一直如此。如果他不能变得稍微更有趣些，我们都会失败，我们会赔上在电视业的前程。但即便这么说也没有奏效，我不得不说如果他的工作真的如此简单（如此缺乏难度、危险和怀疑），那么可能我的母亲都能干这份工作了。他真的对自己如此满意，从来没有担心过他造的那些该死的桥吗？他终于败下阵来，承认事实上他会担心，如此，工程学终于变得稍微有趣些了。你永远不知道什么方法会奏效，但值得庆幸的是，我还不需要痛哭流涕——这是说服一个不配合的嘉宾最终极的方式。

我时常会使用上述这些方法来对待其他不配合的或无趣的嘉宾，他们不太喜欢吐露他们的真实想法。需要努力让他们看起来更出彩。对于商业领袖，我会痛陈这个国家没有真正尊重和理解他们所做的事业，常常将他们视为怪咖而不是财富的创造者。我告诉他们，他们需要帮助同仁们去展现他们的职业是多么迷人、有趣和精彩。这几乎都会奏效——但你需要坚信：如果你相信大多数人所做的大部分事情是因为信念，嘉宾们也会相信。这甚至说服了彼得·曼德尔森（Peter Mandelson），让我制作出了《千年穹顶：顶层麻烦》。

如果所有这些招数都失败了，就得寄望于他们的善心。告诉他们你的职业生涯才刚刚开始，不想过早被炒掉。一定要努力调动他们最好的状态，因为最终最会让你的嘉宾们失望的事情是——他们往一个节目投入了所有的努力，但因为他们看上去很无趣而没有人看。

说服人们来参加

接近嘉宾，说服他们来参演的谈判是非常需要技巧的——这本质上是一种"求偶"仪式，所以不要要求你的嘉宾太快"嫁给你"，不要太快签约。我发现与嘉宾的第一次会面花上两小时刚刚好。四分之三的交流可以是关于人生的，并找一些你们的共同点——你会发现只要想找，你和任何人都有共同点。然后当我们谈起节目时，当我发现嘉宾感兴趣，我会赶紧绕开话题。

事实上我越渴求他们，我越要少做承诺，我得说我需要向电视台或我的老板去推荐他们。因为最重要的是嘉宾们也要有同样的渴求。当然他们也可能不会"上钩"，于是便陷入了一个漫长的过程。有一些邀约谈判，就像追求某些情人，抑或捕捞鲑鱼，可能要付出多年的耐心和策略。

米歇尔·库兰

《学徒》的执行制片人

你要给他们一个参与节目的理由——他们永远不会出于让节目更好的目的来参与。这个理由可能是任何东西：分享一个问题，一种激情，或是对他们重要的某些东西。我总会跟他们透彻地探讨一切可能相关的东西。

关键的事情是，当你晚上回家时，或是当你出去喝一杯时，是否会谈论这些人物。例如你可能会跟大家谈论你某天晚上遇到的长靴舞娘。这是你需要找到的人物，因为只有这样的人物才有从荧屏穿透到观众那里的魅力。他们会在某种程度上打动你，让你发笑，或去关心他们和他们的爱好。他们得是能跃然纸上的人物，或是当你跟他们共处一室时，会让你舍不得离开的人物。

1998年时，我们开始着手准备《千年穹顶：顶层麻烦》。这个系列节目会追踪世纪穹顶的建造过程，以及负责在其中布展的机构。协商拍摄的过程充分体现了不要做出承诺这一策略的重要性。在经过几个月的谈判后，我们终于被允许开始拍摄，但我们始终没有取得任何书面的合约。最终，在拍摄开始了几个月，经过多次协商后，穹顶团队终于被说服，给我们寄来了"缔亲"的合约。但我不可能签署，因为他们想要一定程度的剪辑控制权，这是我永远不会同意的。谈判继续进行，我们暂停了拍摄，双方的角力开始了。这是一段可怕的时间，直到离穹顶开幕只有不到一年时，双方终于达成了一致，在我们保有编辑控制权的前提下继续拍摄。很多人认为我们错过了关键的时刻，但观众不会知道你有什么没拍到。更重要的是，影片剪辑师也不知道！在我看来，剪辑权的完整性要比那些错失的素材更重要。

一套小心的、渐进式的、不会把嘉宾吓跑的方法非常重要，尤其是面对极其大牌、极难接近的对象时，就更是如此。随着“求爱”的过程顺利进行，当他们被吸引住时，你可以尝试冒一些风险，告诉他们有一部分内容会让他们难堪，指出可能产生的负面影响。从你的角度告知他们，并讨论什么可能出错，以及他们所担心的跟参与节目相关的东西。事实上，当你充分地考虑，并愿意提及负面的东西，会让他们感觉更安全，而不是相反！记住这都跟信任有关。

杨·托马琳

第四频道法律与合规部门前任总监，现任媒介法律顾问公司总经理

永远不要将剪辑控制权让给某个拍摄对象。得到接近拍摄对象的机会的秘诀是信任。但是，拍摄协议的措辞是非常重要的，以防出现异议。有些争议可能会闹上法庭，拍摄对象可能会申请禁制令来叫停节目，因此你需要确保协议的措辞是对你有利的，而不是让你陷入被动，你也需要预见那些可能会出现的问题。

需要对节目有一个大概三句话、简洁明了的描述，并提前已与电视台达成一致，这样当整个团队在接触潜在或实际拍摄对象的任何时候都可以使用，这可以很好地保护你，以免之后拍摄对象可能会声称他是被节目误导了。

要避免在电邮等场合对你的拍摄对象有任何粗鲁的或轻蔑的描述，因为当发生法律诉讼时，或应监管者的要求，这些之后可能会被公开。曾经发生过这样的事件，邮件被意外抄送给了拍摄对象，而其中有对他们讽刺性的评论，结果自然是灾难性的。

而当你向潜在拍摄对象索取太多时，你可能会感到一个“不”字正在这场复杂的“求爱”仪式中向你迎面扑来，我建议你快速地转移话题。当他们说了“不”字后，就很难让他们改口再次说“好”。但他们如果还没有说出“不”字，他们之后可能也拉不下面子来拒绝。就像是恋人，对方也需要同样渴求才行。因此“求爱”的过程需要是绅士的。一旦你意识到他们在挣扎时，你需要通过退一步来赢取他们的信任，告诉他们这可能是一部很糟的影片，分析他们不能参与的原因。如此一来，他们会感觉这更接近他们的想法，而你也可以借此透彻地思考你的影片，分析它可能行不通的原因，因为当你认识到消极一面时，积极的一面才会发挥作用。

西蒙·迪克森

第四频道纪录片部门副部长，负责立项了许多获奖节目

我会做的一件事，是在开始阶段给嘉宾们施加比较多的压力，以此发现他们是否适合我们要求他们拍摄的节目，不管是在《家庭》还是《忙碌的产房》中（这是一档产房纪实节目，使用了和《家庭》类似的多机位固定摄像头进行拍摄），都是如此。我会和制作公司一道去见这些嘉宾，经历被我称作“命运谈话”的时刻。

在“命运谈话”中，我会关注嘉宾们的理解力、兴奋度和紧张度，这些对于一档观察式节目来说都必不可少。我会问嘉宾们，他们是否想象过可能的结果？他们是否真正思考过，人们最终会怎么看待作为一个群体和独立的个体的他们？在拍摄期间会在他们身上发生什么？我会和嘉宾们以及制作公司一道，通过这一过程去思考，当进行一个特定的项目时，会发生的最好的和最坏的结果会是怎样。

米歇尔·库兰

《学徒》的执行制片人

每年都会有人跟我说，包括《学徒》的学员们，甚至是《学徒少年版》里的父母们——“你是在忽悠我吗？”我从来不想让人觉得我是在哄骗他们。电视是最容易用来算计人的东西了，这也的确总是在电视业发生。观众可以感觉到，而你得到的也将是一个非常不乐意的、不相信你的嘉宾。

如果你没有跟他们检查所有这些你担心会发生的情况，当你走了之后，在第一次或第二次踩点过后，所有他们的家人、朋友会帮他们来检查，所以如果你把这些问题挑明了并解决掉，会好得多。

不要在这个猫鼠游戏中忘记初心，因为故事是最重要的，而稍晚一些开始拍摄并不要紧。当我受雇开始拍摄《杰米的校园餐食》时，一个研发团队已经研究了好几个月。这个微型小组已经找到了伊斯灵顿（Islington）的一所学校。拍摄迫在眉睫，因为杰米的档期很满，很难找到别的时间拍摄，也在不断地花钱。我们需要马上开始。但我仍在担心人物角色是否足够真实动人，也在担心故事线和叙事动力，因此我停下了一切。看上去多么混蛋呀！

不要在人物角色上妥协，只是合适的程度还不够好，去寻找更好的人物总是值得的。当然同样重要的是，不到最后一刻不要拒掉仅有的合适的嘉宾——你并不知道之后是否需要回过头找他们。所以《杰米的校园餐食》的研发小组仍在和找到的第一所学校推进，而

我则在重新考虑这档系列节目的内容应该是怎样的，也在思考我们如何能够找到更好的人物。已找到的学校并不坏，但我觉得它有点过于“斯托克·纽因顿”[①]风格，并且过于热切地想要参与节目了。他们甚至聘请了一位来自“唐宁街10号”（首相府）的公共关系顾问。

对于毫不犹豫地、热切地希望参与影片拍摄的人，我总是保持怀疑。这有点像性——如果对方过于热切，通常会变得没有那么有吸引力。但记住这条定律——如果你发现了“金矿”，如果你真的希望他们来参与你的影片，无论如何不要让他们知道你的心意。如果他们着急要见面，告诉他们你很忙，没有时间见面，并告诉他们你需要说服你的老板。

在时间和预算的压力下，我们聘请了一位系列节目制片人——多米尼克·沃克，她和团队花了很长时间跑遍了整个伦敦，探访了从恩菲尔德（Enfield）到卡姆登（Camden）的各个行政区。在选择学校时，团队变得更加苛刻，因为她被我说服，我们需要一位出色的反面人物来塑造杰米的英雄形象。我们最终找到了一个学校，看似很好，而且这个学校正在考虑改革他们的餐食。因此这个学校会有开放的态度和诚意，但食堂的厨娘们还是不够出彩，无法让这档节目成为爆款。

这对于杰米来说是可怕的，因为这是他的新公司运作的第一个项目，花钱如流水，但却没什么进展。在他繁忙的日程里原本预留了档期，之后也被取消了。我肩负的压力日益增长，但我始终按兵不动，直到最后多米尼克·沃克和她的团队找到了诺拉·桑斯（Nora Sands），格林尼治地区基德布鲁克（Kidbrooke）学校这位有亲和力、自然而又健谈的厨娘。她有很强的个人魅力，对自己的处事之道很有自信。来自爱尔兰的她，天生能说会道，而且心直口快。我们最终找到了一个强悍的二号人物，也为冲突留足了空间。

我们仍然需要让大众记住她，因此我们把她放在先导片（开场）中，并在标题之后的部分，把她和杰米的画面交叉剪辑，营造他们彼此希望见到对方的氛围。“诺拉”将成为一个重要的、强悍的“二号人物”，她会帮助杰米完成他的使命，但会让过程变得有趣、充满冲突。你需要一直保持高标准，力图把一切都做到最好。

多米尼克·沃克

《杰米的校园餐食》系列节目制片人，现任第四频道纪实娱乐节目部门责任编辑

你需要让团队成员足够尊重你，不敢把凑合的东西拿来交差。如果他们回来后说某位厨娘是合适的，然后我会去见她，但却发现她很普通时，我会很生气，因为这是在浪费我的时间。对我来说，必须要做的工作是找到一个人能够和杰米对着干。这来

① 译者注：这所学校的所在地位于斯托克·纽因顿，在伦敦哈克尼区的西北部，该区为自治市，保留了伦敦的乡村风格，因而与伦敦其他地方有些格格不入。

自传统纪录片的经验，作品成不成功全依靠你在节目中安排的角色。但别的一些节目只要有了核心人物，便通常不会有动力再去寻找另外那个出彩的人物。

确立人物

令人诧异的是，很多时候人物角色并不能在影片一开始便树立起来，或是被赋予难忘的特征。在《杰米的食物革命》(*Jamie's Food Revolution*)——这部基于《杰米的校园餐食》，表现他在美国挑选学校厨师的影片中，"厨娘"（食堂主管）的角色一开始很不突出，直到第一版剪辑很久之后，角色才被建构起来。我们在第一次审片后，才迅速地进行了改进。《杰米的食物部队》也是如此，直到剪辑快完成时，我们才匆忙找到两个本该在一开始便确立的出彩角色，她们都有自己的标签：娜塔莎"从来没有给她的孩子做过一顿饭"，以及克莱尔"一天要吃 27 袋薯片的人"。标签是很重要的：你刻画出的标签越鲜明，那么你的主要角色受欢迎的可能性就越大。

没有人叫哈维·琼斯"约翰爵士"，即便是他的司机也只叫他约翰。但我每次都使用"约翰爵士"这个称呼，于是每个听到我这么叫的人也会这样称呼他，不管是在拍摄还是关机时。这对强化他的角色很有帮助——将他塑造成了一位身材圆胖、喜欢大笑、睿智而坦率的托比·培尔契爵士 (Sir Toby Belch) ① 般的人物。三角铁工厂的老板西德尼·奥查德 (Sidney Orchant)，被他的员工称为"西德先生"，而我也确保自己在每个场合都这么称呼他。我们甚至专门写了一段开场白，由约翰爵士配音，讲述他对西德先生的第一印象——一个"有些老派，还有些轻微专制倾向的首席执行官。"这样在开始介绍公司，以及公司面临的业务多样化挑战、购买昂贵的新机器等问题之前，便将他的角色丰满起来，这让西德先生更能被观众记住。

在《麻烦终结者》的样片中还有两位主角，一位是莎娜 (Sharna)，企业大亨"西德先生"的女儿，有一家工厂的屋顶上矗立着以她的名字命名的标志。她主管销售。还有一位"城里来的会计师"，从伦敦来的高冷的新投资者，刚刚买下了西德公司的大量股份。角色之间的冲突看上去不可避免了，只需要一点火花便可以点燃，而火花便是"西德先生"，公司的主席，要被迫服从约翰爵士强硬的建议。尽管我当时只是一个助理制片人，但有幸获得了 BBC2 频道领导的首肯，得以制作了这档获奖系列节目。而能得到这次机会便得益于我在样片中树立了人物角色。作为一个影片医生，我发现自己临危受命时最常要面对的问题之一，便是人物角色还没有被树立起来。

① 译者注：莎士比亚剧作《第十二夜》里的人物。

即便是在《胖而难行》这档我在最后阶段才加入的节目中，我所做的也是让角色更出彩。这很重要，因为这样才能让观众一开始便有代入感。这档节目跟拍了一群徒步穿越英国来减肥的肥胖人士。节目建基在一个美国式的理念上，真正的关键点或者说潜台词是要通过行走，帮助这些基于某种原因而致使肥胖的人们建立自尊。为了让节目吸引人，我们在一开始便让一位主人公在将要离家两个月，离开她两个年幼的孩子之时，讲述她的担忧和期待。这是一个颇为戏剧化的情景。她似乎将我们带到了行走开始的这个大日子的现场，我们开始关心她，也得以去理解其他一些主人公们的担心和忧虑，感受到她们在准备立即出发，开始非常紧张的行程时的心情。马克·鲁本斯（Mark Rubens）制作的这档英国节目取得了成功。

这档节目的美国版《肥胖远征队》（*Fat March*）加入了竞争、挑战和投票淘汰这些美国主流电视网黄金档纪实类节目所依赖的元素。而这也意味着要在片头把所有的角色都介绍出来——用一幅照片加说明文字的方式，并在后续节目中不断重复。在某种程度上，这档节目在美国并不成功的原因可能在于，观众从一开始便不太关心这些角色的命运。作为一档美国电视黄金档节目，对于节奏、行动、竞争和参与者的呈现，以及节目主题都有高要求。而这档节目并不是像《美国偶像》那样是观众所熟悉的竞赛，因此很难负载这么多东西。从这个案例可以看出，选角和人物介绍是至关重要的。

现在让我们总结一下。当你找到了合适的人物，你需要用尽浑身解数说服他加入，搞清楚他们是谁。就像在邀请大家来参加婚礼之前，你需要确保这将是一桩好婚事。你需要一个由几个关键性的角色来表现的故事，而不单是一个主题。然后你需要赋予这个故事一个卖点或是一个新颖的角度，给主人公一些额外的挑战，一些他们有兴趣克服的巨大挑战。

在《杰米的校园餐食》中，我们一开始将目标设定为只改造一所学校，以缩小人物的范围。然后我们通过利用两个针锋相对的主角杰米和诺拉，在改造有两万孩子的整个行政区的过程中的冲突，来赋予节目以卖点和格局。我们希望我们的故事是简单的，但格局是很大的。最后我们希望杰米能够成长，变得看上去更有同情心。也让诺拉，这个一开始认为杰米不过是做秀的电视明星的人物，能够看到杰米身上新的价值，并且变成杰米任务中的热情支持者。到节目的最后，诺拉这位普通的厨娘将会穿上时髦的套装登台演讲，去启发成千上万的厨娘，甚至怀着对杰米的敬意，并在杰米的支持下，开始写她自己的烹饪著作。这是个真正的转变，是一开始她无法想象的结局。

我们也在其中融合了两种类型：首先是在改变一所学校，其次也是一个政治性的节目，关于改变一个小镇，说服政客、部长甚至是整个工党。为了融入第三个类型，我们也拍摄了很多杰米和他的妻子朱尔斯之间的故事，以及杰米如何与学校食堂、与他自己的饭店以及媒体进行斗争的故事。我们有了一个追求的目标，这个目标变得宏大而多面，我们也找到了两个出彩的对抗性的主人公。我们上路了。

第 2 章　打破陈规，跳出剧本

准备拍摄

你已经找到了人物和概念，现在是时候开始拍摄了。要完成好的拍摄，需要两项看似互相矛盾的技能。第一，你需要成为非常有条理性的人，能够写出非常清晰的剧本以及拍摄规划。但第二，你也要能够跳脱僵化的思维，当事情出现变化时，可以调整拍摄规划——事实上，纪实类节目的剧本几乎总会发生变化。

有三种不同的导演：一种剧本写得非常详细，包括分镜，然后不管现实情况发生了什么变化，都尽力遵循剧本。通常这种导演来自广告界，尽管这种方法在剧情片领域很奏效，但在纪录片领域则不然——事实上有一个奇怪的现象（或许相比我们接下来将发现的，这并不奇怪），很少有导演能成功地从剧情片跳转到纪录片和纪实类节目 / 真人秀领域，而能反过来的就更少了。

第二种导演，通常来自"真人秀电视"的世界，尤其是那些缺乏经验的导演。他们相信拍摄是第一位的，然后才是思考，如果还知道思考的话。他们的想法是尽可能多地用摄像机将一切移动的东西拍摄下来（甚至包括很多一动不动的东西），然后期望在剪辑房里能从乱作一团的素材里找出故事。

但是，想要在纪实类节目领域成功，你需要成为第三种导演，那便是上述两者的混合体，能写非常清晰的剧本，能梳理出一条非常清晰的故事线，但也会将这作为基础，根据变动的环境去调整，根据你所遭遇的去改变剧本，并且有意愿和能力跳脱僵化的思维。

这一章内容都是关于当你开始拍摄时，应该如何跳脱僵化思维的。首要的原则是，一定要找到或者加入一个合适的团队，并且能够清醒地认识到，哪怕团队内部也需要有一些冲突，这样才能激发创造力。然后是研究，需要有不落俗套的、特别开明的思考能力，能够摆脱预设的偏见来进行彻底的观察。最后，我们要知道如何去写最为重要的——剧本。它既是你所需要的路线图，也是你之后可能要背离的东西。但首要的是团队。

找到你的团队

作为一个电视行业的“麻烦终结者”，我常常认为我的工作最重要的部分不是在剪辑室里梳理影片结构，也不是在最初的剧本撰写阶段，而是成为一个有口皆碑的“职业中介”，因为如果你请到了合适的团队，便不会有太多的整理工作要做。但是，聘请到合适的团队去制作原创节目，抑或加入合适的团队中，都没有看起来那么简单。

当我在BBC科学部门时，那里有两大派系，各由一位女强人把持。她们为争夺最好的人才，不惜使出浑身解数，包括大哭大闹，以获得BBC科学职员库中最好的导演，有时候还会为启用经验不足的新手而恼怒不已。但正如之前所说，如果能正确地组合，缺乏经验的（也是最有野心的）人可能会是最有用的人。当我最终成为一位系列节目主管时，我认识到了这一点。

所以当制作《杰米的校园餐食》时，我希望找到一位此前没做过任何同类题材作品的系列节目制片人。当今世界最成功的商业案例大多遵循着这样的策略，即给那些如饥似渴的新人在他们不熟悉的领域提出一些挑战，但一定要包含清晰的任务与指令。而电视行业的情况却与此相反，还是喜欢聘请“老手”，但又总是会过度干预他们的工作，以至于让这些“老手们”变得筋疲力尽。

这一次，作为我离开BBC（也完全没有了它的支持）的第一部电视系列节目，我希望能够证明自己的想法，采用自己一直希望尝试的方式——竭尽我的所学所知，拍出一部尽可能完美的系列节目。团队对于成功而言起着至关重要的作用。我将拍摄事宜暂且搁置，花费了三个月的时间去寻找合适的成员，面试了无数候选人。很多非常有潜力的系列节目制片人都拒绝了这份工作。最终，我找到了我认为最适合这个项目的系列节目制片人。她看上去非常不适合这份工作，而且她的前两部作品都不是流行的纪实娱乐类节目，一部是关于穆斯林女性前往麦加朝拜历程的纪录片，另一部纪录片是关于刚刚被刑满释放人员的生活。但她很有活力，也很好学，最重要的是她充满了渴望。虽然我还没有看过多米尼克·沃克的任何一部作品，但我决定聘用她。我几乎总是在还没看过一位导演任何一部作品的情况下，仅凭我在他们身上看到的亮点与别人的推荐，就决定是否聘用。因为在电视行业，你永远都搞不清谁到底干了些什么！

依据推荐选择雇员

我始终认为挑选雇员最好的方式，其实是根据他人的推荐。因为在电视行业内，要说谁能确保拍摄的影片成功几乎是不可能的，除非是像亚当·柯蒂斯这样的人。他非常亲力亲为，比如在系列节目《噩梦的力量》中，他甚至负责了剪辑和旁白。或者一些真的非常有经验的人，有着出色的过往作品纪录，否则你怎么会知道一部成功的系列节目究竟有多大程度上是导演的功劳？或许其实是剪辑师、系列节目制片人、执行制片人拯救了导演？或许甚至是助理制片人担任了大部分的拍摄工作？你必须想到这些问题。因此，你需要结交一些导演、系列节目制片人和执行人员，让他们说说自己最近合作过的人中最出色的人选，然后选择雇用这些人。毕竟你找到的新导演，其实都很可能在你要他们去完成的工作上并没有太多的经验。

这次我询问了很多人，最终夏洛特·布莱克，第四频道的一位人才拓展经理（这是一个被严重低估的岗位，因为他们知道谁是最棒的，谁又是最有潜力的、成长最快的人才）帮了我大忙。她真的堪称是熟知这个圈子人才的女皇。

我曾在BBC任职，经常会雇用一些别人都不愿用的人才，被别的部门拒绝的经历会让他们因再次得到机会而激动万分，曾经的累累挫折也让他们对生活有不同的体悟。

夏洛特·布莱克

英国第四频道 人才主管

我希望能够寻找到当代的思想者，他们对于电视节目的形式要有强烈兴趣，生活经历丰富，可以为节目增添不同的韵味与视角。最重要的是他们需要具备较高的情商，可以感受阴晴变化。我认为有一种性格的人，十分值得雇用，就是会自愿承担起责任的人。节目的制作过程就好比不断在空中耍魔术球，看谁能够抓住这些球。你希望找到的是那些能够愿意去抓、愿意去尝试、并尽可能多地抓住空中的魔术球的人，而不是那些在球落到地上后，去找各种理由解释为何没有抓住、推脱责任、或是责备他人的人。你需要的是找到那些准备好为你付出一切的人。

但多米尼克·沃克和他们不一样。第一次见面的时候，她看上去十分理智，让人感觉很努力、聪明、也很有条理，明白这档系列节目面临的问题。事实上，她提出了我当时也正在困扰的问题——雇人过程中，我所关注的核心问题，就是对方是否能够明白影片的问题和潜在的解决方式。因为只有在解决问题的过程中，你才能开始理解一部影片是如何运作的。她的推荐人也很靠谱。就在选择雇用她担任《杰米的校园餐食》系列节目制片人之后不久，我又收到了导演鲁斯·皮特（Ruth Pitt）对她的高度推荐。我个人十分尊敬这位导演，而她曾受雇于他的宗教纪录片《普通人》。在和她好好聊了聊后，我发现她如饥似渴、魅力四射、而且犀利，这很难得。最后，我终于看了一些她的作品。如果我提前看了这些作品的话，我可能会很担心，而不会雇用她。因为这些作品虽然非常出色，但和我在《杰米的校园餐食》中想要的有很大的不同，而我已无法反悔了。最后的结果证明，她是位非常出色的人选，很幸运我当初没有放弃她。这就是我想强调的，对于电视节目而言，最重要的就是团队——有疯狂的想法或是高超的视觉特效技艺的人好找，但团队难觅。以前我在 BBC 制作一些系列节目时，团队内的氛围一直都没有达到完美的状态。这次我决定一定要达到自己所期望的状态。虽然这令多米尼克感到十分紧张，但经验上的不足也许恰好能对她有所帮助。我希望她能够渴望学习到新东西，同我一起不断完善我的故事结构。如果你想要一次次不断讲述自己的故事，那么使用这些相对缺乏经验，却又有抱负的人才，是最合适的，他们会利用旧的故事结构，但又能为其注入新的元素。

当我的一些执行制片人同事还在争相雇用那些经验丰富，并且看上去十分稳妥的影片制作人时，我总是希望能够引入如饥似渴、魅力四射、而且犀利的新人。这也正是我能够取得成功的部分原因。我依然记得第一次登上英国电影电视艺术学院奖舞台的情景，当时获奖的是我的第一部作品。实话实说，我真的不知道自己当时在做些什么。第二次登上颁奖舞台是因《地毯上的血迹》获奖，我认为能获奖很大程度上是《冰淇淋大战》那一集的功劳（这集讲述了班与杰瑞大战哈根达斯的故事），而这部影片是导演西蒙·迪克森的第一部此类题材的大制作影片。第三次登上英国电影电视艺术学院奖的颁奖舞台，是因为《重返基层》。这部作品的点子来自一位十分努力，并且极具说服力的助理制片人休·登。在他担任这个系列节目中第一集的联合制片人之后，后续又执导了同系列的 14 集，最终成为这个系列节目的制片人。而《重返基层》在英国皇家电视学会奖评比中放映的那一集节目《与众不同》(*A Class Apart*)，也是另外一位雄心勃勃的新晋导演亚当·威沙特 (Adam Wishart) 执导的首部观察式影片。和我所雇用的其他很多人一样，我也是通过询问《明日世界》的剪辑师才最终找到了他。我每年都会向这位剪辑师打听打听，他们组里最出色的年轻人是谁。在《与众不同》这部获奖作品中，跟拍了著名的贝兰登女子公立学校的校长假装成为一所糟糕的市内综合中学的代课教师的故事。而这位校长和第一季《重返基层》中的其他五位老板都是休找来的。这部影片却曾差点夭折，因为导演亚当非常紧张，他记下了所有的环节，但却忘记了给汽车加油。因此，在他和那位同样非常紧张的校长第一次前往拍摄地的路上，他们的车在一条乡间小路上抛锚了。场面很难堪，但这都是最真实的情况！亚当的脆弱反而打动了校长，令她非常喜欢他。就这样，魔力降临在这条乡间小路上，最终也使这部作品充满了魔力。英国皇家电视学会评委伊丽莎白·默多克 (Elizabeth Murdoch) 曾力荐这部作品，让其成功胜出，并在颁奖典礼时大赞这部作品是多么感人。这也是这些缺乏经验的新人的又一次胜利。

帕特里克·克罗顿是另外一位取得突破的年轻导演，他的纪录片《皮肤脱落的男孩》最终获得了西蒙·迪克森的立项（当时西蒙是第四频道的一位立项主管），并且也荣获了众多奖项。

帕特里克·克罗顿

《皮肤脱落的男孩》导演

在电视行业，你能遇到伯乐是十分有益的。有一次，我和夏洛特·布莱克一起吃午餐，她在第四频道负责人才事务。我们当时在食堂排队，西蒙·迪克森就站在我们旁边，我就开始和他谈起节目的事情。他看到我和夏洛特在一起，就说不要在午饭时间向他推销。但正因为他看到了我和夏洛特在一起，所以我得到了之后去见他的机会。当时，西蒙希望能够打破自己在第四频道的窠臼，做出一些彻底的改变，而我恰好有着一个不同寻常的故事。对于这一切的发生，你只能归功于运气。

运气的重要性

所以你该如何将自己准确地摆放在幸运的位置，以便使像我这样希望雇用出色年轻人的雇主能够偶然地发现你？就我个人经验而言，你需要的是以下几点，聪明、魅力、渴望和幸运，而且重要性依次递增。

聪明，以及你在大学中学习到的聚焦和分析能力也许是重要的，但和其他的一些品质相比要次要得多。事实上，很多人之所以会被雇用，主要是因为他们的高学历。但令人吃惊的是，之后人们会发现，这些有着很高学历的人并非一定能够走到最高的位置。就像我一开始得挣扎着往上爬，因为BBC实习生中有很大一部分都是来自于牛津和剑桥的毕业生，但20年后，他们之中却鲜有人能够最终走上高层。即便BBC的前任总管格雷格·戴克（Greg Dyke）将军也并非名校毕业生，他手下的绝大部分频道总监，大部分高层管理者或是部门领导也都并非名校毕业生。

魅力，以及随之而来的社交能力和说服力可能会比聪明更为重要，因为魅力可以帮助你说服他人，而这在大部分工作中十分重要。电视领域的工作很多都是围绕着推销展开的，无论是在内部对老板推销，还是在外部对节目嘉宾推销。最重要的是，你需要具备高情商或至少要有发展出高情商的潜力，即能够敏锐地知道自己要达到的目标，并吸引其他人为此努力的能力。

但即便你很聪明，也培养出了非凡魅力，这些仍没有什么用武之地，除非你决定利用这些能力去做些什么。渴望是最重要的一个驱动力。工作是一项苦差事，电视这份差事更需要渴望以及实践能力、热情和活力。源源不断的渴望可以将人们的注意力集中于细节之处，促使人们不断地努力前进。我雇用的人经常是那些始终和我保持着联系的人。他们先给我发邮件，一个月之后又接着发邮件、打电话，即便最终见到了我，被我拒绝后，他们还是会继续回过头来联系我，给出我应该雇用他们的各种理由。就是这种“哈巴狗”一样的热情会让你最终脱颖而出。在商业领域中，我所了解到的几乎所有成功的老板身上共通的一点，就是这种坚持不懈的渴求精神。

只有你具备了这种渴求精神和热情，再加上聪明才智和魅力，你才可能走到最重要的一个因素面前：运气。但是即便渴求能够提升运气来临的可能性，你还得在机会路过的时候能够准确抓住它。毕竟，虽然我确实很幸运，能够遇到约翰·哈维·琼斯爵士，那也是建立在其他人都拒绝了他的前提下才得以实现的。永远不要低估运气的重要性，特别是当你走到现在的位置，回过头去分析自己之所以比其他人更出色的原因时，会深深地发现这一点。

但是，要记住的是，运气所需要的不仅仅是渴求的精神和能够抓住机会的能力，更要能够将自己放在一个可能会碰到好运气的位置。

我很幸运，我们在合适的时机推出了《重返基层》，一炮打响，赢得了观众的好评，也获得了众多奖项（包括英国电影电视艺术学院奖第一次颁发的模式奖）。但当我试着将节目模式销售给美国电视网时，他们还没有做好准备。史蒂芬·兰伯特五年后重新拾起这个创意，再次打磨，加入了下文中将提到的卖点，在英国又尝试了一次，但只找到两家公司同意参加第一季，节目的播出也没有引起多大动静。但之后他将这个模式卖到了美国，并加入了美式节目的制作元素。他也给这部作品起了一个不错的名字：《卧底老板》。这类商业题材的模式对于美国人来说是新鲜的，而经济衰退的社会背景又为其提供了一个恰当的时机。CBS安排这档节目的第一集在超级碗直播结束后播出，一举拿下了史无前例的3800万观众人次纪录。

史蒂芬·兰伯特

兰伯特工作室执行总裁

《卧底老板》执行制片人

对于我而言，运气主要指的是时机。你的点子可能非常棒，却没有合适的时机施展，然后在不同的时机下，它可能又会受到市场的追捧。只有当买家只想要这个，观众也只想看到这个的时候，大的电视网才会买下它，才会倾力打造。

与英国版相比，CBS希望节目中的老板能够与更多的人物产生碰撞。幸运的是，美国人在出生的时候就已经具备了传媒的基因，因此这档节目成功很大程度上是因为

> 我们是在和美国人一起工作，而不是那些保守的英国人。
>
> 在美国，一切都必须要更加激烈，情节需要更为清晰，这样你才可以明确地知道你希望在每个场景中所表达的意思。音乐在这里的使用也要更为频繁，这是为了时刻提醒观众，他们需要感受到的情感。在美国，一切都需要更大、更快、更加激烈、更具戏剧性，并且更富情感。
>
> 很明显，经济危机在我们的节目刚刚开始后不久便冲击了美国……这是个很经典的童话故事。王子走出了自己的城堡，乔装打扮，混迹在乞丐群中。我认为童话故事是寻找灵感的一个非常好的方式，因为童话故事会引出这种冲突性的创意构思。

从这个案例我们可以看出推销节目的时机非常重要（当然，史蒂芬·兰伯特后来也非常出色地制作了这些节目）。但如果你是一个新晋的电视人，希望在运气方面有所突破，该如何把自己放在正确的位置等待幸运的降临呢？又在哪儿能够展现自己的魅力和渴求呢？当我们抬头观望，可能会望而生畏，不敢奢求穿越那些针眼般狭窄的机遇之门，得到执导黄金时段节目的机会，实现质的飞跃。因此，在我们成为一名导演、系列节目制片人、节目运作人（show runner）或主管之前，该如何着手开展工作呢？最好的办法之一就是从技术层面的工作开始，这也正是我曾做过多年的工作。之后你会成为一名经验丰富的电视新人，当轮到你上台时，你至少已经见识过了其他很多人的工作。在你尝试更进一步，成为一名“领导”并亲自执导节目之前，你需要经历很多不同等级的工作。事实上这和军队里的等级制度非常相似：

	管理层
陆军元帅	电视台的总裁 / 首席执行官 / 总导演
（各类）将军	（各类）广播电视机构及制片公司的高层
旅长	执行制片人
陆军上校	系列节目制片人 / 节目运作人
少校	制片人 / 导演
海军上尉	助理制片人 / 副制片人
中尉	研究员
	普通职位
中士	摄影师 / 混音师 / 剪辑师 / 制片经理
下士	助理摄影师 / 助理剪辑师 / 制片助理
列兵	跑腿员 / 秘书 / 接待

如果你是从列兵或是下士等级开始的话，你学到的一定会超乎你的想象。我是从在摄制现场推摄影机车开始的，我想成为一名研究员，这在当时看起来都是遥不可及的。我曾经将助理影片剪辑师作为自己的终极目标。如果你当时告诉我说，有一天我也可以执导影片，我一定会觉得你是疯了，更不用提执行制片人以及后来能雇用导演的职位了。在20多岁的年纪，我在思考如何制作电视节目，并非常渴望能够从事这份工作，却始终没有机会。但从磁带数据库的工作到混音的工作，我学到的东西越来越多。在这一过程中，我对于制作电视节目的愿望越来越强烈，直到多年以后，我得到了一个研究员的岗位。当时的我就如同一卷盘曲的弹簧，一下子就舒展开了。

成为一名研究员是最困难的，因为是从普通职员跳到了初级管理岗位。当时甚至很少有人愿意给我一次面试的机会。最终我还是想方设法找到了一次机会，但很快就被拒绝了。他们说我看上去很害怕讲话，因此不能雇用我。如果我甚至都不敢在电话里讲话，那么如何能说服别人来参与影片呢？现在看来，这似乎非常奇怪，所有了解我的人都能作证，他们总会控诉我，说我可能是电视圈最能说的人。在我成功当上了研究员一年后，我甚至胆敢对罗伯特·麦克斯韦尔呼来喝去的。他可是《每日镜报》的大老板，他所有的员工都很怕他，但没什么比面试更可怕的了。当时的我已经过了30岁，经历了一次又一次的失败，仍在等待着飞跃的机会。

自我品牌营销

如果你会树立自己的品牌形象，那会十分有用。比如导演中的亚当·柯蒂斯，就树立了“档案之王”的品牌，更准确地说是他擅长用独辟蹊径的方式处理现代档案，像《噩梦的力量》和《探求自我的世纪》（*Century of Self*）这样的系列节目帮助他不断累积，即便是标题都已经成为了他个人品牌营销的一部分。《原味主厨》和《厨房噩梦》的创造者帕特·卢埃林，也成功树立了自己“料理女王”的品牌形象。而在拍摄了《致命捕捞》《冰路前行》和《黑金》（*Black Gold*）之后，汤姆·比尔斯成为了“危险工种之王”。

反言之，当许多导演发现很难找到好工作，进而找到我来寻求建议时，会发现那是因为他们真的不知道自己有什么特别擅长的事情。而我起初就认识到自己唯一的机会就是要创造出自己独有的特点。我需要说服别人，让他们非用我不可，因为他们很需要我所具备的一些特殊技艺。为了这个目的，我需要找到一些我喜欢做，但没有太多其他人会做的事情——一些不同寻常但却非常有用的事情。有时这种不同寻常不仅仅需要我们打破陈规，更要比别人想得更多。商业题材正是我最后找到的对象。对于我而言，这是我一直以来非常感兴趣的事情，有能力去钻研，而它可能会给我带来机会。

你该如何做出这个决定呢？我发现多看一些电视节目会有帮助。通过观看电视节目，可以进行一番研究，并不断思考你希望从事工作的领域。与此同时，也可以了解这些节目背后的人（例如最重要的执行制片人），到你找工作时会很有用。把这些人的范围缩小，之后尽力找到他们所制作的所有节目。观看他们节目的影碟，或是在网上找到相关的视频。从你的角度出发，找到其节目结构中的亮点和不足之处。找出这些执行制片人可能接下来会做的方向——甚至试着构思几个创意。要成为一个见多识广的人。

之后就要坚持不懈地寻找面试的机会。要把面试当成一项工作——做好研究，进而展开系统的安排。要不断修改求职信，拿给朋友看一看，让他们提出一些建议。一遍一遍地审读，确保自己的求职信有理有据、条理清晰，如同一档节目一样，有开始、经过、结尾。保证自己的求职信已经按照特定对象的需求进行过修改。要简明扼要，尤其要仔细检查拼写（特别是收件人制作的节目名称！），还有语法问题也要注意。要是说出有多少人在申请我所在部门的职位时，连职位名称都写错，或是完全不知道我们所制作过的节目，你一定会感到大吃一惊的。

夏洛特·布莱克

第四频道人才主管

最近我见到了这个非常出色的小伙子。之所以会注意到他，原因只有一个，他的邮件写得真的非常好：“这就是我，这就是我正在从事的工作，这些是我所做过的事情，这是我希望在未来能够从事的工作，而这是我之所以认为自己能够从事这份工作的理由。”结尾是这样的：“没错，我还很年轻，有着雄心大志，但却并无虚情假意和不现实的幻想，”也就是说“我知道，听起来我就像是个蠢货，但事实上我真的不是。”个性十分真诚，也熟谙游戏规则。

解释清楚为什么你认为自己有足够的聪明、魅力和耐心去解决各种问题，点明自己与众不同的特质——尤其是你的锲而不舍、可靠和顽强精神，以及十足的韧性。要对这些制片人制作的节目展现出兴趣和了解，并展示出你如何能在各种困难的情形下去说服节目参与者。准备好一些你以前成功的案例，来说明你是如何解决问题的（因为我们都会遇到各种问题），还有就是你希望如何为他们付出所有。总之你真的要展现出你的魅力、智慧，以及说服力。

在《杰米的校园餐食》中，我发现的这位有潜力的系列节目制片人就是这样做的：简单地用自己的能力说服了我。之后，我们开始招募团队的其他成员。我们希望组成一个小一点的团队，没有那么多的层级关系。在只有四集或六集，每集一小时时长的系列节目中，这是我一直强烈建议实施的方案。因此，系列节目制片人不仅需要管理这档系列节目，还需要执导、剪辑其中两集影片。我们还会再雇用一位导演来执导、剪辑另外两集影片，另外还需要两位助理制片人。我们会让他们的时间错开。要记得，我们要尽可能多地将资金放在节目剪辑，以及能让故事情节发展的时间上。

首先，我们花费了很长时间去寻找另外一位导演。我需要让系列节目制片人相信雇用一位和她风格迥异的导演是有益的。系列节目制片人在模式领域独具建树，而另一位导演是一位非常富有诗意的人。我们都希望能找到最出色的人选，因此我们会面试两次，甚至三次。我甚至还给盖伊·吉尔伯特的推荐人，之前做过盖伊的节目主持人的路易斯·洛克斯（Louis Theroux）打电话询问情况。盖伊·吉尔伯特是个很聪明的家伙，就像牡蛎壳中的沙粒一样，最终对于成就这档节目起到了至关重要的作用。与此同时，我的系列节目制片人也找到了另外一位顶尖的助理制片人，她就是拉娜·莎拉。这次要换作我被夏洛特说服了。虽然只是助理制片人，我还是希望能见见她们，就困扰我多时的这档系列节目中的一些问题，问问她们，看看她们能给出怎样的回答。拉娜在面试过程中可谓备受煎熬，相信会令她终生难忘，但她成功挺过来了。最后，整个团队说服了我，系列节目制片人、杰米公司的电视部门总经理、执行制片人安德鲁·康拉德也非常满意。我的完美团队已一切就位。

塞西尔·弗洛特·科塔兹

弗里曼陀传媒北美公司首席执行官

人员的组合是最难的一件事。我总会说，如果你能将美国的发展理念同英国的执行理念相融合，你一定会成为全世界最出色的人。这家公司很擅长提出富有新意的想法，思考一些赌注高昂的、宏大的概念，但最终真正导致其在美国失败的原因还是在于执行，执行得不够好。需要更多地关注细节，当然也需要着眼于长远，胸中满怀信念，并能始终坚守住心中的这份信念。

组建或是加入一支合适的团队是很重要的，因为一支合适的团队会发掘出最合适的角色、最棒的故事，以及所被要求的足够的冲突。我对所有执行制片人的建议非常简单：在你成功组建起一支最出色的团队前，尽可能地延后正式开始制作节目的时间。这可以说是一大真理。

研究

一旦你组建好了合适的团队，下一项决定所有努力成败的支柱性工作就是进行研究了。我称研究为影片制作事业的支柱，就像房子的墙基一样。如果没有它的支撑，一阵小风就能把房屋刮倒。如果你的影片没有深厚的底蕴，一眼就会被观众看穿。因此，除了要有雄心勃勃的创意，要想保证影片不至于失败，再“高概念”的电视节目也需要建立在扎实的研究基础之上。但实际上，很多节目并非如此，也损害了我们整个行业的声誉。在最近的爱丁堡电视节上，电视领域的老手们被要求给刚入行的新人们提供一些建议：第一个人说道，“要口齿伶俐、皮糙肉厚、嘴上抹蜜、还得注重形象，才能提高说服力。即便地球往下陷，也要站定自己的位置。如果陷下去，也要尽可能多地拉上垫背的，这样你就不会了无声息地消失了”。第二个人说：“如果为了好的故事情节，你能杀了自己的奶奶，那你就会成功。”第三个说：“有时，关键不是你知道什么，而是你知道谁会有助于你的发展。”最后一个说：“最重要的是行动。也需要许多女人和毒品的帮助。”

这是对于这个行业非常悲观的一些看法。这个行业的确受到了越来越多的非议，从晚会上的陌生人到小报写手都在批评。也许是由于对冲突的过度追逐，越来越多失败的真人秀节目希望通过人为的方式去制造噱头。可能如今这已变成了常态，但我认为这种做法是没有必要的，是由于对剧情中真实冲突重要性的误解而产生的。总的来说，我不认可这样去做，因为如果你找到了一个出色的故事，并将具备高度真实性的内容和深意注入其中，节目一定会取得突破。事实上，过去几年里，几档成绩不错的热门节目都是这样做的。在《皮肤脱落的男孩》中，剧中的英雄角色强尼·肯尼迪（Jonny Kennedy）就试着从托尼·布莱尔（Tony Blair）那边得到一个许诺，拿到一笔钱去做研究，这样他就能为他自己和其他人消灭掉一种正在威胁生命的疾病。但在他刚开始这么去做后不久，他就去世了。这是个很写实的故事，赢得了艾美奖。在《当大厨遇到小厨》中，赫斯顿·布鲁门撒尔希望能够拯救一整个连锁餐馆。这两档节目都雄心勃勃，也都非常写实，意义深远。两档节目在第四频道播出时，也都赢得了接近20%的收视份额，可谓大获成功。

支柱

在剪辑室，我们会经常感觉影片没有特点，很平淡。几乎每次在我质问制作团队时，他们都会讲到，之所以会感觉单薄，是因为他们也不知道究竟是什么在支撑着他们的故事。我曾在《最前沿》（*Cutting Edge*）的剪辑室和一位非常有才华的年轻导演共事过一段时间。虽然他的才华没有问题，但他的影片却缺乏所需要的“前沿性”。这部影片的主角是一个需要心理帮助的人，但在这部要依靠专业治疗手段的影片中，导演却没有搞清楚影片中帮助主人公顺利渡过难关的关键角色，到底是个精神病专家、还是个心理专家、心理分析专家或是别的什么。

我在美国还与另外一个有才华的团队合作过，当时正在制作一部关于一个德国自由恋爱社区的节目。虽然他们去了当地拍摄，当我在剪辑室遇到他们的时候，他们连社区最基本的信息都还不知道，比如它的历史，或是社区里的孩子们的想法。维基百科成为了我最有效的工具，它在30秒里能提供给我的信息可能远比这个团队在6个月中了解到的信息还要多。但当然这仅仅是个开始而已，我还需要进一步核实维基百科上提供的信息，要努力地进行研究——这在影片制作过程中是至关重要的。没有这个阶段，之后所有环节都无法正常运转。你需要像小孩一样，不断地发问。除非你是发自肺腑地去刨根问底，否则你的研究还是会不完整。

研究过程的另外一个要点就是不要做预判。不要试图让实际情况去契合你的故事。首先要发现真实的情况，之后再去创设你的故事。更重要的是，不要在真正了解人物之前先设定好角色，他们会察觉到你究竟是抱有一种开放的心态，还是对他们已经有了自己的预判。罗伯特·麦克斯韦尔是一位因其冲动的情绪而闻名于世的报业大亨。在我围绕关于他的两部影片进行调研时，虽然他当着我的面，对自己的属下大吼大叫，看起来跟个怪物一样，但我还是试着在研究的过程中不去评判他的对错。我希望的只是真正了解他。他也感觉到他的这种举动不会让我产生偏见，所以愿意将真实的一面展示出来。

我的杰米·奥利弗小队成员都是顶级的研究员，因此他们会采用一种开放的方式进行恰当的研究，并创造性地进行思考。首先，团队找出了那些在伦敦和周边地区仍在为学生提供餐食的学校，并参观了很多。如之前所提到的，我们当时在这方面的花费越来越高，特别希望能马上开始。在拜访哈林格（Haringey）的时候，我认为这个学校还不错，但还不够好。值得强调的是，我们给自己设定的标准非常高。虽然根据计划，影片开机已经迫在眉睫，但我们这支疲倦不堪的团队依旧在努力寻找。我们需要一个更出彩的人物，这样才能有机会成功。在他们找到诺拉·桑斯的时候，一切看来都值得了。之前所有看似多余的坚持在这一刻看来都是必要的。但之后，另外一个难题来了，我们不得不说服格林威治区议会同意他们的学校加入到第一期的节目中来，并且要对这一地区的学校进行细致的研究。因为制作节目的时间非常短暂，你应该对于拍摄对象非常了解，而不能去依赖其他任何人。

拉娜·莎拉

《杰米的校园餐食》助理制片人

导演，发现诺拉的人

我应该是拜访了120所学校，才最终找到了她。我觉得之前的付出真的都是值得的。在我第一次去见她的时候，与我一同前往的公关人员和议会的工作人员都感觉很没面子，因为她很直白地说出自己的想法，大致意思就是希望我赶紧滚开。我算老几？还要问她问题？赶紧滚开！她的情绪有些失控，但我需要的正是这样的一个人。

我不认为你要找的是一个在办公桌后笔直端坐的人——你必须要抛弃这种思路。人们大多会依靠电话和网络去找人，但我认为最好的办法应该是行动起来，去敲开对方的大门。

为了这档系列节目的第二期，我们也研究了埃塞克斯，在那里找到了杰米原来的小学，但这个学校已经没有自己的餐厅了。我希望能在全英国拍摄更多的人物，这样会使节目更有生气，更具代表性。从我的第一部系列节目《麻烦终结者》开始，我就在墙上挂了一幅全英群岛地图，试着从整个英国地域中发现故事，而这样的方式同样适用于其他任何国家。我希望能够尽量避开英格兰东南这片地区，因为电视节目对那里的关注已经很多了，更重要的是，在那边已经很难找到好的人物了。但事情总是有例外发生。这些例外的人选通常是移民到伦敦的人，能说会道——就像诺拉。

所以我们又研究了一些在北部地区适合拍摄的学校，随后就找到了位于达勒姆郡的彼得利地区。这是英国最贫穷的地区之一（“最”这个词在叙述中总是非常实用），我的团队来到了这里的艾登（Eden）小学。连同格林威治的学校一起，这下有足够多的孩子可以让杰米忙活起来了。

不循规蹈矩地思考、保持开放的心态在研究过程中很重要。当你开始对任何一部影片或是系列节目进行深入研究时，我建议你首先将节目方案扔到一旁。立项主管们永远都记不住他们的要求是什么，他们只关心最终完成的节目是好还是不好！你的工作是制作出色的节目，只需要提取出节目方案中的核心，但不要去抠字眼。如果你想要蹦出一些能成就你的影片的新点子，在开始的研究阶段就必须要有开放的思维。在之后的研究过程中，你依旧需要保持这种开放的态度，这样才可以不断地在不同的信息间建立起联系，并不断地反思你的故事究竟该是什么样子。

我将这一过程比作一次内省的苏格拉底式对话。在这个过程中，随着你得到的信息越来越多，你需要不断追问自己影片成和不成的理由，也要强迫自己去反思所有之前的想法。不断地进行研究绝对是非常重要的，不要放弃任何一点想法，直到你的大脑中已经毫无空间，这时你就暂时能够称作这一领域真正的专家了。直到这个过程临近尾声，才是你该坐下来，把故事的框架和剧本提纲写下来的时候。但在此之前，你需要在研究中找到故事的本质，找到这部影片的核心所在。

研究进行得越细致，对于影片而言越有利。但经常会有这样的情况，就是你的时间真的很紧迫，特别是对于导演来说。所以可以这么来做，在给一部影片收尾的过程中，开始对另外一部影片进行研究，这样你就可以把周期延长。就是用这种方式，我才得以花上三个月的时间和约翰·哈维·琼斯爵士讨论《麻烦终结者》系列节目，想出到底要怎么做。与此同时，我也一直还在拍摄《明日世界》。当我最终开始研究《麻烦终结者》的首集影片时，BBC 科学节目部负责人给我提供了一个非常有价值的建议，尽管他后来似乎忽略了这个项目。他说要在拍摄前，花上两个星期在工厂体验一下。这也许看上去非常奢侈，但结果是我们最终只用了不到 10 个小时就完成了影片的拍摄，并获得了很多大奖。因为研究得很充分，影片最终获奖的核心内容都是在一天之内拍摄完成的。

当天是从早晨九点半开始的，约翰爵士需要在下午四点的时候离开，所以那天的时间非常有限。我根本没意识到拍摄影片需要很长的时间。在接下来三天里，我们只需要他在其他事务之间，抽出几个小时零星的时间来参与一下即可。他的行程包括要去拜访戈尔巴乔夫和美国前总统福特，纠正发生在世界范围内的一些问题，为像汉堡王和洲际酒店之类的公司制定经营策略（他是洲际酒店的副主席），主持《经济学人》、英国野禽研究与保护促进会等很多机构的工作，还有布拉德福大学的一些事情，因为他是这所大学的名誉校长。他没有太多的时间可以提供给我，但我并不在意。我甚至不知道影片主角本应给我更多的时间。我运气特别好，因为之前对影片做了充分的研究，所以影片的拍摄就可以比通常情况快得多。

找到讲述自己故事的方法

接下来的提示是关于如何让你的故事更加动人。你如何判断你的研究是否奏效？故事应该朝什么方向发展？在撰写剧本时，你该如何决定影片的主题？以及最困难的一点——如何真正投入其中？每次你去参加一个派对，或是去酒吧，你需要坚持和别人聊天，试着和他们谈谈你的故事。如果你第一次尝试的时候，他们两眼呆滞，后面也一直如此的话，那就说明你的故事还不够精彩。要坚持利用坐在你旁边的这些倒霉的宾客进行试验，或是从更悲观的角度，看看你多快能让他们感到无聊。最终你会找到讲述故事最合适的方法。

最开始，我也不知道该如何决定我的第一集《麻烦终结者》应该讲些什么，换言之，为什么别人要关心我讲的东西。我试着告诉人们，这部影片是围绕一家玩具公司的历史展开的，他们觉得很无聊。之后我开始选择用其他方式讲述这个故事。一个“城市人”入股了这家公司，会和原来的所有者产生矛盾。我的听众还是感觉很无聊——虽然比之前已经好点了。在疲惫的一周后，一个周五的晚上，在伦敦城外，诺福克腹地斯蒂夫基村的一张台球桌旁，我开始讲述，有一个人买下了全球最大玩具工厂，并以她女儿的名字来命名工厂……他的女儿本是一位生活在曼彻斯特的尊贵的犹太“公主”，现变成了销售总监，负责玩具售卖工作，但人们不愿意购买她的玩具。如果再不做出改变，她父亲耗费一生创建的商业帝国就要在她的名下没落了。我描述出了她的妆容和她与自己父亲的关系。我现在有了一个关于人的故事，这成就了我的影片，因为我找到了一个悲剧英雄和另外一位悲剧的女英雄。

那时我身边还没有助理制片人或是研究员，因为我自己就是“助理制片人”。当时我试着把钱省下来，以便于可以尽可能多地进行研究。在又一周时间的研究之后，工厂的员工们已对我很熟悉了。因为熟悉，一天晚上结束工作后，在酒吧里，一些终于对我足够信任的中层经理，开始告诉我一些关于工厂的真实情况。他们说那家工厂的运营很糟糕，简直就是一团乱，而究竟是谁的错也是显而易见的。

发现潜台词

你的研究可能会成为影片制作过程中最有意思的一个部分，因为通过这个过程你可以发现真相，找到故事重要的潜台词，例如当我坐上离开波斯尼亚执勤的皇家方舟号时，我发现为了弥补战争所带来的日复一日的乏味感，无穷无尽的穿衣打扮、吃饭成为了每天生活的中心。刚饱餐了一顿午饭，我就又拿到了一张清单，上面不仅有晚餐的宾客人名，还有每个人的位置。我的床铺上也有一份相同的清单。最后，当我来到船尾时，我还看到了一张桌子的模型，我们每个人的模型都坐在桌子旁边对应的位置上，统一着装、装饰精美，船长的模型是在用剑开一瓶香槟的塞子！

在印度做研究时，我受邀参观了马哈拉那（Maharana）藩王在乌代布尔（Udaipur）的宫殿。作为世界上最古老君主国的领导，他感到十分自豪，决定在身着制服的皇家警卫保护下，带我乘车转一转拉贾斯坦邦（Rajasthan）。警卫员坐在两辆敞篷吉普里，行驶在车队前后。他说我们要晚一点出发，像明星一样，但成群的民众仍旧站在道路两旁，在我们穿过城镇和乡村的时候发出阵阵欢呼。当我们抵达目的地时，我们换到了大轿子里，走过只有几米宽的古老街道，头顶上是很多木制阳台，挤满了前来观看的人。

最后，我们抵达了当地乡绅空间偌大，却略显凋敝的宫殿，在蜡烛闪烁的光亮下，我们在那里和聚集到一起的贵族吃了饭。之后重要的时刻来了，深居多日的马哈拉那需要走到阳台上，对聚集在外面成百上千的民众发表演说。“这会持续多久？”他问我，意思就是我可以做多久的明星？“直到电视出现在这里，”我回答道，“随着流行文化和国际名人的出现，这会很快的。”我们开始聊起来飞速发展的印度和世界，这成为了《麻烦终结者之回到印度》的潜台词。约翰爵士现在知道了应该要问些什么，我也可以把剧本和各种场景连贯成一个故事了。花费如此多的时间在研究过程中，也许看上去有些不太现实，但这意味着一旦你真正开始进行花费高昂的部分，也就是拍摄时，你的工作效率会更高，因为你已经有了完整的故事和逻辑。要记住电视节目是由90%的手工活和10%的艺术构成的。这一点在《麻烦终结者》第一集制作的时候特别明显，我们不仅花时间围绕玩具制造商三角公司（Tri-ang）进行了研究，还仔细推演了剧本，思考我们该怎样把一个同巨头抗争的英雄故事讲好，也就是约翰爵士和工厂的故事。

因此，总的来说，在研究过程中花费的时间是最实惠的。充分、坚实、细致、周到的研究不仅会节省影片拍摄的时间，更可以节约节目剪辑的时间。这两个阶段的花费远比研究要高昂得多。你需要支付剪辑师、剧组工作人员，以及其他专业人员的工资，还有设备、剪辑室和场地的费用，如果有讲述者或是主持人的话，还有他们的费用。而如果我们能通过细致入微的研究找到重点，拍摄和剪辑都会变得更快，因此我们实际上是节约了资金。如今当我被邀请去解决一些影片的问题时，往往都是因为他们没有在恰当的时间组建一个优秀的团队，也没有花费足够的时间进行研究，更没有找到最合适的人物和恰当、真实的故事来讲述，所以他们最后都不知道应该拍些什么，这常常也会导致他们在剪辑环节花费高昂的费用。

剧本的重要性

尽管我们一再将其往后推，但最终我们还是要面临最困难的这件事，也就是剧本的问题。我只在周日撰写剧本，因为只有这个时候才能聚精会神。通常在开始需要创作剧本时，我会要求自己在脑海中多酝酿一段时间，然后一直推迟到周日再开始。因为剧本撰写真的很煎熬。这意味着你需要在脑海中运作一档尚不存在的电视节目，然后把所有的东西写下来。

拍摄，当时已经是《杰米的校园餐食》迫在眉睫的工作了。导演和团队成员都已经十分出色地完成了研究工作，找到了学校和女性厨师长，也说服了校长、议会和所有相关人员同意进行拍摄。随着时间越来越紧迫，第一次拍摄的日期终于确定了下来，团队都在努力地妥善处理一些审批手续和合同。他们都忙得不可开交，但当我询问他们，具体的拍摄剧本在哪儿时，他们都觉得有点儿摸不着头脑，尽管我们好歹还有一个提纲。许多导演都感到很困惑，因为他们认为，如果你还不知道故事中将会发生什么事情，一个剧本或是提纲似乎看起来并没有什么意义，特别是在时间紧迫的情况下。他们不会将这个放在首位，最初的节目简介似乎就够用了。

西蒙·迪克森

第四频道纪录片部门副部长

我对纪录片秉持着很认真的态度。纪录片是非常特别的东西——有着艺术的形式，

> 却又为政治所利用，同时也是一种娱乐产品，集多重身份于一身。
>
> 你有责任在进入这片领域的时候，不仅秉持着开放、透明的理念，更要带着满满的想象力，这份想象力至关重要。那意味着不是简单地打开摄像机，把发生的事情记录下来，之后再思考该如何根据实际情况进行剪辑，而是应该具备极强的创造力，尽力提前思考该如何去做，进而让观众在观看时，感受到你在尽力让他们接近影片中的人物，并通过观看你的影片，能够得到一定的启迪。

剧本可以提供所有重要的框架，会帮助你思考每个段落都该做些什么。建立在此基础上，你才可以开展进一步的工作，随着拍摄和故事的调整，去进行创造性的思考。这一切都要建立在你有了一个剧本的基础上。你很可能会脱离剧本，以一些更有意思的方式去呈现，但有了剧本，才会让你知道该怎样去调整，以及为什么要去做这些调整的决定。以我的经验来看，让导演撰写剧本，思考他们的影片主题经常会是件难事，因为这就像给他们的思想套上了一个盒子。但在出现错误的时候，想要改变方向会更困难。而对于那些经验不足的导演来说，说服他们撰写剧本会更容易，因为他们还不知道如何在没有剧本的情况下进行拍摄。

所以，当时我们需要一个结构完整的、详细的剧本。虽然系列节目制片人刚开始对这种要求详细剧本的观点感到有些惊讶，她还是欣然接受了这种想法，饶有兴致地开始着手相关工作。在架构和撰写剧本的过程中，我们一遍又一遍地打磨着系列节目的内容，阐述我们的想法，彼此争论。最棒的是，在撰写的过程中，她必须要从头至尾地思考节目，对我而言最大的益处在于，我可以通过她写在纸上的文字，在脑海中思考一遍节目，看看是怎样的一种感觉，之后再有针对性地进行讨论。

细节

迈克尔·杰克逊（Michael Jackson）是BBC2频道的前任掌门人和第四频道的首席执行官，他曾给我提出了一条建议，我一直铭记于心，并时常回荡在我的脑海中。他说，一档成功的电视节目关键在于细节。细节可以说服你，让你感觉自己真的置身于故事之中。尼克·米尔斯基导演在制作《地毯上的血迹》的第一部影片时，将这条建议落到了实处。这部影片讲述的是格里·罗宾逊（Gerry Robinson）和洛克·福特（Rocco Forte）之间争夺一家酒店巨头企业的故事。影片旁白充满了类似这样的句子："随着口中的意面被一瓶酒灌下了喉咙，一切都结束了……"

尼克·米尔斯基

《地毯上的血迹》系列节目制片人

现任 BBC 纪录片部门主管

在拍摄关于国际花商联合会控制权争夺的影片时，一场冷餐会，出人意料地扮演了决定性的作用。当时在场的有 1000 位国际花商联合会代表，大会已经准备就绪。有人声称理事会还在利用午餐的价格盘剥各位代表。转瞬之间，这场各位代表支付了额外费用的冷餐会，成为了理事会的象征。而一些希望摆脱理事会的代表，就利用这场午餐激起了所有代表的怒火。

而在《第一电台》(*Radio One*) 这部影片中，则是意大利面发挥了这一作用。当你去调查（具体的细节），你有时会感到非常失望，因为你会发现，大卫·李·特拉维斯 (Dave Lee Travis) 并不住在艾弗·希斯 (Iver Heath) 的大农场或是其他类似的地方。

只有把故事写下来，我们才能真正从更深的层面去考虑细节的问题，发现那些可以让我们的影片鲜活起来的重要内容，发现究竟是什么因素在推动着每个场景的发展，以及这些驱动力是否足够。但导演常常会争辩，他就是没有时间，并会尽一切努力避免写剧本这项艰难的工作。这时我会说："晚些时候再开始拍摄"。因为，除非拍摄的是个持续时间很短，而且马上就要错过了的事件，否则，我相信晚点开始拍摄并无大碍。

幸好《杰米的校园餐食》的系列节目制片人很乐意撰写详细的推演剧本。虽然时间很紧张，但她还是花时间完成了相关的工作。撰写剧本可以让你静下心来，让你想明白你的影片究竟是关于什么的，再去思考如何跳脱常规。在《杰米的校园餐食》中，我们将拍摄时间往后推了很长时间，在找到合适的学校和女性厨师长之前，以及在完成系列节目剧本之前，一直在等待。

初步大纲和段落标题

剧本就是一张路线地图——从中你可以清晰地找到你要去的方向。第一步，要拟出一个大纲，一个带有标题的框架结构，以及一些简单描述每个场景的动机是什么的句子。这个框架需要简洁明了、思虑周全，而不仅仅是一系列感觉而已。举例来说，下面就是《杰米的校园餐食》第三集的预演大纲。每集节目的大纲相似，其中包括了先导片——解释这部影片的缘起，之后，会包含十几个场景——也就是我们将要拍摄的事件。我们还需要继续完善这份剧本，不断改进，因为情况不断在发生变化。在拍摄时，我们也需要调整剧本，进一步修改，但至少骨架已经准备好了。

下面几页是《杰米的校园餐食》典型的一集，包含了情节段落的大纲早期版本（还没有改成双栏版格式）。另外，要强调的一点是对于大纲而言，需要把篇幅控制在两页之内。

《杰米的校园餐食》，新鲜玩意制作公司（Fresh One）为第四频道制作

第三集场景列表

先导片

杰米试着要彻底变革学校的餐食。在过去的三个月中，他一直在不同的学校进行尝试，但这并非易事。

但现在，他面临着一个更大的挑战：接管伦敦格林威治行政区内所有学校的餐食工作——71所学校，20000名学生。

杰米能改变英国孩子们的饮食习惯吗？

标题

第一部分

基德布鲁克学校场景

新学年开始了，在过去的三个月中，基德布鲁克学校一直是学校餐食改革的试验点。今天，杰米要来与厨师长诺拉见面……？

杰米与他的团队见面，一阵惊慌

基德布鲁克的试验仍在进行，而接管整个行政区学校餐食的工作也已迫在眉睫。但杰米现在还不确定自己是否已经准备好。他的团队认为无法完成这个任务。可是杰米决定，无论如何也要奋力一搏。

诺拉的晋升

这是个大项目，杰米不可能一个人完成。他邀请诺拉共进晚餐，希望提供给她一个职位。诺拉不想离开孩子们，但经过一夜的争辩和精致的晚餐后，最终她同意了。

在市政厅会见地方议会

杰米来到格林威治市政厅，要与地方议会进行第一次会面，定下双方关于接管工作的一些条件。

离开家的时候，杰米与朱尔斯和孩子们说再见，在车里和团队成员一同为会面做准备。

诺拉加入杰米的团队

诺拉第一天来“15号”餐厅开始新工作，心情非常激动。杰米把他的员工召集在一起，热烈欢迎诺拉的加入。

第二部分

杰米在学校门口制定“工作计划”清单

在接管行政区内的学校餐食工作之前，杰米需要找到如何能够吸引更多的学生来食堂吃饭的方法。当时，只有一半的学生在吃杰米提供的餐食。杰米的计划就短期而言有效，但就长远而言，他还需要使餐厅变得更酷一些。

孩子们的旅行

8个孩子要在一艘船屋中帮助杰米设计一个超级品牌。诺拉和杰米分别带领一支队伍，在城中展开了一次“寻宝之旅”，目的是收集好的点子。通过一整晚的努力，他们为自己的品牌想出了一个名字，还提出了包装和餐厅设计的方案。第二天早晨10：00，校长来到了船屋里，杰米团队在甲板上展示了他们的设想。校长是否会同意他们的想法？

翻新餐厅

在一周之后，就餐人数与收入是否有所上升？

第三部分

格林威治区的校长们在基德布鲁克进餐

杰米邀请了行政区内所有学校的校长来吃饭。他能否说服他们加入自己的改革之中？

诺拉的检查

诺拉参观了已经签约学校的厨房，回来后向杰米与团队其他成员做了汇报。她发现很多学校无法仿效基德布鲁克的模式。

基德布鲁克中心厨房的晚间试验

为了保证行政区内所有的试验点的质量水准，杰米认为建立一个中央厨房也许能够解决这个问题。整整一晚的时间，杰米和诺拉利用基德布鲁克的厨房制作了几批五种基本的酱料，这些酱料会构成学校餐食菜谱的核心。

诺拉培训一所小学的厨师

乔治娜是一所新式小学餐厅的厨师，她一直从事的只是将包装好的食物加热而已，诺拉能否成功教会她利用新的食材制作出杰米风格的食物呢？

第四部分

女性厨师长训练营

杰米和诺拉能否在三天时间内成功训练好100位女性厨师长？短短一周之后，她们就需要开始按照杰米·奥利弗模式制作学校餐食了。

双栏剧本

提纲中的大多数想法，最后都进行了实际拍摄，但也经常会发生这种情况——当实际情况发生变化的时候，导演需要打破陈规。只有当你已经形成了初步的大纲之后，你才会知道影片究竟是想讲些什么，以及是否值得回过头来，开始用完整的双栏剧本来充实自己的大纲。

这种更为完善的剧本，首先需要明确故事的开端，需要把这个大问题解决了。我总是希望采用双栏剧本的格式，我会在左边放些图片和对于所要进行的工作的简单说明，右栏我会写些注释，以及主角可能会说的一些话。随着影片拍摄进程的推进，很多对话可以从你的研究笔记中提炼出来，例如你的角色在第一次会面中和你讲的那些话。在拍摄的时候，你要试着回到那些最初的会面和你的第一印象之中。

随着我们的拍摄，剧本不可避免地会囊括越来越少的细节信息。但它至少需要包括一个出彩的开头、合理的经过、以及你想要达成的结局。以下是《杰米的校园餐食》第一集节目的双栏剧本：

《杰米的校园餐食》，第四频道的新节目

第一集　双栏剧本初版

一般性注释 1）需要展现出杰米生活的忙碌感与疯狂的节奏——“15号”餐厅、杰米代言的塞恩斯伯里超市的特福牌不粘锅、杰米的特许经营商品、写书、妻子和孩子，等等。 2）第一集的开始，我们是否需要看下杰米和供应商LEA的会面？呈现出他所面对的挑战的规模，而非简单地通过旁白进行描述。如果这样的话，需要尽快选择LEA的人选。	

3）厨房危险场景的集锦——无论是学校的厨房、15号餐厅，还是杰米的测试厨房。我们还需要继续考虑在哪些合适的地方让杰米走出厨房。	
先导片画面 拍摄薯片、烤豆子和火鸡肉麻花。	**画外音**：杰米·奥利弗确信学校的餐食就是一车大粪——那里的食物简直是糟透了。 杰米："那些给孩子吃的简直就是大粪，连我的狗，我都不会喂给它吃那些东西。" 杰米·奥利弗正在计划着他迄今为止最大的一次挑战——一项伟大的试验，旨在改变孩子们的饮食方式。 **画面**：杰米·奥利弗离开精致的餐厅，留下50英镑钞票。
拍摄杰米穿着学校厨房制服清洗餐具/炸薯条。	杰米承接了英国的学校餐食服务。 他需要制作出仅需花费37便士的一顿饭。 （夹杂着大声的同期声） 并说服孩子们来吃他制作的食物。 "我的薯片呢？" 如果他失败了，钱用光了，他就需要花费自己的资金，孩子们可以自由地选择离开，用脚投票。 如果他可以在一个学校中取得成功，格林威治议会就同意他可以在一个学期里接管当地30000名学生的餐食，与英国一些最大的餐饮服务公司竞争。杰米·奥利弗能否彻底改变基德布鲁克学校的以及整个英国儿童的饮食方式？ **标题**
杰米制作孩子们的午餐，聊天。	"我真的非常关心这件事。我可以在家给孩子做吃的，但他们在学校究竟会吃些什么？"
交叉剪辑 狼藉的托盘。	比犯人的餐食还要便宜一半，没有比这更低的标准了。我们不应给自己的孩子吃这些糟糕的食物。
杰米采购午餐食材，给孩子们喂饭。	

基德布鲁克学校，杰米与厨师见面，厨师认为学校的餐食还不错。	纵观伦敦格林威治地区，基德布鲁克学校的诺拉主厨所制作的午餐与其他学校有着很大的不同。她已经做了三十年的学校餐食。她同意让杰米接管她的厨房——她想看看杰米能否为学校的餐食提出一些新的方式与花样。
呈现恶心的午餐，采访校长。	校长："杰米会经受人生中的一次考验。我们已经尽力让他们吃的健康一些，但并不能保证做到了。"
回到杰米家中，孩子们吵吵闹闹。朱尔斯回来了，杰米如释重负，去往"15号"餐厅为贵客们制作精美的餐食。 切入"15号餐厅"的美食画面。 杰米和学生就学校的餐食进行交谈，紧张地开始着手学校餐厅的工作。	
第一天	周一早晨6：30 今天是杰米在基德布鲁克学校的第一天。
杰米在家穿好衣服，孩子们也起床了。	"我感觉不太舒服……很紧张……"
诺拉打开了厨房。	杰米将在厨师长诺拉的手下工作。 诺拉："我很紧张……他最好能按要求去做事……否则我会把他赶出去的。"
杰米开着玛莎拉蒂离开汉普斯特，驱车前往格林威治。他走错了路，在路上耽误了时间。	周一早晨7：00
杰米慌慌张张地抵达了学校大门，他要和校长会面，但迟到了。	在杰米开始彻底变革基德布鲁克学校的餐食之前，他要先在厨师长诺拉的手下担任厨房助理，而诺拉已经在学校餐厅工作了将近30年了。
杰米问几个孩子，校长办公室在哪里。最后找到了地方，紧张地敲门。他告诉我们自己现在感觉就像个惹上麻烦的小男孩儿似的！	在杰米和自己将要提供饮食服务的孩子们见面之前，校长把他叫到了她的办公室。
特丽莎给杰米讲了学校的规定，并要求他承诺遵守。另外强调这是诺拉的厨房，不是杰米的，他必须要按照要求行事。之后她突然告诉杰米，她想要在全校集会中向大家介绍一下他，希望他能讲几句话。	

杰米看着镜头很紧张——他没打算这样做。 在集会上，特丽莎向大家介绍了杰米，杰米也磕磕巴巴地讲了几句。 几个孩子领着他去学校的厨房，在那里他见到了自己的新老板诺拉，拿到了自己的制服（还有发网），诺拉给他分配了装盘的工作，需要把油腻的香肠卷入烤箱里，还要清理垃圾。杰米告诉我们，他对那些餐食的第一印象。他还因为在错误的水池中洗手被诺拉呵斥等。 **注意**：拉娜需要让诺拉在杰米开始之前停下她所有的工作。确保杰米戴上了脏兮兮的发网。 眼看着，午餐的时间要延误了，现场秩序混乱，杰米因为工作效率低下受到了诺拉的责备。杰米发现如果照往常一样，要准时提供餐饮服务非常困难。他开始思考怎样进行一些改变，来保证准时。 午餐铃声响起。孩子们涌出了教室，来到走廊，朝着餐厅走去。	
杰米（还穿着制服）把披萨和薯片摆出来。餐厅中非常混乱，毫无秩序地排着队。诺拉对他大吼大叫，让他动起来，快点给学生提供午餐。	今天来食堂吃餐食的学生有平时的两倍多，他们就是希望来见见杰米·奥利弗。杰米和排队的学生闲聊，没怎么好好干活。
交叉剪辑，很多孩子对杰米指指点点，谈论他的画面。	“他是不是很帅？”
特丽莎和几个孩子聊了聊他们的感受。	“没有，他比电视里看上去要胖！”
打扫厨房、拖地、清理油污。杰米告诉我们他的第一印象。	
剩饭摆了出来，员工（包括杰米）吃了剩下的汉堡和意面圈。	“你见到他的车了吗？”等等。

一天结束了。所有人都在吸烟室——疲惫不堪，喝着茶。 厨娘们现在换上了自己的衣服，问杰米对食物的意见。之后是和杰米闲聊。她们问了朱尔斯和孩子的情况，他能挣多少钱等。 和厨娘们道别之后，杰米开着玛莎拉蒂飞驰而去。	
诺拉的反馈（还有其他的厨娘？）	“他的动作很慢……真不知道下周他要怎么办，他还得做出自己的菜谱。我知道现在给出结论还为时尚早，但他给我的第一印象真的不怎么样。”
杰米回到了他的办公室，和团队成员做了通报。他讲到了厨娘的工作有多辛苦，食物有多糟糕，以及他为自己设定的任务有多难。他很渴望能喝点啤酒，聊聊美食，所以他叫上了执行主厨亚瑟一起去喝一杯。 剧本继续，但包含的细节信息会逐渐减少。	

在拍摄过程中，你可以进一步充实剧本。最终，你会在进入剪辑室时有很理想的素材！与此同时，你的执行制片人也可以给你提供一些帮助。例如下面这封信，是《杰米的校园餐食》拍摄刚开始不久，我给执行制片人发去的邮件，里边总结了她的贡献。

亲爱的多米尼克：

很高兴今天能和你聊一聊。基德布鲁克项目的进展让我感到很激动。我认为，现在对我而言最有帮助的事，就是你能否对剧本进行一下修改，体现出我们到现在为止已经拍了什么，以及我们在第一期节目中还要拍摄的内容。尤其要强调杰米所对抗的是什么，谁是他的对手——这些情节点可以逐渐让故事变得更丰满些。就像你和我说的一样，这些都是关键，值得去把它们描绘出来，这样我们才可以去控制和创造他们……我知道你一定明白，这档系列节目的成功主要依赖于真实的剧情和矛盾，你永远无法预估杰米在特定的时刻或情节点上会做出怎样的举动，而这将改变剧情走向。对于他而言，这是一次非常真实的挑战，要面对越来越多的人物特别是孩子，还有老师、校长、店主、供应商，以及厨师、家庭、同事、"十五号"餐厅，和你能想到的一切。

我想诺拉是有天赋的，尤其是如果她能继续保持对抗的态度，并做出一些令人出乎意料的举动。但我认为你需要从杰米的生活中，发现一些其他的东西，如果可能的话，去削弱这种对抗性。

非常感谢你在这部作品中的辛勤付出。我确信这一切都是值得的，因为一部兼具活力、热情、真实的剧情，以及矛盾和转变的节目已经是最伟大的成功了。再次对你的付出表示感谢。

罗伯特

当然，随着拍摄的推进，你会发现事情并非都如你所愿！比如说在剪辑后，我们删掉了杰米第一次开着玛莎拉蒂去学校的片段，因为这段看上去似乎不太合适，会显出他的慌张，刚开始就迟到了。开着这样的一辆车，不仅会让杰米看起来非常奢侈、冷漠，更糟的是，即便他尽力想用导航来带路，但还是走丢了，这会让他一开始看上去像是个很不稳重的"暴发户"，这会让观众不再关注这档节目，而这正是我们需要尽力避免的。我们把玛莎拉蒂这一段换成了一段更为严肃的采访镜头，后者不受时间限制，可以加到任何一个部分。在这段采访中，杰米不仅开着一辆更为普通、辨识度较低的车，而且很热情地在谈论关于学校餐食的一些想法，以及他们是如何想到这个方法的，而不是在讲自己的事情。至于迟到和迷路的事情，我们会放到后面进行处理。

尼克·斯特林格

《杰米的校园餐食》营销主管，现任 BBH 广告代理商

当我第一次看剪辑版时，看到杰米趾高气扬地坐在偌大的玛莎拉蒂里，那种咄咄逼人的架势，不需要他有意做些什么，就已经让人感觉讨厌了，感觉就是他又踏上了另一段征途，开着他的豪华坐骑去扭转乾坤。这样的情节和人们对这件事情的感觉很不协调。而换成"大卫与歌利亚式"的对抗，则是一种更好的情节处理方式。

其实，杰米并不会开着玛莎拉蒂飞驰回到自己餐厅。回到了餐厅之后，他也不会像预演剧本中建议的那样，和执行主厨亚瑟出去喝上一杯。相反，他会筋疲力尽地回到他的餐厅，饥肠辘辘，非常希望能吃上点像样的东西。诺拉的反应也与剧本中预期的有所不同——不过对我们来说这是件好事，她表现的比预期更好。但尽管有很多变化，详尽的研究还是非常有必要的。即使情况有变时，至少导演可以有修改的靶子，也能更好地理解人

物的动机，而正是这份动机把我们引入了这个项目。

在这部书后面的部分，会更详细地探讨剧本问题，总的来说，考虑周密的计划和剧本是在创造一个框架，没有它，打破陈规也便无从谈起，其重要性怎么高估都不为过。

于我而言，这一点有着更为重要的意义。就像我们之前讲过的，因为很多出色的影片都是那些雄心勃勃却又经验不足的新人的突破之作。而让他们在开始前准备好清晰的剧本变得异常重要，特别是在追踪一个你不知道将会发生什么的故事的时候。

如果你的研究足够细致，你就会对主人公的动机有深入的理解，并发现其本质，这样你就可以开始撰写预演剧本了，你会惊讶地发现你能准确预估出会发生在你的人物身上的剧情和情节点。如果你写好了剧本，当你进入影片剪辑室，一番痛苦的纠结之后，你会惊讶地发现这部影片很有可能会与起初设想的故事线相差无几。最终你还是会朝原先设定的方向走，虽然与之前设定的路线会略有不同。

我已经强调过分析、深入细致的研究和推演剧本的重要性。但一旦你开始拍摄了，就要记住与这些准备好的内容相背离的内容才是你最需要的。在出现了一些与预设不同的情况时，你需要有勇气完全忽略掉你之前写下来的所有东西，即便是你研究的心血。这经常会发生。虽然这有悖常理，但如果你没有剧本，或是路线图的话，实际会让你更难拥有你所想要的灵活性和开放性。在面临无法避免的障碍时，如果没有剧本的指引，你就非常可能会如同一只被大灯照射的兔子一般昏头转向，尤其对于那些缺乏经验的新手来说。之后，你会发现很难决定该转向哪个方向，找到一条适合你的新路线。当你遇到障碍的时候，承认它们的存在，并学会开放性地思考，这是非常重要的，因为通常这才是真正的影片！这也就引出了我的最违反常理，却又是最有用的一条影片制作窍门。这条建议被许多我指导过的导演所引用，引用频率远比其他点子要高得多。这便是，在制作影片的时候，要记住，祸兮福所倚（when it seems wrong it is right）。

祸兮福所倚

曾经，我手下的一位导演执导了一部关于某个新上马的大型交通项目的影片。这个项目需要高额的投资和国际合作，可谓危机四伏。两位项目高级经理对这个项目有不同意见。其中的一位当时身在英国的一个大型贸易展，所以我们就在他的展位上安排了一次对他的采访，我们把一切都安排妥当，灯光打得非常完美，还设置了一块背景板，上面是这个项目的巨幅照片。

当我们已经准备好开始拍摄时，他的死对头在没有打招呼的情况下突然出现在了现场，之后他们开始在角落里大声争执。而我的影片导演还在专心致志地布置访谈场景，在一旁等着，因为他的剧本中完全没有关于今天主人公会吵架的设想。我告诉他，精彩的影片内容正在他的眼前发生着，最真实的矛盾可以使影片更有人味儿、更有冲突感。他思考了一会儿，马上告诉我说，他觉得我说得对。随后，他悄悄地走到主人公身旁，询问他们是否介意换个地方，到镜头前来争吵。结果怎么样？不出所料，他们吵架中爆发的能量消失了，导演既没有预期到，也没能拍摄到。他只是准备好了拍摄一件事情，而不会跳出固有的思维去考虑。

我的另外一个朋友准备制作一部关于一群很出名的丹麦女人的影片，她们会骑着马横穿冰岛，其中包括一位议会成员。但相比电视制片人，政客往往会有更强的求胜心，也更加敏感。这位议会成员从开始就非常担心，特别是当她在拍摄中讲到，她正在为了这次行程戒烟，但之后会继续吸烟的事情。拍摄过程中，其中一个成员去了医院，其他人也去了医院找她。她们在争论究竟该怎么办，随后这位议会成员气冲冲地回家了，消失了一周时间。这一切都发生在她们准备启程之前，当时一切都乱套了。

“多棒的一部影片，”我告诉托马斯·海乌林，他是这部片子的执行制片人。“没有，”他叹息道。“很可惜的是，他们没有把这些拍下来，他们很担心关于骑马的拍摄没办法正常进行。”原本这应该是一部更出色的影片——关于人与政治的故事，而非人与马的故事，但很不幸的是，这次导演也在这个非常紧要的关头，没有跳出原有的想法去思考问题。

托马斯·海乌林

Koncern 电视公司总经理，执行制片人

如果你希望能够掌控一切，你应该在演播室工作，但我们想要看到的是在压力之下真实的情况。所以我们决定让她们骑到马背上去，借此创设出这种压力。这意味着她们会在一个更具压力的情形之中，而你也可以看到她们在这种全新的、令人兴奋的情形中的反应。这是一场冒险，你不知道后面会发生什么事情。

制作过程中的一切都乱套了。在启程前往冰岛的前一天，原来的导演突发背痛，所以我们又在短短 24 小时内找到了另外一位导演，他几乎没时间详细了解故事内容。

当时，我们这个系列节目的立项和选角过程，已经把时间拖到比较晚了，而这时冰岛的天气变得很糟糕，骑马也变得危险起来。当时的情况非常糟糕，整个团队根本无法从酒店出发，但很多戏剧性的情节也是从这儿开始的。一切都乱套了，但它没有被拍摄下来，只是因为我们计划好的所有事都没有按照计划发生。事实上，你会发现这是另外一部非常好的影片，在这样的情况下带来了多少的可能性啊？确实，正因为这些不期而至的状况，这本来可以成为更出色的一部影片。事后说来我们应该那样做、应该这样做总是容易的，但在当时的现场是很难实施的。

> 一位主要导演当时感到非常沮丧，也离开了现场。这是我参与过的最混乱的一次制作了。

在拍摄完《杰米的校园餐食》后，杰米希望能够回归自己的烹饪本行，他特别想亲自去更加深入地了解意大利料理，因为其对他产生了很大的影响。这也将是他的下一档系列节目——《杰米的意大利大逃亡》(*Jamie's Great Italian Escape*)的题材。这档节目起初也不容易，需要给节目找到合适的故事线、动机，还有节目所要解答的大问题。当我去寻找杰米之所以要制作这部意大利之旅的节目的动机时，我想起了几年前我在美国顶尖商学院度过的五个星期。

BBC曾为我花了一小笔钱，让我去费城沃顿商学院“高级管理项目”进修。当我身边充斥着世界各地大公司的高层管理人员时，让我最惊讶的事并不是全球化、国际金融或是商业战略问题，而是当我们被问及关于自己生活的问题时，依据每人给出的答案，我们会自动被归成几类。我们当中有人来自一些略显阴柔的行业，如广告公司和传媒业。其他人则来自雄性气息十足的行业，并且他们很为之感到骄傲，比如通用汽车、卡特彼勒和大石油公司的老总。我本来预期的是，我会和这些来自偏阴柔行业的人分到一组，会有更多的自由派，大部分都是女性，从事的职业也和我类似——传媒、广告和其他的服务性行业。我从来没想过自己会被分到一组具有极强男子气概的人之中。让人惊讶的是，至少让我很惊讶，当我们被问到一些哲学问题，涉及自己人生中的担忧时，我们按照年龄自动分成了不同的组别。

有趣的是，我们有如此多相同的地方，只是因为年龄相仿，而非政治倾向或是兴趣相同。几乎所有商学院的男士都有着和我相同的认知模式——二十岁出头的时候设定自己的梦想，但在十年之后，经历了严峻的“而立之年的危机”，不禁开始怀疑一切，之后又扬帆起航，迈入了三十多岁的阶段，然后在四十岁来临时，面临“中年危机”。而在我纠结于《杰米的意大利大逃亡》的剧本时，我回想起当初第一次见到杰米·奥利弗的情景。那是很早的时候，甚至还没有《杰米的校园餐食》这回事。

当时那些熟悉他、关心杰米的人告诉我说，他有一点迷失，特别需要被照顾。刚刚过了28岁，他的“30岁危机”就开始了，他在拍摄节目的时候讲到这个事儿的频率越来越高。在《杰米的校园餐食》的巨大压力下，他可谓是疲惫不堪，因为这不仅是一档电视节目，更是一次真正的改革运动，而他现在需要好好休息一下了。当然，最终成就《杰米的校园餐食》的，恰恰是对人生的怀疑。杰米会担心自己是否不自量力，甚至有时缺乏足够的信心去完成如此巨大的项目。正是这样的疑虑，促使《杰米的校园餐食》成为了一档非常不错的节目。

杰米会说这样的话："现在的精神压力真的很大，我自己倒无所谓，但我很担心女性厨师长们的未来。我是真被吓到了，担心自己力不能及。"看着他从眼神中流露出的那种艰难的感觉，我们都会相信他所说的。我们关于这个项目的疑虑是真实的。因为担心，我甚至还问过第四频道的节目部主管，如果杰米没有成功，结果会是怎样，因为我们有时真的会担心他不会成功。主管的回答是，"发生什么就是什么，如果他失败了，至少他尝试过了。"至少对我而言，这让我感到如释重负。

和他的朋友不同，杰米上学期间从未经历过间隔年①。除了出于工作或一些类似的目的外，他从来没有真正旅行过。他从十几岁便和朱尔斯在一起了，也是从那时起便开始工作，从来没有停下过。有时他的工作节奏会非常快，几乎如同不用思考一般，而且他好像一直还受到注意力缺乏症的困扰。但杰米实则是一个内秀之人，看上去很值得在这方面深度挖掘一下，拍上一部影片。开始的时候，我想把他带到印度去，但那样的话，就意味着他需要和朱尔斯还有孩子们分开好几周的时间。所以最后我们定在了意大利，他也真的很想去那里，因为那边的食物给了他最重要的灵感。

我很晚才加入这个项目，当时团队都已选定，已经研究过了一圈意大利，并回来准备写剧本了。我试着从我们的动机出发，给出更多的结构性的东西。杰米没有参加这个过程，这是他的个性使然。最棒的是，拍摄的最后一周会迎来他三十岁的生日。所以我们把这个作为整季节目的高潮，把一场在意大利举办的盛大家庭生日派对写进了剧本中。朱尔斯和孩子们会来到意大利，一起庆祝这个重要的日子，而杰米也会重新发现真实的自我，平稳地步入他的而立之年——这个幸福的家庭会扬帆起航，开启他们下一个十年的幸福生活，无论是在画面呈现上，还是实质上，他们都将团聚。这是一个具有普世性的成长主题，并有一个圆满的结局。

但结果并非如我们所愿。在临近按照这版剧本拍摄结束的时候，我接到了导演打来的一个电话，他绝望地说，朱尔斯不能来意大利了，想问问我能否做些什么，例如试着劝劝朱尔斯？了解朱尔斯的人都知道，想要成功说服她不是件容易的事。她在电视节目上表现得非常自然，但这也意味着她往往只会按照自己的想法行事。所以我们该怎样应对？对我来说，如果这真的已经是既定事实，朱尔斯真的希望这样，也许，也许是祸兮福所倚。要跟随实际情况，跳出固有的思维，顺从于正在发生的事情，即便它有可能与你的剧本完全相反。因此，我们选择不再举办家庭聚会，而是拍摄一段心情忧郁的杰米和几位老朋友一起在小山坡旁思索未来的镜头，这可要比之前的计划更具冲击力，因为这是真实的。

① 译者注：间隔年（gap year）指西方国家的青年在大学升学或者毕业之后、工作之前做一次长期的旅行（通常是一年），让学生在步入社会之前体验与自己生活的社会环境不同的生活方式。

艾伦·海林

第四频道，迈克尔·摩尔的项目主管编辑

在制作《科伦拜恩的保龄》的过程中，美国爆发了9·11事件。迈克尔对影片完全失去了信心，因为他看不到这部影片还有什么价值。这件大事的发生，使他突然间感觉影片关注的问题成为了一个相对而言微不足道的事件。在9·11事件后，实际情况是，这部影片的拍摄完全迷失了方向，因为迈克尔对于它的重要性完全失去了信心。但是后来，迈克尔又重新拾起了信念，他没有继续采用原先的剧本，而是开始质问美国在世界上的角色问题。之后，他发现就在科伦拜恩不远的一处地方，有一处规模巨大的兵工厂，有个被害孩子的父亲就在那里工作。因此通过对于与主要故事相关的线索的挖掘，这部影片变得比原计划更为丰富了。在剪辑室的三个月是非常艰难的一段时间，但最终这部影片取得了更为突出的效果。如果你聚焦于一部影片，往往会将别的事情抛之脑后；但问题在于你能否连9·11事件都置之不理。

杨·托马琳

第四频道法律与合规部，前任主管

传媒法律咨询公司总经理

永远不要为了你的模式牺牲真相。见证英雄的失败同享受他们的成功一样有戏剧效果。不要通过操纵结果去迎合节目模式，从而欺骗观众——我深知这样的行为会引起的损害，不仅仅会有损电视台的声望，更会有损制片人和节目嘉宾的名誉。

“祸兮福所倚”是我经常挂在嘴边的一条建议，因为这是最难让人去相信的一点，特别是当你感觉自己的影片已经濒临崩溃时，而这种情况可能随时会发生。在对《杰米的校园餐食》进行最后剪辑时，我们接到消息称，一间此前在用去厨房化的方式革新林肯郡学校餐食的饭店决定退出了，而杰米曾对其抱有厚望。虽然导演有些担心，但这并不意味着灾难降临，只需要对部分影片进行重新剪辑，使故事能够继续进行下去就可以了。也许这听上去有些令人伤心，但事情已经发生了，事实就是这样。所以为我工作的人真的都记住了这一点，祸兮福所倚。你也应该记住这句话。

打破陈规，造就成功的故事

打破陈规不仅对于研究、撰写剧本和拍摄而言有着重要的意义，几乎在整个电视节目领域，甚至说在任何涉及创作性或是创新性的行业中都扮演着重要角色。例如，那些最成功的、荣获了诸多奖项的影片往往源自“错误的地方”，这毫不令人奇怪——因为正是在这些地方，人们并不知道应该怎样做，因此不得不发散地去思考。

第一部荣获英国电影电视艺术学院奖的科学类节目并非出自BBC的科学部门，而是1993年的《潘多拉之盒》(*Pandora's Box*)。这档节目是由纪录片部门一位非常特立独行的制作人拍摄的。他非常聪明地挑战了关于技术进步的陈见，而纪录片部门原本从来与科学无关。几年前科学部门真正开始赢得英国电影电视艺术学院奖时，却不是因为科学节目！英国电影电视艺术学院奖将很少颁发的原创大奖授予了《麻烦终结者》。这档节目实际上是一档关于商业的时事类节目，由约翰·哈维·琼斯爵士担任主角。在制作这档节目的时候，我还是在科学部门任职的新手。几年后，艺术系列节目《房屋》(*The House*) 赢得了英国电影电视艺术学院奖。这档节目用一种一般的艺术类节目制片人不会想到的方式挑战了皇家歌剧院，而它来自纪录片部门。不同的类型彼此碰撞，迫使人们不得不打破陈规。

那在讲述者（或是主持人）方面又该如何打破陈规呢？谁会想到约翰·哈维·琼斯爵士这样一位身宽体胖、衣冠不整、像托比·培尔契一样的生意人，会在电视节目中一炮而红呢？这份幸运落到了我头上，而不是纪录片部门或是其他人头上。谁又会想到让一位修女主持一档绘画节目呢？温蒂姐姐（Sister Wendy）已经在修道院过上了与世隔绝的生活，听起来应该是最不可能的艺术节目主持人了，但她却成为了最成功的主持人之一。我的一位朋友在摄影艺术展上偶然间碰到了一位十分爱炫耀的、来自纽约的黑人艺术收藏家。两人聊了聊，我的这位朋友当时打破了陈规去思考，从而发现了一位明星，让阿尔文·霍尔(Alvin Hall) 成为了一名理财专家，主持了《要钱还是要生活》(*Your Money or Your Life*) 等节目，成为全英国领先的个人理财主持人。

史蒂芬·兰伯特

兰伯特工作室总裁，《卧底老板》制作人

当我们选择戈登·拉姆齐担任《伪装者》的导师时，我还几乎没有意识到在他身上的惊人潜质。在那些最成功的由电视节目塑造出的主厨里，或是其他的荧屏人才中，我都没有见过他这样的特质。他有和其他人全然不同的思考方式。

采用不同一般的方式进行思考的导演，才发现了戈登·拉姆齐。同时，在拍摄《河边咖啡餐厅》时，这位导演也通过打破陈规的思考，找到了一位年轻的助理厨师杰米·奥利弗。此前，电视主厨需要是知名的主厨或是厨师，而与其说是一位厨师，杰米·奥利弗更像是一个街头叫卖的小贩，但他有活力、帅气、年轻，最棒的是，他不像个厨师。

这位导演很幸运吗？还是因为她能够“抓住”与自己擦肩而过的运气，而别人往往会不幸错过？鉴于她又继续发现了许多跳脱常规的主持人，结论应该是后者。例如《商店女王玛丽》是一档拯救失败小店的节目——又一档以人物命名的节目，在我看来玛丽·奎因不太可能成为一位商业专家，但这位导演这次又成功了。

乔恩·罗兰

BBC 纪实节目部前任开发主管

反叛者电影公司创意总监

我遇到了格雷厄姆·诺顿（Graham Norton）。我很喜欢他，感觉他非常出色，但我却看不出他该如何转型——除了尖酸刻薄的喜剧表演外，他还能做些什么。我看到的只有粗鲁和唐突，以及异常紧张的情绪，我始终没有跳出这些感觉。现在我的思路变得更加开放了，能够看到这些表演人才跳脱角色的可能性。不要被保守的思想所束缚，不要因为他们现在做的是这个，就认定他们一定不会做别的。

你真的需要对于新人保持一种开放的姿态。人们几乎完全遗忘了广播，但广播却接触过远比电视多得多的嘉宾，并且嘉宾的质量也令人震惊。另外，这些嘉宾在当时还没有经纪人，也从来没想到上电视。因此你也许能发现一些全新的东西。

所有这些打破陈规的主持人不仅是打破我们的直觉的，更对于他们所从事的工作抱有极高的热情。电视节目是由活力与热情所驱动的。我总会收到一些新人主持人和新晋的节目制片人寄给我的录像带，他们对于所有事情都感兴趣，但他们的热情仅仅围绕在出名上。我要寻找的不是他们。我要寻找的人是那些对于一个话题不但有高度的热情，并能够为之增添一些额外的东西的人，更重要的是要勇于打破陈规看待这个主题的人。

所以，总的来说，这是件既简单却又异常困难的事情。首先你需要有一个固有的框架，之后又要打破它。如果你准备借着温柔的落日，在玉米地拍摄一段爱情故事，通过慢镜头记录下恋人奔向彼此时的场景，但突然暴雨倾盆，他们争吵起来了。如果这样的话，直到天气变好前都不要停下镜头。在大雨中拍摄爱情场景要浪漫得多，而争执的场景看起来也更具戏剧性。电视节目导演是强迫症，但偶尔为了制作一档精彩的影片，他们也需要放手。如同生活一样，电视节目也充满了悖论，为了成功，你应当试着接受成功的对立面。

因此，在开始拍摄影片前，找到合适的角色，进行深入的研究，打破陈规，并且要记住，关键的不仅仅在于要有一个清晰的剧本，更要不断地从中抽离，尝试放开自己的思路，发散性地思考，你的影片究竟讲得是什么，主持人是谁，角色又是谁，你想要怎样制作？在一个或是成先驱或是成先烈的领域工作将是一次伟大的冒险——那会促使你真正地打破陈规去思考！

第 3 章　叙述动力和拍摄

开始拍摄

当你已经找到了人物，弄明白了如何将他们打造成英雄，也创作出了足够吸引人的剧本，现在你要开始着手拍摄了。这是项很吓人的工程，因为在拍摄现场，你需要同时考虑五个方面。这就像是一名冲浪者，要在层层叠叠的波浪前立于潮头。你需要同时进行统筹后勤、保证影片有趣的视觉效果、说服节目嘉宾们、动员团队、以及用新闻的方式讲述故事这五个方面的工作。

讲故事是这五个里面最难的。因为这意味着你需要把所拍摄过的一切都记在脑子里，与你的剧本相对应，然后当故事产生变化，（例如）有另一个角色加入时，你还需要回过头去考虑你拍摄过的一切，在你的脑海中编辑出另一版剧本，然后精确制定出下一步拍摄计划—— 这一切都需要在拍摄过程中用极短的时间来完成……咳！这一切让人心力交瘁，所以尽管拍摄有其美妙之处，我也很少去做导演。

影片的故事线

首先要有一块牢固的基石，找到这块基石至关重要，尽管它常常半陷于地下，不是那么明显。这就是影片要追问的大问题（Big Question）——即影片所追求的东西。在某种程度上，这就是一开始要编写剧本的原因，因为它可以帮助你找到那块基石。

本章就将讨论这个大问题，及其引出的大答案：叙述动力 ，即影片的故事线。不光在剧本创作时，在拍摄和剪辑的过程中，叙述动力都需要不断打磨，然后我们才能开始创建段落，每一个段落都需要一个小问题和一个小答案，所有这一切最终构成影片的答案。

大多数成功的纪录片或纪实类影片都是故事，而故事要有故事线，我们才能被其叙事动机所打动。我们会一遍又一遍的把自己的故事讲给自己听，然后讲给其他和我们兴味相投的人听，在这个过程中我们赋予我们的故事以结构，从而赋予我们的生活以意义。讲自己的故事是人类的一项标志性特征。我们的人生搭建在一堆混乱的素材之上，我们在这堆素材上附加原因、结果和叙事。我经常感到好奇，我一遍又一遍地给自己讲述年轻时候的故事，这些故事跟现实之间到底有何关系——例如，追求成为一名BBC音效实习生的故事。

我是这么给自己讲故事的：我花了几年时间在片场推小车，也在图书馆工作，期间还多次失业，直到第二次申请时，终于赢得BBC音效实习生的这个职位。在我第一天作为实习生去伦敦BBC上班的前一个晚上，我在法国南部城市阿维尼翁（Avignon）上了火车，突然犹豫到底要不要去BBC。但是这件事真的是这样吗？还是我自己的想象？我是不是把我那辆卡尔曼吉亚敞篷车留在阿维尼翁，让它自己去了希腊？真的花了70英镑吗？我真的自己用玻璃纤维做了前翼，让它看上去有点像婚礼蛋糕的糖衣吗？我是不是曾经开心地开着车穿过伦敦，一路不踩刹车，直到目的地才拉起手刹？

在阿维尼翁，我是否被人揍了一顿，然后拿着当时的恋人给的一瓶白兰地，被推上了火车前往BBC？我真的是身穿破烂的T恤，带着宿醉，坐着通宵列车直接到达BBC，结果发现其他实习生都穿着西装？要知道当时可是七十年代，我留着齐肩长发，这样的人当时只存在于老电影里。我已经将这些故事和很多其他故事几度渲染和改编，一遍一遍地讲给自己和其他人听。我所有的故事成就了现在的我。尽管我也不确定，在时间的流逝和不断的讲述中，有多少成分已经改动了。

作为人类，我们对于阅读、聆听和品评故事有着深切的需要，它们有助于创作出我们自己的故事和意义——这些原型故事使我们能够赋予自己的人生以意义。这就是为什么传统的故事线总是能很好地发挥作用。

在传统故事中，我们跟随主角起起落落，面对各种考验，看他们最终能否取得胜利（这也是我的电视生涯的故事，至少我是这么讲给自己听的，而且这也是我用于我创作的影片的故事形式），主角首先需要一个追求，有了追求，才能让观众产生共情。

提出大问题

现实中，任何影片成功的关键都是找到一个大问题，这个问题应该是我们天生就好奇，想知道答案的问题。我们在着手拍摄之前要清楚地理解影片的追求。问题（question）这个词来自拉丁语“quaerere”，表示问或者寻求，而追求（quest）这个词表示寻求的行为，和问题一词有着同样的词源。它带有中世纪“骑士冒险”的浪漫意味。寻找问题的过程，也正是你表达这种追求的过程。在后面的部分，我们将着眼于如何根据你所拍摄的素材，改变问题的表述方式，但是现在，在你拍摄之前，你要思考你的影片将要解答什么问题呢？

系列节目《当大厨遇到小厨》可以作为寻找问题过程的一个典型例子。这档节目是关于改造一个曾经流行的路边连锁餐厅的故事，美国和其他一些国家即将引进这个节目模式。“小厨”(Little Chef)是在公路边和服务区开设的一个连锁餐厅，很老派，在麦当劳和汉堡王这样的餐厅冲击下举步维艰。节目一开始的想法是让杰米·奥利弗买下这个连锁餐厅，试着去改造它——有挑战有风险，多棒的影片！更棒的是，凭借杰米在埃塞克斯酒吧的底子和脚踏实地的做事风格，简直是理想人选。然而，还没等杰米买下，餐厅就被一家私募基金抢购了。他们也想找一位名人主厨帮助餐厅，不是杰米，而是第四频道最近签约的主厨：赫斯顿·布卢门撒尔，但他几乎不可能加入这个挑战。看起来，他是和这项挑战最不搭调的人选。他在伦敦郊区开了一个名叫肥鸭(Fat Duck)的小餐厅，餐厅里提供的双人套餐需要540英镑(包括服务和酒水)。餐厅里充斥着各种奇怪的美食和装饰，例如培根鸡蛋冰淇淋，甘草水煮三文鱼以及大量的烟雾和镜子。然而，“小厨”所需要的是平价的预算。

要和赫斯顿做这个项目，我感到非常担心，但是记得那句重要的格言“祸兮福所倚”。关键恰恰是把赫斯顿打造成离开水的鱼，放大他是错误的人选这一点，这样恰恰能制造出对立面，矛盾冲突要多少有多少。我们花了很长时间，试图精确地表达这一追求。最终，花在这上面的努力，将会在不久后省去你大量的时间，因为这个过程帮我们搞清楚了影片究竟是关于什么的。这个追求必须是不断地导向某处的，并让人怀疑你能否到达终点，这样才能勾起观众的兴趣。

复活节那天，在执行制片人朱丽叶·莱斯(Juliette Rice)和系列制片人海伦·理查德森(Helen Richardson)的领导下，我们着手思考《当大厨遇到小厨》要提出的大问题。这是对这个故事的首次试探。我们要将“小厨”餐厅作为赫斯顿试验他的新型食物的场所。

《当大厨遇到小厨》，

二四(Two Four)公司为第四频道制作

第一集节目提纲第一版

赫斯顿和“小厨”餐厅初次见面

赫斯顿了解餐厅

噱头1–人们怎么看小厨的食物？

首选解决方案–尽可能极端

噱头 2 – 试验（回到赫斯顿的肥鸭餐厅）。
向“小厨”餐厅介绍赫斯顿研制的新食物。
噱头 3 – “小厨”管理人员来试尝。
餐厅中的问题。
新尝试失败——赫斯顿需要从头开始——思考“为什么我要接这个活”？

在你开始写一个详细脚本之前，首先勾勒出段落绝对是正确的，要保持开放的心态，把问题表达清楚。

下一个步骤是三个星期后，根据大纲写脚本。下面的第一个版本现在看来包含了太多信息，特别是在先导片部分。这么做绝对正确——除非你是个天才，能一口气写到底，否则这就是必需的第二个步骤。以下是这一阶段的先导片的全部内容，并在末尾首次尝试着提出了大问题。

《当大厨遇到小厨》，

二四公司为第四频道制作

第一集节目先导片第一稿方案

画外音

赫斯顿·布卢门撒尔是世界上最著名的烹饪男巫。在肥鸭这间餐厅，他用充满想象力的菜肴震惊了我们所有人：蜗牛粥和培根鸡蛋冰淇淋，只是他所创造出的狂野而奢侈的混搭美食中的两个例子。但是对赫斯顿来说，唯一的出发点是味道。

赫斯顿

品尝食物是唯一需要我们动用所有感官的体验。所以，作为一名主厨，当我创造一道菜时，我可以与味觉/听觉/视觉/触觉做游戏。但是我同样会进入潜意识当中——食物会唤起记忆，创造出新的体验。真是妙不可言！

画外音

他正在世界上掀起一阵风暴：米其林三星大厨；他的餐厅被评为世界第二；食客们要提前数月预约位子。所有人都对赫斯顿的招牌魔法——分子美食（molecular gastronomy）欲罢不能。

赫斯顿

分子美食的意思是科学地处理食材——什么是土豆，土豆分子受到加热会发生什么反应？就像是一个科学任务，目标是取回土豆最完美的精华。

画外音

而有人需要学会赫斯顿的魔法——他们要让赫斯顿暂时抛下赚得盆满钵满的肥鸭餐厅，去接受新的挑战。

“小厨”有超过 180 家餐厅……

[“小厨”问题部分]

伊恩·佩格勒（“小厨”总经理）

“小厨”已经陪伴我们很久了，是英国的一种特色，人们一度很爱我们，它绝不能就这样死去。我们是早餐之家，不同世代的客人都会来“小厨”，他们还爱着“小厨”。但是世界已经不同了。我们需要有人来彻底改造我们。我认为赫斯顿可以做到。

赫斯顿

在我还是孩子的时候，很喜欢“小厨”——我还能清楚地记得在这吃饭的场景——我爱这儿的早餐和免费的糖果。“小厨”绝不能死去。但是，万一我失败了呢？我只经营过两家餐厅——都和这迥然不同，从来没有像这样大规模地生产过食物。最困难的事情就是要挽救已经出问题的东西。

画外音

让赫斯顿在全世界赢得盛誉的魔法能否帮助他拯救一家路边连锁快餐厅呢？赫斯顿会力不从心吗？

这个问题是最后一条画外音。

两星期后，我们缩减了先导片部分，并在最后提出了大问题，如下所示：

《当大厨遇到小厨》，

二四公司为第四频道制作：先导片草案

“小厨”的管理层为拯救 185 家连锁餐厅的最后一项努力，是找到英国顶级大厨：赫斯顿·布卢门撒尔。

赫斯顿能够用合适的食物、合适的价格，让顾客重返“小厨”、让“小厨”重焕生机吗？赫斯顿能让员工和管理层相信，他在做正确的事吗？

大厨可以拯救国民“小厨”吗？

几天后，我们开始打磨这个草案，强调了要追寻的目标，并通过一连串的设问来强调挑战。我在下表左边一栏指出了这些元素。

《当大厨遇到小厨》，
二四公司为第四频道制作：先导片草案（画外音）

追求	(画外音)“小厨”的管理层为拯救185家连锁餐厅的最后一项努力，是找到英国顶级大厨赫斯顿·布卢门撒尔。
过程中的挑战 / 障碍	但赫斯顿能够改造菜单吗？ 重新挽回顾客？ 创造一个全新的“小厨”？ 能否想出正确的食物，以合理的价格吸引顾客蜂拥而至，让“小厨”重焕生机？他能否说服员工和经理，让他们相信自己做的是正确的？
大问题	大厨能拯救国民“小厨”吗？

最终，在6个月之后，拍完并剪完先导片的结尾部分时，片中提出的大问题也没有多大变化，只是稍微简化了。因为从一开始就确定了大问题。当然，在每一句旁白的句子之间保持一定的韵律是最棒的。

《当大厨遇到小厨》，

二四公司为第四频道制作：播出版先导片的结尾部分

(画外音)要想获得成功，赫斯顿需要改造食物。

将“小厨”打造成适合21世纪的品牌。

说服“小厨”的老板，把钱用在食物上。

这是一次剧烈的文化碰撞。一个以制作精致菜肴著名的大厨到底如何制作10英镑以下的平民食物呢？

创造段落

你一旦明确了影片的大问题，你所摄制的一切就都要为答案服务。正如分形理论所论述的那样，影片中的每一个场景需要与整部影片的结构一致，只不过是缩微版。每个场景都需要从一个小问题开始，就像影片的大问题一样，引导向一个孕育中的小答案，接下来引向一个更加深远的问题。检验每个场景的绝对标准是：它的小问题和小答案是否服务于影片的大问题。如果不是这样，它们就不该出现。叙事动力是影片的线索，它是由服务于大问题和大答案的一个个小问题和小答案组成的。我放弃或者替换了非常多的场景，因为它没有提出问题。没有了问题（它可以是含蓄的也可以是直白的），就没有观看这一场景的必要，没有一连串的具有相关性和连贯性的问题，那就没有看这部影片的理由。因为当我们开始看一个场景时，会期待着它最后能带我们去别的什么地方，而不是回到原地。

提出影片的大问题，以及随之而来的小问题，《杰米的校园餐食》也是按照这样类似的流程。在我接到邀约参与杰米影片的电话的四个月后，我们找到了一个和他搭配的绝佳人物，也有一个出色的团队已经就位，随时可以拍摄。然后有了剧本，我们终于找到了“大问题”所在，并以童话故事的方式把它表达出来。一个邪恶的庞然巨物——大量垃圾食物正在荼害四方，导致孩子们疾病丛生，甚至过早死亡。政府似乎不知道该做些什么。所以这个大的童话故事的问题变成了：大胆的杰米能否将“坏食物”这个大怪物置之死地？并向邪恶的国王——例如伦敦市政府证明，在整个伦敦行政区本可以将学校餐食做得更好？记住，在架构故事主题的过程中，童话是很有用的。

模式化

现在，拍摄就要开始了，杰米或许想要单刀直入地立即解答大问题。显而易见的是，他会干脆地以自己的方式做学校的餐食，一次性推翻目力所及的一切。但是这样做的话连一期节目的分量都不够，更别说一整季了。我还记得多年前，我在制作第一部商业改造系列节目《麻烦终结者》第一期样片时的经历。那次在热交换器工厂的踩点从一开始就注定是悲剧。

约翰·哈维·琼斯爵士在经营英国化学工业公司时，曾负责过全世界数百家公司。他把自己的洞察力打磨得让他参观任何公司半小时，就能发现问题。事实上，他认为他能够光看看公司账本，就搞清楚任何公司的运营状况以及哪里有问题，然后给出解决方案。这个过程他只需要十分钟！可能你还记得书中之前提过，他最初拜访赫里福德工厂时仅仅用了半个小时时间。不光因为这家公司很无聊，生产的产品也很无聊，更是因为约翰爵士在厂里走了二十分钟就说，他已经对公司的优势和缺点了如指掌了。

但是，我向他解释，如果我把这种真实情况摄制下来，那么不光无聊，我还得从三十分钟的参观里做出四十分钟的节目，更何况，其中最关键的环节内容就是他在翻看一沓纸。没人想看这种东西。我们需要另外一个故事，阐释他脑子里是怎么想的，展示出这些资料告诉了他哪些东西，以及这些对他有多大意义——还有更重要的是，对这家工厂有多重要。

所以，我们把影片分成了几个章节，每一部分都帮助我们更多地了解这家公司哪里做得对，哪里做错了。首先我们带着它自身的问题来介绍公司，而约翰爵士先在家里进行预测。然后在每一部分，我们或许会遇到不同的一个人或一群人，给我们带来新的信息，让我们一步步接近答案。约翰爵士会与老板见面，但只能得到对问题的初步印象。然后他会来到工厂，身边只有一名中层经理陪同。要尽可能表现出他的震惊和抓狂，我能干的助理简·阿希福德（Jane Ashford）把工人们集中在预定的路线，倒霉的经理将带领约翰爵士走这条路线参观，确保由工人们说出来厂里哪儿出问题了。然后，约翰爵士就像一名电视侦探一样，挖掘更多的线索，他会与营销人员会面，了解产品出了什么问题，接下来与销售人员了解情况，还有广告商，司机等，挖掘更深的线索。每一次人们都会提出问题，这样就会有戏剧性产生。然后他会向更深处调查，直到得出最终的大结论。

叙事和模式

这些内容板块和段落在每一期都是相同的——这就是模式点。然而，这样就出现了另一个问题。约翰爵士给每一家失败企业的解决方案都不过是从三种选择中挑选一个：削减成本；让产品设计得与众不同，再加上时髦、富有设计感的包装来提高价格；抑或把管理人员带到酒店，聊聊管理上的问题。如果问题更严重，他还会再加上一步：炒掉中层管理人员和/或老板。如果整个公司已经积重难返，他会说，卖掉公司。每周都用这些办法会让模式变得太过雷同，特别是当节目系列做了很多季之后——尽管节目需要一个模式，但不能是简单重复的，因此，我们需要不同的结尾！

所以，我们要在保证一切是约翰爵士真实想法的前提下，在每一周的解决方案出现之前把它拆分成几部分。最后出来的结果是，在首季六期节目中，有两期中，公司老板在约翰爵士拜访之后走人了；两期节目中，两家公司把最优质的资产卖掉了；其中一期，时髦的设计被采纳了，而最后一期，摩根汽车，拒绝了所有的建议，他们不想接受约翰爵士的改造，包括提高价格，还有很多其他处理方式，在一季节目里，有一个改造对象不同意改造，不按预料进行，这样很好！

《麻烦终结者》也许是改造类节目的先驱，但模式结构比较松散，而《重返基层》则孕育了很多真正的模式，从《伪装者》，到《交换妻子》和《厨房噩梦》，而且《重返基层》在升级改造成《卧底老板》后，更成为这些模式中最成功的。我们会对每期节目设立一个问题，这个问题是让老板们回到他们各自公司的基层部门的原因。然后我们会录制老板离开他殿堂般的家，换上工作服来到工厂的过程。理想状态是，我们希望他一直到录制结束都不被认出来，尽管很少成功过。之后老板每天会作为工人承担一份不同的工作任务，在顾客不知情的情况下与他们交流，然后回到顶楼套房，告诉经理们他/她发现了什么，以及哪些地方需要改变。所有的这一切都发生在五天之内。这是一个王子来到贫民中的真实童话故事，像鱼儿离开水，去发现这个王国的真相。

《重返基层》所面对的模式化挑战与《杰米的校园餐食》完全相同。我们需要用叙事吸引观众，让他们能够发现并关心我们所提出的目标，我们需要这些由小问题和小答案构成的真实场景，而不是仅仅让杰米来负责，把一切都马上完成。

史蒂芬·兰伯特

《伪装者》《交换妻子》和《卧底老板》的创造者

童话故事是寻找创意的一个好途径——童话可以导入这些冲突的创意。

我所做的大多数成功的节目都源于鱼离开水的创意。例如在《伪装者》中，伪装者们要进入一个他们一无所知的世界——他们不能之前就对其前往的世界感兴趣，这一点很关键，否则他们就会知道太多关于这个世界的东西。

当我们在美国为TLC频道制作《伪装者》时，他们一直要求我们找到渴望能转变身份的伪装者！这搞砸了一切，因为事实是，做节目的人一无所知，才能成就这档节目，就好像大提琴演奏家完全不知道怎么当DJ，却被带到现代音乐的世界。这就是鱼离开水的本质。《交换妻子》是一个典型的例子。她们每个人都把自己沉浸在价值观完全不同的世界。

我们已经决定以四期一小时节目为整季节目结构。一小时节目的合理性显而易见：这是第四频道在黄金时段播出内容的通常长度，因为半小时对于一个内容丰富、多层次的节目来说太难展开（一旦剔除掉广告时间，原本一小时的播出时间在第四频道播出就只剩下48分钟左右，如果原本是半小时，那么就只剩下24分钟）。如果时间超过1小时，那就很难让观众始终全神贯注。四期节目则是一个有几分随机的选择，但是看起来这是一档节目能在市场上推广并取得一定影响力的最低期数。由于杰米的档期有限，以及题材方面的原因，我们很可能只能够找到足够四小时节目使用的素材。当你要残忍地把素材都剪掉时，你会发现少即是多的道理。

到这时，我们已经定好了结构，每集节目都有它自己的问题和答案，之后它会被分割成子问题和子答案。

所以在出节目大纲之前，我们就需要将主人公的大目标分解成更小的任务，每一个任务本身都存在危险和问题，而问题的答案，将引导我们去往下一个问题，并为主要的问题服务。大问题是：杰米能够做出成本仅37分英镑的健康食物并让孩子们愿意吃吗？如果考虑到社会背景，这个问题的意思是：政府会采纳吗？所以和杰米一起，我们做出了大问题的后续子结构。整个过程中，他将和诺拉抗争，诺拉最后会反过来成为杰米的助手。

1. 首先他会在诺拉的厨房当帮厨，按照她的指导做垃圾食品。他很快就会发现棘手的问题所在。但是他究竟会发现什么呢？会如何应对呢？

2. 然后杰米会试探性地开始抗争，试着提出他自己用37分英镑成本设计的更健康的食谱。一个惯用新潮食材的大厨能做到吗？

3. 杰米将按新菜单烹饪，而诺拉继续做她一贯的食物，两人正面对决。孩子们来选择他们想要的食物。杰米的食物表现将如何？

4. 很有可能，在第一期节目结束时，大部分孩子会选择熟悉的诺拉的垃圾食品，这样就显示出了问题的严重性。所以杰米将向北进发，在英国最贫困的地区，找到更年幼的孩子，试着找出从他们小时候便喜欢垃圾食品的原因，然后接管一个班的伙食，看看他能否征服这些孩子。这将成为第二集节目。

5. 之后我们期望他再回到伦敦，发现唯一能说服孩子们尝试新的不熟悉的食物的方法就是不给他们选择。诺拉的垃圾食品将被禁止，她只能按杰米说的做。但是孩子们会吃吗？——还是会做出别的选择？或者在允许的情况下去校园外吃？

6. 因为孩子们很难转变，除了让他们别无选择之外，杰米还会尝试新的策略，比如向他们展示鸡米花是如何做成的：把鸡身上最脏的部位打碎搅拌在一起。这会改变孩子们的观点吗？

7. 之后杰米会提出一个问题，如何将新的学校餐食推广到行政区里的许多学校中。这意味着要教数百名餐厅厨娘以新的方式烹饪。这可能吗？

8. 在厨娘们各自的学校厨房里教她们不太可行，杰米将把所有人都带到厨娘营地。但是这能成功吗？

9. 接下来，全区的推广就要展开，有五所学校将只按杰米的菜单烹饪和供应餐食。只经过简单训练的这些厨娘们能应付得了吗？这些孩子会吃吗？

10. 厨娘们终于做出来了，孩子们吃了，杰米现在可以说服政客们支持他的菜单推向全国吗？英国首相托尼·布莱尔会支持他吗？

结束！

在开始制作影片之前，你要对每一个段落的要点非常清楚，然后将问题清楚地写在剧本里。在美国，如果你搞砸了，观众更不会容忍。

简·露特

新乌托邦公司 CEO，BBC2 频道前任总监，探索电视网前任主席

在美国，讲故事的方式不一样：会更加坦率——你要告诉人们会发生什么。旁敲侧击的、委婉的叙事是行不通的。人们兴趣消失的速度更快，注意力周期更短。他们想要知道为什么这件事是个大事。电视网在理解观众的艺术上完全是大师，所以你必须真真正正地了解观众，你得钻到他们脑子里去。

维多利亚·达默

美国 ABC 电视网非主流系列节目、特别节目和深夜节目部高级副总裁

在美国，如果你不能紧紧勾住观众，他们早就换台了。如果你不给他们明确表示"这里我该感觉到什么？那里我该感受到什么？"那就很难让他们在接下来的内容中产生代入感。非常清楚的标记是必要的。我们要往哪儿走，这个情节如何预示接下来的故事发展？

所以，你已经用导向大问题和大答案的小问题和小答案构建起一股叙事动力，并且已经厘清条理了。现在你要开始拍摄了。我总觉得拍影片就和种地差不多。剧本是配方，导演要在任何天气和各种因素抗争，出门种植种子，然后剪辑成影片，并制造出最强大的叙事动力。整个过程中，导演或许会发现一些种子长势旺盛，另一些则完全荒芜，但几乎可以肯定的是，会有你意想不到的惊喜！剪辑室，就是影片的厨房，就像《未知食材烹饪挑战》（*Ready Steady Cook*）中一样，你必须用你已有的食材做到最好。

不知道录制过程会发生什么，这在美国电视网是极其可怕的一件事——这是为什么《重返基层》的创意很难登上美国电视网的原因，尽管当它被做出来后取得了极大的成功。当一家美国电视网终于同意买下《杰米的校园餐食》，还把它和另一个系列节目《杰米的食物部队》（该系列是关于杰米如何尝试改变罗瑟拉姆整个城镇饮食的故事）进行了结合，才制作出《杰米的食物革命》，但是即便如此他们还是很担心。

维多利亚·达默

美国 ABC 电视网非主流系列节目、特别节目和深夜节目部高级副总裁

像《杰米的食物革命》这样的节目我们做得不多，因为它并不是一档模式化的节目。这是我们做过的最接近纪录片的节目，这一点对我们来说很可怕。如果我们能按

套路进行会更好，类似于我们要这么做，然后要那样做，之后我们又要这么做，最后我们有一个圆满的结局。

或者，如果是一档开放式的节目（相对于封闭式而言，在这种节目中，行动会延续很多期），我们需要另一个问题或话题，是在下一期节目要被解决的。如果有一个模式，那我们会觉得更高兴或是感觉更安心。我们可以有分叉路，但是我们至少要有一条主路。

对于当下的爆款节目而言，要有能被全世界观众都可以欣赏的内容，还要有一些不可预测性，这就是《卧底老板》在美国意外走红的原因，也是为什么《杰米的食物革命》这样近乎纪录片的节目到电视网上播出，赢得了比《拉姆齐的厨房噩梦》(*Ramsay's Kitchen Nightmares*) 更多观众的原因。《杰米的食物革命》结合了两个不同的创意，因此比原版的节目涉及面更广。看到观众欣然接受这些节目，美国电视网终于反过来在某种程度上接受了英国的充满变数的单期故事模式。

影片制作的五个维度

你不知道会发生什么，以及能否收集到合适的原始素材，一切要靠天吃饭，这就是录制。

现在我们知道，强大的剧本至关重要，然后同等重要的是，在录制过程中不断打破思维定式。当原材料改变时，你就要想怎么让它们重新搭配在一起。这很困难，因为这意味着要同时做很多事情。针对我所说的现场录制的五个维度，很少有人在每一个维度上都可以做得很好。

查尔斯·瓦克泰

《杰米的食物革命》联合执行制片人

《杰米的校园餐食》本身并不足以作为一档电视网节目。好莱坞喜欢这个加上那个，比如《改头换面》(*Extreme Makeover*) 结合《幸存者》(*Survivor*)。你需要题材覆盖面广泛，适合各种年龄段——爸爸、妈妈、家庭、孩子。如果你是针对细分观众，就只能在有线电视频道播出。这也是为什么社会运动式的电视节目对美国观众来说很新鲜。《杰米的食物革命》在黄金档节目中是很特别的，因为它不是一档结构简单，一开始就能猜到结局的模式。我们并不掌握对结局的最终控制权，结局就是现实中的结局。

> 《杰米的校园餐食》与《杰米的食物部队》的结合很不容易，因为它们都是无法预料的。但同时，电视改变现实世界的力量是强大的，正如我们在英国看到的，这是有可能成功的。

现场录制是最难的工作之一。这就像是下一盘五个维度的棋，你需要同时在五个维度上工作。一切都要为真正重要的事情服务：收集用来讲故事的素材。要持续地同时从五个维度思考虽然不是没有可能，但着实困难，很让人疲劳，因为你不仅要专注于同时转动五个碟子，而且每个碟子都可能走向不同的方向。

第一维度：视觉风格

你不仅需要培养用文字讲故事的能力，还要培养用画面讲故事的能力。这意味着创造和挑选出能够讲故事的画面和氛围，如果视觉上很出彩，可以成就一部影片。当年还是一名研究员的我，在导演到来的前一天，开始了我的第一次踩点，被送到了约克的奇巧（KitKat）巧克力工厂。我的其中一个任务就是搞明白第二天我们应该如何告诉摄影师怎么拍巧克力。我到了那，苦恼得直揪头发。我不知道该怎么回答这个问题。第二天导演出现了，立即指出了三个必要的元素：我们需要拍摄一些全景式的定场（wide establishing shots）画面，还要拍摄一些不常见到的倾倒融化巧克力的有趣的大近景，以及一些少见的有趣的视角，用移动镜头，不光是摇摄和边走边拍，还要把它放在传送带上——带来麦丽素巧克力（Malteser）自己的视角。

这对我来说是一门新的语言，我开始思考简单的基本功。从这个惨痛的教训中，我学到了，只要我拍摄一些全景式的定场镜头，一些大近景，以及一些有趣的意想不到的镜头，那我就至少有了骨架。近特写镜头要花很长时间拍摄，调焦和布光很难，但是值得花时间这么做。事实上，好的布景、精确的拍摄、有时甚至是灯光都非常重要。尽管你在实际拍摄时可能没有时间实现，但哪怕放弃一天的观察式拍摄，在录制的收尾阶段回过头来完成这些镜头也是值得的。因为那时你就会知道需要拍摄什么了——也许五六个镜头就能从视觉上改变影片，并赋予其一种个性。

首先，需要用一些在有趣的地点拍摄的大全景作为定场镜头。作为一名纪录片医生，我经常会看到一些让我不知道自己身在何处的段落。很多影片中所有的镜头都是用中景拍摄的。哪怕在现场拿不定主意时或拍摄一般的中景镜头时，我都遵循一个基本的“TWM规则”即紧凑（Tight）、广角（Wide）和不断移动（Move）（记住移动的不仅指的是拍摄对象，还有摄影机）。

在《麻烦终结者》关于科佩拉（Copella）果汁的那一期中，我决定让约翰爵士全程坐在火车上。我想要在一堆谈话间加入一个重要的空镜头，所以我调查了从科尔切斯特

(Colchester) 到伊普斯维奇 (Ipswich) 的 18 座桥和地形有利的位置，来找最好的景。之后我花了半天时间拍摄全景画面以及一些紧凑的、奇特的、近乎抽象的火车轮和货舱呼啸而过的镜头。然后，为了完全遵循我的规则，我从火车向外拍摄了一些镜头，包括头顶的天线。看上去全是些基础的东西，但当时的我还没有足够的视觉能力能跳脱上述所说的简单规则。火车成为了这部影片的一种视觉标志。

当用一部摄像机拍摄两个人的对话时，以垂直的角度对准你的嘉宾，这样你就可以在他们之间轻轻地摇摄。记住要拍摄一些他们各自的、好用的近景和中景画面。还要拍两个他们在一起的镜头，然后将你的摄像机向后退，捕捉一个大全景，显示出你所在的位置，这在任何时候都是有用的。最重要的一点是，大胆地从一个人的肩头拍过去，要拍到一个人的后脑勺以及另一个人的全脸。不用担心这样拍会导致你没能完整地记录双方的对话，因为按照这样拍，你可以拍到一些两个人全在镜头里的画面，也可以拍到其中一个人的聆听画面。这很重要，也是基本的。如果你只有一台摄像机，记得要拍足够的切出镜头 (cutaways，即拍摄对象在听的画面，这样可以给你留下剪辑点)，否则最后你可能没有足够的这类画面可用。我知道这些是显而易见的，但是让人惊讶的是，每当进入剪辑室时，还是常常会发现定场镜头和切出镜头的欠缺。

试着至少给影片开始的部分绘制分镜。尝试用图片和文字描述影片开头部分是一个好习惯。对来自广告或者音乐电视业的导演们来说，这是标准行为——因此他们至少在这个方面占据优势！

在所有这些的基础上，加入神秘感和惊喜——拍摄那些我们不常见的东西。我在《明日世界》这档关于新发明的、由主持人直播的流行杂志类节目中培养了自己的能力。作为学习工具而言，导演五分钟的中插短片甚至比在演播室里学习更有用，短片可以很好地磨炼你的能力。当时我们不只是给影片写好剧本就万事大吉了，我们还要画分镜，只用画面来讲述故事的开头。我们会在一沓纸上，每页画出六个电视屏幕形状的方块，然后在方块里画上一个接一个镜头，即观众将会看到的画面。至少在你下一部影片时，尝试给影片片头画画分镜头吧。

在《明日世界》有一个十二人左右组成的团队，都在奋力寻找下一个好故事，但是身边总是没有足够的故事。于是我变成了一名求知若渴的读者，读各种的行业杂志，从《橡胶周刊》(*Rubber Week*) 到《劳埃德榜单》(*Lloyd's List*)（我第一部获得英国电影电视艺术学院奖的长片其题材便来自《英国玩具》(*British Toy*) 和《爱好联盟》(*Hobby Federation*)，甚至到今天我仍然会把行业刊物作为不时启发故事灵感的来源），现在我仍然经常在纸质刊物和网络上寻找故事。

当我开始这么做之后不久，发现了一个关于新型炸药的故事。这种炸药是一卷一卷的，可以缠绕在石油钻塔的腿上，当这些钻塔寿终正寝时，可以用来摧毁它们。发明者认为这是对之前技术的一种改进。这发明很有价值，但是说实话，没什么意思。但是我记得在去朴茨茅斯（Portsmouth）的路上看过一艘潜艇缓缓地沉入废品堆放场的场景。所以我创造了一组分镜，主持人彼得·麦卡恩（Peter McCann）在一个奇怪的走廊里举着火把，看起来是迷路的样子，像是被困在一个邪恶的地方。然后火把照亮了一扇看起来像是船体内部的门，但是门被堵上了。分镜图呈现的是，彼得似乎被困在一艘正在下沉的军舰上，而他看似绝望地想要逃脱。之后，他想起来什么，一言不发地从包里拿出一种强大的材料，看起来就像是很厚很白的塑料胶带，把它弯折，然后沿着门的边缘插进潜艇通道。但是我们还不知道他在什么地方。

接着，还是没有台词，下一个场景一转，显示出这是一艘潜艇牢固的船体。一声巨响，一块船体，像是一整块门飞到了另一边。在我们拍摄爆炸场景前，拍摄了（镜头外的）彼得因为找到了出去的路而开心不已的声音。巨大而又沉重的门形铁板被炸得飞离潜艇，留下一个巨大的洞，透过这个洞，彼得伸出他的脑袋。最终我们揭晓，这是一艘在朴茨茅斯港湾等着烂掉的潜艇，在观众的惊讶和着迷的眼神中，彼得爬上一艘破旧的驱逐舰的甲板，解释刚才发生了什么。

这就是分镜。但是在现实中如何操作呢？我们费了很多口舌才说服BBC的安全专家，得以在潜艇上切割下一大块船体，尽管这艘潜艇已经破旧不堪、没什么价值了。更糟糕的是，尽管有安全专家负责，这个一吨重的大铁块还是飞得太高太快，我们都找不到了。一周之后我收到朴茨茅斯市政委员会的一封信，不许我再去朴茨茅斯拍摄了。

除分镜之外，要试着设计出属于自己的影片视觉风格。但是这个风格需要从故事中自然地流露出来。例如，当我拍摄外汇交易市场一天的生活时，我的视觉标志就是无休止地抽烟、烟灰缸里燃烧的烟蒂特写——因为那里的人那时都抽烟，而且这个镜头很能体现他们紧张的工作。它可以从一个特定角度拍摄，或者总是用广角镜头拍摄近景。在制作《地毯上的血迹》时，以想象力丰富著称的系列节目制作人尼克·米尔斯基，想到了用充满历史感的画面来拍摄商战中的人物。用超8毫米电影胶片拍摄，大多是黑白画面，赋予了这个系列节目以别样的风格。

尼克·米尔斯基

《地毯上的血迹》节目制片人

现任BBC纪录片部门主管

我从来不喜欢让演员重现场景。重现场景最糟糕的地方在于演员们往往很做作、夸张，这使得重现场景中厚重的感觉消失了，而代之以一种很陌生的感觉，而且这些演员自己也往往不太理解他们在重现什么。超8毫米最棒的一点是它可以把你带回过去，让人感觉你置身于一个过去的世界。

不管你在视觉表现方面是强还是弱，只要你肯花钱，有件事一定能帮到你。其实哪怕是用DV拍摄也要预留一点预算给额外追加的拍摄日，所以只要你能够拿得出这个钱，一定要尽可能请一个最好的摄像师，哪怕就请他拍个一两天。你必须要知道哪些人是最好的摄像师，这也是一个有价值的信息。因为我们很容易忘了最好的摄像师，也像主持人一样，是需要邀请的。所以要去邀请他们、游说他们、亲自给他们打电话，告诉他们，你这个片子有多重要，为什么重要，告诉他们如果有了他们的加盟，这个片子必定能大获成功。但有时你还是要亲自指导他们。他们经常会告诉我有些事情是不可能完成的，比如太难拍摄了或光线太暗，但我总是坚持要试一试，有的时候就真的成功了，而且效果和我想要的一样。如果你自己心里不清楚到底想要什么，那么最好的摄像师也不会表现得出色。所以在你没有头绪的时候也尽量多给一些方向，这样他们会从专业角度告诉你怎么才能做得更好，然后就能顺利完成了。

其他好多书里已经把视觉技巧讲得非常充分了，但现在需要的是找到一些在视觉上能对故事有帮助的东西，并且努力给予你的观众关于日常事物的独特视觉表达，哪怕是一只手或一栋摩天大厦。但是光有视觉技巧也不够，我见过许多一流的广告和宣传片导演败在了纪实技巧上，无论他们在视觉表达方面有多么雄厚的经验背景，他们并没有用视觉来讲好故事，更糟的是他们忘记了人物。他们败在没有让他们的人物充分地参与进来，或者虽然让人物参与了，但忘记了表现人物相关的技巧。你需要有能力持续向你的拍摄对象和团队兜售你的想法，如果你想让他们按你的要求做的话。

波·滕伯格

摄影师，世界摄影师联盟“最富创造力的摄影师”大奖获奖者

人们对于画面的记忆，就如对音乐和味道的记忆一样，总是比对语言的记忆来得深刻。当你看到一个与你有联系的画面时，就像你听到一段特别的音乐令你想起一段美妙假期的感觉一样。如果你可以用一个图像在情感上打动人们，那么打动的程度往往会很深。

坐下来想清楚你这个故事的精髓是什么，以及怎样才能把故事的精髓包含在画面中。这个场景中真正讲述的是什么？情感设定又是什么？也许有两个角色似乎是在谈

论日常生活，但是他们实际上是一对结婚了的夫妻在谈论离婚的事情。创造画面的过程是要发掘隐藏在语言之下的议程，并找到一个画面来表现它。如果你能用画面讲出场景背后的潜台词，你就能击中观众的感情、潜意识，然后观众也会完全明白这个场景是在讲什么。即使这段对话是在谈论别的事情，但这些画面会将你拉进一种情感的状态，这种情感状态是很难用语言去创造的。

《泣血交易》(*A Killer Bargain*) 是一部关于全球化及其副作用的影片，赢得了意大利 (Prix Italia) 奖。影片拍了一个印度人往漂白衣服的大池子里倒漂白液的画面。他站在池子里，而池子中的液体冒着泡泡。这个画面是所有人都记忆深刻的，他们看到这个画面会说：这就是那个节目。你可以仅仅看着这一个画面就能与一个故事联系起来。

创作出精致、优美、明亮的画面是很容易的，但是找到能够提升故事的画面就很难了。我倾向于观察画家，看看他们是怎样传递情感的。

第二维度：沟通技巧

当你在考虑视觉故事时，人际沟通也是极为重要的。需要用不同的方式，让跟项目相关的各种人都满意，这是极为不易的。你需要首先搞定你的拍摄对象，然后是行政人员、公关人员和那些你需要去寻求他们的许可的老板们，最后，如果你有雇用的摄像团队或者你自己的制作团队，照顾好他们也很重要。而你需要在导演的同时负责所有的这些事，也就是说你将会为了片子顺利完成，变成一个非常紧张、四处奔波的人，因此这不可能是件轻松的事。

我们在之前的部分中说过首先要搞定拍摄对象来参与节目，但你也应该在拍摄期间搞定他们！你既需要说服他们去接受挑战，还需要推他们一把，同时还要安慰他们，给予他们信任。在诸如《重返基层》的系列节目中，节目几乎完全依赖于某个拍摄对象以及他自己习惯的方式。在这个节目中，老板会变成一个工人，这件事是极具挑战性的。当摄像机转起来，老板们也在拿自己的声誉冒险。为了让塞恩斯伯里超市的老板迪诺·安德里亚诺 (Dino Adriano) 了解员工的工作到底是怎样的，我们极力说服他去尝试他的员工们每天做的工作，比如把一列手推车推过停车场，他没能成功。我们还拍了一家度假旅游公司优尼捷 (Unijet) 的老板，让他以公司雇用的旅游代理的身份工作。我们还提前告诉公司的其他旅游代理，这个新的代理是通过公司招聘大龄员工计划进来的，这样他们就不会发现这个新代理是他们公司的老板，直到最后一刻才揭晓真相。当顾客因为航班延迟和酒店房间不干净而辱骂他时，还要让他保持镇定，这可谓一项艰难的工作。

在《重返基层》的另一集节目《一班之隔》(*A Class Apart*) 中，我们让博耐顿 (Benenden) 女校的女校长远离她的日常生活区域，从高级的公立学校换到市中心贫民区的综合学校，这样我们可以感受到她经历的一次强烈的情感之旅。她非常好奇她将去一所怎样的学校，但我们没有告诉她，我们希望当她面对摄影机时，是一无所知的，这样当她第一次到达这个学校，表现出的意外之感是真实的。她在第一次进入校园的时候甚至迷路了，我们就让观众看到这一切。她第一次和校长讨论的时候，尽管后者有点抗拒，甚至都没有握手寒暄，我们也从头拍下来了，就是为了让它显得真实。第一次会面要真实，这是我一直以来努力坚持的，哪怕他们之前见过面，但我还是希望把这次会面从一开始就真实地记录下来。这也是我在杰米·奥利弗见到托尼·布莱尔时的做法。因为对于观众来说，感觉真实真是太重要了。

当博耐顿女校的女校长去到教室时，她发现这里的小学生远比她想象中难管理。经过了一天的拍摄，最后她崩溃大哭，直到那一刻我们的镜头也没有离开过她。我们一直跟随她，挖掘她真实的一面，关键是她也很清楚这一点，然后我们在拍摄完成后再去关心她，安慰她。最为重要的是这位博耐顿女校的女校长，吉莉安·杜查梅（Gillian du Charme），她非常信任我们的制作团队。

这次节目，最后成为让吉莉安改变一生且终身受益的事件，而一切都是因为我们勇敢呈现出了完全真实的一面。总之，首先你必须说服你的拍摄对象信任你，要提醒他们，你和他们是同舟共济的，所以你会尽一切能力使一切真实地发生。有时候我会失败，例如在《杰米的校园餐食》的后续回访影片中，为了了解他取得了哪些成果，时隔节目播出一年后，杰米去见托尼·布莱尔。我才发现杰米在我们拍摄前几天已经私下和这位英国首相提前见过了，而当我知道时，已经没法补拍他们此前的会面，或阻止他们私下会面了！但是我不会让这种事情频繁发生，因为我对不加修饰的真实情有独钟。

如果可能的话，拍摄过程尽量避免通过公关，因为他们为了显示自己的聪明，常常会刻意从中作梗，阻止他们的老板或公司参与节目，对于他们来说，参与节目便意味着风险。如果你必须通过他们，那就尽可能巧妙并迅速地完成。比如在厨娘诺拉的例子中，我们就必须通过学校的公关和相关负责人，因为诺拉自己没有职权允许我们在校园中进行拍摄。

多米尼克·沃克

《杰米的校园餐食》系列节目制片人

第四频道的责任编辑

在你见公关团队前，你应该用一个单子列出你的拍摄对象不能参与这个节目的所有理由，并思考如果你是公关顾问，在告诉嘉宾为什么他们不能参与节目时会怎么说，然后想出你的所有反驳的理由。然后你再走进去，在他们甚至还没说出他们的问题时就打消他们的顾虑，这样你也可以一定程度上建立他们对你的信任。

你可能也需要在拍摄中讨好行政人员和公关们。如果可能的话，让他们都远离拍摄现场。如果你不得不让他们参与的话，就在制作团队里找一个人无时无刻都跟他们在一起，当你想要拍一些可能会引起他们担心的东西时，保证有人和他们谈话，去分散他们的注意，寄希望于他们不会注意到你在做什么。还有一个要点是，在最初拍摄的时候，就努力让他们失去兴趣然后自行消失，这就是我们团队制作《高层麻烦》时，在旺兹沃思监狱(Wandsworth Prison)进行了几个月拍摄时的做法。

米歇尔·库兰

《学徒》执行制片人，《高层麻烦》系列节目前任制片人

政府采取了许多新举措，公关部门也格外紧张，并且他们希望让一切都看起来光鲜亮丽。公关人员会用许多不同的角度来看待事情，而且他们常常会带入主观判断。因为你要做的事是表现人们应对压力时的样子，而要应对公关人员的最大问题在于：他们不能理解每个人都需要经历风雨才能见彩虹，他们总是希望嘉宾们不去应对压力，然而这是不诚实的，观众会看出来。当观众看到嘉宾们努力应对压力时，他们才会产生同情，因为这是在他们自己的生活中也会发生的，即使嘉宾们的努力不一定会成功。如果嘉宾们展示出在努力，而且是尽一切可能的百分之百的努力，那么观众就会认同他们，这也是公关人员一次又一次误解的地方。在旺兹沃思监狱，我们让公关人员感到无聊透顶，终于让他们再也不来现场了。

最后，当这一切都顺利进行时，你还需要保持拍摄团队的人员有好的状态，这件事可能并不容易，因为拍摄纪实类影片和剧情片不一样，困惑可以促使拍摄对象更加诚实。如果你希望你的拍摄对象无所顾虑地说话，自然地表现，我发现有个方法可以有所帮助。你可以进行时断时续的拍摄，频繁这样做，拍摄对象就搞不清楚你是否在拍摄，也逐渐疲于用演技来伪装自己，从而还原出真实的一面。但当然你要向他们解释，你会如何拍摄他们。我常常努力制造一场混乱，用强烈的攻势令拍摄对象无暇反应，从而说出真实的想法而没有办法掩饰。

但在劳神费力地应对这些拍摄对象的同时，你会很容易忽略团队。所以要提前给你的团队讲清情况，解释你的工作方法，告诉他们，你希望他们在你准备好时，只需要给出一个手势，便可以马上开始拍摄。同时也提前向他们解释，你可能会偶尔对他们不理不睬，这是为了装作站在拍摄对象的那一边。有时候假装批评那种“莽撞”的工作人员，问他“你还想不想拍这个了？”(最好是提前安排好了这些工作人员，确保他们会回答想！)，这可能会有帮助。但所有这些安排，都可能让工作人员产生负面情绪，所以你还是必须在之前就

跟他们讲明白挖掘真实的重要性，以及对那些有权势的拍摄对象，尤其是政治家来说，让他们解放自我是多难的一件事。

此外，无论如何都不要忽略收音师，如果你能有幸有一个收音师，那就不要忘了，只有他可以听到拍摄对象到底说了什么，尤其是当你用长焦镜头在拍摄，拍摄对象戴着无线话筒离得很远的时候。声音在纪录片里绝对是至关重要的，事实上比起糟糕的画面，观众可能更难容忍质量差的声音，因为他们会发现出了问题，但不知道出了什么问题，而如果是画面的话，他们一看就知道什么出了错。反过来说，好的声音会成就一部影片。所以即使你是自助拍摄，也总是要有个擅长录音的人跟着一起，哪怕他也不是专业的录音师。录制环境音，也就是没有人说话的声音，对于后期剪辑来说至关重要，尤其是有些可爱的杂音，像是咯吱作响的门声，会对影片配音大有帮助。

第三维度：组织技巧

你如果不能得到拍摄许可去到合适的拍摄地点，你的影片就会变成一场空。我总是认为组织一个影片拍摄的过程构成了这场创意战争的大部分工作，因为你要思考，如何能让影片通过你架构的逻辑制作出来。作为一个导演，我总是尽可能多地亲自做大部分组织安排工作，甚至到落实酒店和签署合同。我得思考最适合工作人员和拍摄对象住的地方，以及是需要他们住在一起还是分开住，这样我才可以将花费控制到最少，以便更多钱可以用在屏幕呈现的东西上。

让人惊讶的是，一个简单的决定，会影响制作团队的关系以及对影片的感觉，例如在拍《杰米的食物革命》时，让杰米与制作团队一起住在西弗吉尼亚汉丁顿（Huntington ,West Virginia）的一栋房子里。每一个可能产生影响的细节都需要仔细考虑，例如从拍摄顺序到吃饭的地方，再到两个拍摄地的转场。高效且细致地把这些事情安排好，可以让影片拍摄井然有序，因为你很清楚自己做的事情，并且你考虑到了各方的需求，从而能给予工作人员和拍摄对象双方充分的信心。

然而，你需要顾及的还不止团队工作人员和拍摄对象。在《杰米的校园餐食》中，从议员到学校负责人，有无穷无尽的人需要你去说服。如果你忽略了任何一个人，都有可能像《太空入侵者》（*Space Invaders*）中一样，出现意外让你遭受致命打击，把整部片子都毁了。在国外拍摄的时候这件事就更难了，你可能需要一个 化解问题的高手。我曾经被要求制作一档 BBC 的《地平线》（*Horizon*）与 WGBH 电台的《新星》（*Nova*）之间的合作节目，我当时对科学知之甚少，不知自己选择了一个充满冲突的故事，讲的是一场解救爪哇犀牛的战争，这种动物曾经在亚洲非常常见，但现在仅存 55 头左右了。这个节目在《地平线》中叫作《诺亚方舟行动》（*Playing at Noah*），在《新星》中叫作《性与单身犀牛》（*Sex and the Single Rhino*），跟拍了最负盛名的美国动物学家尤利西斯·赛尔（Ulysses Seal）的行动。他计划捕捉这些爪哇犀牛，把它们关进动物园里，然后试图进行繁育，从而拯救这个物种。他的做法与生态环境保护者的主张有所冲突，在后者看来，这是拯救爪哇犀牛最不该采用的一种做法。而抛开这些自然方面的问题，我们也不知道如何在印度尼西亚取得拍摄许可。什么人可能会对这件事不高兴？什么人可以准许我们进入？什么人又可能需要我们努力说服？看起来确定的是，我们将需要某位印度尼西亚内阁部长的支持。所以唯一的方法是找到一个厉害的中间人，能够联系到合适的人去做说服工作。

当波兰共产主义垮台后不久，我制作了一部影片，在其中建议波兰人如何去拥抱福利资本主义，以及建议莱赫·瓦文萨（Lech Wałesa）如何去管理波兰（我认为他非常明智，没有听从这些建议）！这时候我再一次找到一位聪明的当地协调高手，他甚至成功让我们接近了总统。他看起来几乎可以办到所有事情，包括帮助我们说服了一家飞机制造商，借给我们一架老式的安东诺夫（Antonov）飞机和飞行员，这个飞行员看起来是在借助街道计划飞行路线，因为他似乎需要根据下面的街道来导航。他飞得比我们下方似乎仅隔几英尺远的车辆都慢得多，所以飞行花费了很长时间，我们都难受得想吐。这个协调高手唯一回避的事情是，我自己找到了一家小巴公司，结果发现那是犹太人开的。我很惊讶，但我们还是用了这家公司。

在你自己的国家，拍摄许可也可能是一件极其困难、需要花费很长时间的事情。你需要坚持不懈，并且使出浑身解数。就如同在说服拍摄对象（或吸引新情人）时一样，尽量不要要求他们立即同意确立一个长期的关系。尽可能多花时间去取悦他们，并且使出浑身的魅力去征服他们。如果不用心，就永远争取不到好的拍摄对象。

另一个重要的组织技巧是制作一个时间进度表，标明工作节点和休息时间，然后严格按照这张表来执行。从逻辑上确定，如何在一天内尽可能完成更多段落的拍摄，但又不能多到没有时间转场。尽可能腾出几个茶歇时间——大家都会因此感谢你的，并保证有三明治备在那儿，这样当你在不可避免的长时间工作结束后可以补充能量。如果你要到异地拍摄，花点时间来查找、选择酒店和餐厅。地方不需要多么高级，但一定要方便快捷，并且有助于帮助团队在拍摄工作之外增进感情联系。事实上，一个带有啤酒花园、每晚价格 25 欧元的德国乡村旅馆是我找过的最受欢迎的选择之一。如果你能自己去搜寻，往往可以用更为低廉的价格订到更好的酒店，不过我说的“更好”是指更安静，而不只是高级。当我们拍摄谢菲尔德（Sheffield）南约克郡（South Yorkshire）的警察时，我曾坚持一个月都住在一幢荒僻的豪华古宅里，花的钱只是一个不太干净的谢菲尔德家庭旅馆（Sheffield B&B）的价格，而且我的剧组还非常开心可以待在乌代布尔的国王马哈拉那待过的地方，好像他邀请的贵宾一样享受整个宫殿，特别是在坐了漫长的一天的飞机之后。这都是精心组织安排的结果。

到了订机票出发的环节，电视公司基本上不会付商务舱的机票钱，所以如果你有能力的话，尽可能给你的剧组升舱。如果你是那种在拍摄遇到障碍也能争取到准入权限的“猎犬”，那你基本上也可以解决升舱的问题。你可以采取四个步骤来争取到升舱。第一，你可以提前给航空公司打电话。然后，到达值机柜台时还会有第二次机会（记得每次都告诉机场的值机人员你在拍摄什么节目，特别是在登机时，告诉他们你的拍摄任务有多累，同时提到你的节目会在电视上如何展现他们国家的风貌，这些都是真实的）。如果你前两步都试过了，当你值机之后，只要此前你已笑着称赞航空公司和他们国家，你还有最高可以达到 50% 的升舱机会。但是如果你失败了，在机舱门口还可以再试一试，这通常在英国最为有效。当你已经登上了飞机，你还有最后的机会，虽然这种机会极为渺茫。

我不会像传说中的两个著名电视制片人一样做得那么过分，他们总是乘坐维珍大西洋航空（Virgin Atlantic）飞到美国，他们会去到值机柜台记住工作人员的名牌上的名字，然后躲到一个隐藏的角落给他们打电话，直呼他们的姓名说：“我是理查德·布兰森①，我的两个朋友 X 和 Y 今天会坐我们飞机，好好接待他们。”惊讶万分的值机人员就会欢天喜地地执行他们霸气老板的要求，这样 X 和 Y 就总是升到了头等舱。直到有一天在肯尼迪机场时，他们被维珍的保安截住了，保安告诉他们事情败露了，并警告他们这是严重的违法行为。但他们竟还有本事理直气壮地糊弄对方：“我们什么也不知道，我们的助理只是太希望讨好我们，他们已经被解雇了。”最后他们得以被放行。此后不久，他们以数百万美元的价格卖掉了他们的公司，所以现在已经能买得起头等舱的票了。然而，这种做法还是太过分了，毕竟诚实是最重要的，如果你要保持你的正直，保持这种纪实类节目制作人最为重要的品格，那就永远不要撒谎。

如果你感觉升舱的希望不大了，你还可以要求值机工作人员在飞机载客不是特别满的情况下，帮你安排到经济舱中间宽敞的一排。如果这也失败了，在你进入登机区域时要求看一下座位表，当每个人都完成了值机之后，万一空出来一排你就可以随意去坐。要是你彻底失败了，记得靠后的座位总是更空，特别是最后面的一排，所以你至少可能坐上身边是空座的位置。

要将这种程度的细节处理应用到后勤的每一个环节，从寻找拍摄位置最好的火车桥梁，到剧组在哪里吃饭、吃什么，再到每个场景会实际花费多长时间来拍摄，以及每个场景之间你会怎么处理。在德国拍摄《明日世界》时，我要在德国签证的十天内，在德国各地拍十个小短片。这意味着每一晚都要疲劳辗转，即使可能有另一个啤酒花园和旅馆等着我。所以在找到舒适的旅馆之外，我还强烈要求将小车升级成了宽大的宝马和奔驰。细心关怀拍摄对象和工作人员，才可以成就一部好影片。如果你能把后勤安排得妥妥当当，你甚至可以拍得又快又有激情！

---

① 理查德·布兰森：维珍集团创办人兼董事长。

第四维度：叙事技巧

不管是在拍摄现场，还是前期剧本写作、后期剪辑时，叙事都一样重要。叙事不仅指在一个强烈的叙事驱动下撰写预演剧本，也包括当事情在拍摄现场发生变化时，如何保证故事进行下去。这是影片创作中所有维度里，最难处理的一个。你需要具备在脑海中重新剪辑整部片子的能力，并在拍摄发生意外时，跳出思维的陈规去重新考虑。每个场景就像索引卡片，每一个场景都必须导向下一个。它们也像一张巨大的拼图，每当你捡起新的一片，你都必须重新排列其他已经摆好的卡片，才能把新的卡片放到恰当的位置，每一步拼出的画面都不同。不过更糟的是，如果你用胶片拍，为了这张“拼图”，所拍摄下的素材数量是你需要用到的十倍之多，而如果你用磁带或硬盘拍，甚至可能是五十倍那么恐怖。

每当拍摄现场新发生的意外事件改变了故事线，你就需要重新决定什么东西必须立即抛弃，因为它已经不能体现新的故事线。所以当新的意外事件发生时，不要忽略它，而是立即在脑中重新梳理你目前拍过的所有素材，检查它们是否符合新的故事线，并且决定接下来要拍摄什么。这是为什么我认为拍摄影片如此痛苦的一个主要原因。另一个原因则是要专心地去倾听。相比之下，不怎么睡觉、像一个疯子一样来保持工作进度反而更简单一些。

所以总结起来，当你拍摄时，你必须能立即决定，哪一个拍过的镜头甚至是一段采访的话语，可能在新的情节中做出什么贡献。这样你才会知道接下来应该怎么要求、怎么拍摄，以及如何跟进新的情节。这意味着你必须在脑中装下你拍过的所有东西。

《高层麻烦》最早一期名叫《金丝雀码头的噩梦》的影片和起初预期的结果并不一样。事实上，它最初不是叫这个名字，因为当我们开拍时，并没有预料到最终的结果。我们最开始的计划是跟随简莱特·斯却特·波特，讲述一个女英雄在起伏之中创建英国第一个有线电视台（由镜报集团创办的L!ve TV电视台，曾计划一天直播24小时）并最终成功的故事。但拍摄刚刚进行了一部分就发现有另一个人，一个只在背景画面中出现了几次的人，认为他自己才是这个电视台的负责人，他就是前《太阳报》的编辑凯尔文·麦肯锡（Kelvin MacKenzie）。简莱特·斯却特·波特和凯尔文·麦肯锡成了死对头。突然间，我需要回想起之前拍过凯尔文的每一个镜头，以及任何对他们之间的战斗起到参考作用的镜头。这部影片已经完全改变了方向。

很明显这件工作是很难在现场临时做到的，所以每天的拍摄完成后，花时间按照新发生的事件来调整原来的剧本会非常有帮助。对我来说，讲故事是在一个强有力的叙事结构基础上，不断根据现实来调整的过程。所以这是一个不断改变的强大的叙事，但它始终是要围绕你想表达的大问题，这点不会频繁变动。

毫无疑问，一旦你开始拍摄，你就会努力去捕捉观众们会关心的素材，用上强大的叙事动力、大问题与大答案，正如我们上文所述。但是如果什么都没发生怎么办？说到底，我们寻找的是我们的英雄在压力之下学习和改变的过程。如果在一开始没有发生什么事，不要放松神经，一直保持警觉……毕竟，你提出的问题一定是有缘由的，最终总会有事情发生！通过在拍摄现场投入时间，绝大部分时候都会有收获的。

通常许多早前拍摄的素材都会在剪辑室里被丢弃，因为你会越来越了解你片中的人物角色，然后完善你的故事，所以不必太过灰心。事实上，大多数影片都按照时间顺序拍摄来跟进发展中的情节，所以许多早期素材将被抛弃。通常情况下，你最初拍摄的一半内容，可能在影片中用到的时间不会超过四分之一。

后期剪辑的速度，取决于你在这一过程中的无情程度。在丢弃早期素材时越坚决，你的影片质量就会越好。所以坚持住并保持冷静。如果你选择的故事有强大的角色和潜在的冲突，那么多给一点时间耐心等待，一定有什么会发生变化，而剧情也会日渐令人兴奋，特别是当你的角色放开之后。另外时间跨度不必太长。如果最有用的素材全是在六个星期拍摄周期中的最后一周拍摄的，那也没什么关系。在《重返基层》中所有的情节都是一周之内发生的，简直和拍了一年的《麻烦终结者》效果一样。但这两者都有一点不变，就是素材应该在拍摄的过程中越来越棒。

第五维度：说服技巧

许多成功的纪录片创作都需要一种硬新闻甚至是调查新闻的要素，以此保证故事是正确的、可信的、坚持指导方针的、并且是合法的。针对这一问题，干过一段时间新闻工作是非常有用的准备，但遇到问题时，还要经常咨询执行制片人和法务。最好与电视台的法律部门和政策部门建立密切关系，表现出你是可靠且理智的。这会让你在拍摄一些风险较大，需要精心筹划的故事时，比如围堵式采访或秘密拍摄一些关乎“公共利益”的事情时，获得批准的可能性更高。如果你在没有获得批准的情况下去拍，很可能你就没有下次拍摄的机会了。很多纪实类节目是需要努力争取并调查才能获得真相的。不过事件越是负面，你就越难获得许可去拍摄。

约翰·哈维·琼斯爵士曾经叫我哲基尔和海德（Jekyll and Hyde）①。通常我都是一个谨小慎微的人，但有一次拍摄时，我突然（也许是不幸的）发疯似的变得不顾一切。突然间，我兴奋地跑到车流中去拦下车辆，然后像暴君一般地要求路人按我说的做。但是你必须保持一个合理的度，并且尽可能不要想当然。

还有一大挑战是，你在漫长而艰辛的调研中所得到的可能和最后拍摄时不一样。当我

---

① 译者注：哲基尔和海德是罗伯特·路易斯·史蒂文森（*Robert Louis Stevenson*）创作的《化身博士》中的人物，亨利·杰基尔医生喝了一种试验用的药剂，在晚上化身成邪恶的海德先生四处作恶。因此哲基尔和海德成为“双重人格”的代名词。

们第一次去三角牌玩具工厂拍摄时，演变成了一场猫鼠游戏，当时我真的特别希望这个破旧的工厂能一直到拍摄都维持原样。你也可以稍微影响一下谈话内容，好让拍摄对象专注于你需要拍摄的主题，提醒他们曾在之前的采访中讲过什么。如果你要拍摄一部关于桥梁工程的危险性的影片，而他们开始谈起他们的暑假，这时候你需要介入，把他们的谈话拉回来。同时也可以在他们的谈话中简单插几句，让他们回到开拍前跟你说的内容上，但不要有刻意的方向性，那会扰乱他们，要不声不响地加入进去，说几句话然后就安静消失。我们这行的许多人觉得这种方法不合适，但我只是努力让人们讲出他们内心的真实想法，当然一切还是看你的标准。保证真实可信是极为重要的，不过你需要在符合规则与达到目标之间权衡博弈。在某种程度上，这取决于你的拍摄对象是谁，例如政治家或其他有权势的人物应该比一般拍摄对象受到更严苛的拷问。为什么要这样？这个问题，我们会在后面的采访技巧中再详谈。

有时你的拍摄请求会被拍摄对象拒绝，但毋庸置疑的是，从新闻角度来看这是关乎公民利益的问题。当我在时事部门接管了 BBC 商业题材类的长期项目《金钱节目》时，这个制作团队非常热衷于偷拍和围堵式采访。事实上，他们最喜欢这样，是因为这很勇猛，不过还是要记得，做这件事时你必须说服法律部门和政策部门的人，说明你为什么要去，并且与他们进行详细的内部讨论然后获得批准。当然有的时候，围堵式采访是对的，比如拍《杀死马可尼的男人》(*The Men Who Killed Marconi*) 时，制作团队围堵式采访了辛普森勋爵 (*Lord Simpson*)，在让涉案公司倒台的过程中发挥了作用。而当他们调查动物食用的腐肉被贩卖给人的贸易事件时，以及拍摄另一部关于身份欺诈事件的影片时，也是这么做的。但你需要将这种最难的新闻技巧和我之前提到的所有其他技能和规则结合起来，否则你的节目会很干巴无聊。

如果你不是一个具备偷拍和围堵式采访专业技能的调查记者，那通常情况下，你只能努力说服拍摄对象参与，并按照你拍节目所需要的内容去做。这种说服是需要精心策划的，所以也需要新闻技巧。你需要足够强势，但又不能让对方为难。耐心加毅力常常有助于解决这个问题。我第一次认识到这一点是在做研究员时。发行量很大的低俗小报《每日镜报》的所有者们想要卖掉它，然后他们找来了一个新老板克莱夫·桑顿 (Clive Thornton) 来推动一次大型的公众债务重组计划 (一次大型的上市计划)，克莱夫·桑顿曾因帮助大型贷款银行阿比国民银行改革而得名。但是很快，桑顿到任之后发现事情有些不对。他怀疑《镜报》报业集团被争议人物罗伯特·麦克斯韦尔盯上了，麦克斯韦尔这个大资本家、大富豪一直想拥有一家自己的报业集团，而《镜报》的董事之一竟然秘密提供信息给掠夺成性的麦克斯韦尔，可能使他有机会在债务重组计划通过之前就把《镜报》吞进囊中。但桑顿还没查到是哪一个董事在泄露信息。

桑顿独自一人在镜报大厦最高层的偌大办公室里，他不知道该信任哪一个人。我们没有完全获得他的拍摄允许，但是我们志在必得。这一次我们不可能去偷拍和围堵式采访，因为事件中没有犯罪或阴谋诡计这种涉及公民利益的问题。所以我们就在他周围晃来晃去，直到最后，因为我们总在那儿却什么也没做，桑顿开始比任何人都信任我们，并对我们吐露心事，要不然他也没有其他可以相信的人了。最终这部影片成为了一部既具新闻性，又很成功的纪录片。

这一切发生时是如此不可思议。许多有权力的人物都是孤独的，所谓高处不胜寒，而且事实上，大多数这种人，除非他们有心理治疗师，否则都会渴望找人倾诉。这个人如果不是他的情妇，就最好是你。

西蒙·迪克森

第四频道纪录片部门的副部长

拍摄对象们或许一开始不知道该如何对待你，但是经过一段时间，到了拍摄的尾声，他们会主动给你打电话，而你已经变成了他们支持网络中的一部分。某些情况下，你已经变成他们唯一积极的倾听者，因为作为一个导演，只要你干得还不错，就一定练就了一身善于协调且积极的倾听能力。在日常生活中，我们常在各种对话中飘来荡去，我们会被干扰注意力，我们的手机响了，就伸手去拿我们的黑莓手机。但当你在执导一部纪录片时，如果你不去听对方说的是什么，不去想这些话对于那个跟你说话的人意味着什么，这样下去你是不可能拍好片子的。这就是为什么当我观察手下的人时，最好的导演们总是在忙碌，因为他在所有人中是特别的，他们会连续数周，花无数时间去认真倾听某个人对他们说的话。我们之中有多少人可以诚实地说，自己在日常生活中做到了？

所以我们和克莱夫非常熟悉，但是当看到诱惑就摆在眼前时，我们也接洽了猎食者麦克斯韦尔。不过我们很小心谨慎，不会把一个人说的话告诉另一个人。当有一天，罗伯特·麦克斯韦尔宣布出价收购这份报纸，收购提议也被同意了之后，我们那时已经和他非常亲近了。在当晚接近午夜的时间，我们得以坐着他的劳斯莱斯，和他一起开车进入《镜报》大楼。我们直接走进私人电梯，越过所有新闻出版部门，很快将我们送入老板专属楼层，而最后进入的房间是我们如此熟悉的、仅仅几个小时前克莱夫所在的房间。

我曾经与我亲近的精神病医生和心理医生朋友说，我们两者的职业间有诸多相似之处。因为当他们治疗时，也需要先与每个患者拉近关系，而患者也会反过来认为他们和医生有重要的关系。但是在约定的时间结束后，心理医生会接着治疗下一个患者。然后一天结束之后，心理医生会回到家中，回归日常生活。同样接近拍摄对象也是非常值得的，但也要记住他们只是拍摄对象，而不是你的朋友。他们应该更像你的患者，而你也必须留个心眼。这个原因导致你和你的拍摄对象在拍摄地点同住一个房子会很麻烦、很累人。因为你总是需要在友好相处的同时还要留心观察，避免和他们“沆瀣一气”的危险，这样你才可以做出一部真实可信的片子。

你必须记住在拍摄现场时的所有五个维度，你也应该常常把这些都贯穿起来，与你研究所得出的更大的真相联系起来。你需要使用五个维度来讲人们喜欢看的故事，但是你也需要做出道德判断，这就是为什么这第五个维度会成为拍摄的基石。拍摄利物浦医院故事时，我的任务是拍摄一个年轻人和他兄弟之间的肾移植手术。在移植肾脏手术的紧张时刻，我漏拍了一个关键镜头，由于肾脏已经非常准确移出来了，我请医生再放回去，好让我补拍那个镜头。正如许多外科医生想要当电视明星一样，这个医生也是如此，他照做了。尽管这只是抬手落手的一秒时间，不会对患者造成任何影响，但我还是在道德方面越线了。

塞西尔·弗洛特·科塔兹

弗里曼陀传媒北美公司首席执行官

人们经常会问我为什么《流行偶像》是如此成功。我总是回答，因为它真实。我们希望挖掘明星，而孩子们渴望成为那个佼佼者。这不是制片人设计出来的，而是一个彻底真实的节目。我认为真实性是真的很重要，但它经常在混乱之中遗失了。

《流行偶像》能成功是因为不可预测性。许多节目失败是因为它们缺少真实性且毫无悬念，那种我们告诉观众你应该喜欢谁的想法太傲慢了，那种有人要帮助苦苦挣扎的家庭的节目也是如此，这是不真实的。《杰米的厨房》是在玩真的，有真的风险和困难，是杰米自己投的钱，他的事业处于低谷，他的妻子也因为他的所作所为而恼火，这成为了节目的一部分。这种风险是实实在在的。《卧底老板》成功了，也是因为它的叙事、画面和角色，看上去都是非常真实的。

我再也没有叫任何人把活人的器官放回去过。在拍摄中，犹如在医学中，道德和技术一样重要，并不仅仅是因为这是对的，其实也因为观众可以感受得到。如果一部片子从头到尾都渗透着真实性，那么这会让故事本身也感觉是对的。你应该培养自己的能力，在不改变故事实质的前提下做出一部好的影片。既要执着，又要知道分寸，也就是这第五个维度的道德边界，应当是每一个影视制作者必须掌握的最为重要的一点。

总结起来，想要导演一部成功的影片，你必须至少熟练掌握这五个维度的能力，这样你才能在拍摄时同时把它们都用上，虽然这样的要求的确非常高且令人容易混乱，更别提还有很多其他你最不擅长又必须掌握的能力了。

举例来说，有艺术节目制作背景的人，一般擅长视觉而不擅长新闻。有新闻节目背景的人则深谙新闻方面的技能却缺乏美感。你可能会认为制作科学节目的人会擅长使用分析技巧，会很有组织条理性，但实际上并不是这样。很少有人在各个方面都很强，所以在进步的道路上，应该尽量多尝试一些领域。其实很多优秀的纪录片制作者，最开始都有过新闻方面的工作经验，而许多优秀的新闻工作者，也都有过视觉性影片的工作经历。在我早期视觉能力较弱的时候，我为《明日世界》制作影片，而这是一部对视觉有着高要求的片子，因此当时一个镜头接一个镜头的分镜头脚本设计对我起到了无可估量的帮助。

但是最后也总会有那么一些部分的能力是你掌握得不如其他部分的。实际上我见过许多人败在某方面的能力太弱了。没有人可以聪明到对影片创作中的所有五个维度都擅长，而你又全都需要，那么你可以先做好以下两件事中的一件，或者最好是两件都做到。首先努力去学习你在职业初期不擅长的东西，这不仅仅意味着要做那些可能提高你弱项的工作，也要在你进步的道路上去为那些拥有多重能力的导演工作。试着选择与你共事的人，无论是哪个层次的人，他们会具备与你不同的技能，不仅仅只是弥补你的弱项，而是能帮助你提升弱项。然后到了你组建团队或加入一个团队时，尽量和那些拥有你所不具备的技能的人一起工作，以此来弥补你的不足（这部分我们会在团队构建的章节更加详细地展开）。

在《杰米的校园餐食》中，集结了具备各种不同技能的优秀团队成员，大家互相帮助，最后真的兼顾了拍摄的五个维度。团队里负责视觉部分的是一个优秀的自由摄影师，他促使我们所有人都努力以视觉化的方式思考，而且我们还有一个很棒的摄像团队。整个团队也都比较善于沟通，虽然有一些人更为敏感细腻，有一些则更为耿直。至于第三维度，我们的系列节目制片人是一个超级厉害的组织者。在海布里一个小车库里，她指挥了一连串复杂如同军事演习的行动，从厨娘训练营到不同学校的推进，包括协调杰米看似不可能抽出的档期，我是如此幸运遇到她这样有着强大说服力和新闻技巧的人。整个团队都知道，在拍摄全程中，他们都需要尽最大可能从五个维度去思考。借助这些技能，他们从格林威治的杜伦郡到奥尔德肖（Aldershot）军事基地的厨娘训练营，成功地拍摄了复杂的故事动机下，杰米克服重重困难，提出一个个小问题，得出一个个小答案的过程。

除了在拍摄现场坚持五个维度，还有一件事你也必须考虑到，特别是如果后面一个阶段的后期剪辑想要成功并简单、有趣的话，就不要拍太多素材！如果你带回来太多的素材，很多你可能都没有时间看上一眼，你也要在剪辑室花更多的时间和精力，而这个环节本应该是影片创作中最令人轻松的一个部分，因为你终于可以自由掌控，并可以在剪辑时创造性地做你想做的事情。你仅仅需要一些来自影片中人物身上的魔法瞬间，就可以在剪辑室里完成可口的佳肴。如果你在五个维度上都做到了，那你将获得累累硕果。

在拍摄现场掌握了所有的五个维度，并且保证与你共事的人能填补你的缺陷，那你就能成功地拍出你的片子。你已经提出了大问题，然后就要集中在剧本上，再从小问题和小答案之中提炼出故事动力，同时根据你拍摄过程中的环境去调整。如果到目前为止所有要点你都照做了，现在你应该来到了最好的部分，就是在剪辑室中把所有你拍的素材放到一起。因为影片的创作，除了构思策划和拍摄之外，后期剪辑同等重要。而且到这里，你又需要跳出框架思考了。

第 4 章　开场和剪辑

剪辑室中的故事叙述

毫无疑问，在拍摄影片之前和拍摄过程之中，你都需要弄清楚你想叙述的故事是什么。但是一部好的影片成功的关键还在于，你怎样在剪辑室中继续讲好这个故事。这一章将探讨如何制作最为重要的、会决定影片成败的“开场”(front)；如何加快故事的进程；处理角色之间的关系以及梳理故事线。如何快速完成这些工作源于我在 BBC 担任创意总监时积累的经验。有时，在一周之内我可能需要审阅三到四部要播出的片子，这些影片都需要我签署文件后才能“走出”剪辑室。我的大部分时间都在无休止地和频道主管、律师、政策部门以及其他的创意总监的会议中度过。会议的议题都由一些专业术语或缩写构成，比如“需要解决”(Make It Happen)的首字母缩写。如同英国其他的公共部门一样，BBC 极其期望机构内部的组织结构更加有条理、有效率。然而，他们常常将效率和可量化性混为一谈，认为“条理和效率”就是永无止境的回顾总结，或者永远看不到实现那天的 5 年计划，这还不如给每个人制订简单明了的目标，达不到就解雇。

我曾和《纳粹：历史的教训》(*Nazis: A Warning from History*)的制作人劳伦斯·瑞斯(Laurence Rees)一起搭档工作，有一次被问到对十年后的 BBC 的展望，提问者还给了我们可供选择的关键词作为参考。轮到我们回答时，我们表示“希望 BBC 能够制作出更优秀的、有更多的人观看的节目”，但这显然不是提问的人希望得到的答案。

所有这些自我审视和自我鞭挞意味着，在开完一个个超时的会议后，我得很晚才能到达剪辑室。当我的时间表上排满了枯燥的会议时，情况可能会更糟，这意味一天的会议结束后，我可能会迟到一个小时进剪辑室，而且之后可能会越迟越久。这些 BBC 的领导们他们每天的时间似乎都要比格林尼治标准时间晚上 5 分钟，这样越拖越晚，5 点就该结束的会议可能会拖到 7 点，导致后面的事情都被耽误了。在剪辑室等待我的剪辑师们的心情，就如同已经过了预约的时间，依旧在医生的诊室门口等待的病人，无助而又恐慌。虽然并不是医生的过错，但依旧会让等待的人感觉你在故意运用你的权力整他们。现在，我都尽可能地避免这种情况发生，也强烈建议你，即使会议只延后了 5 分钟，也给你的剪辑师打个电话说明情况。

如果你作为导演，希望预约你的执行制片人来审片的话，为防延误，预定他们早上最早的时间——甚至在他们去往办公室之前，或者是在他开始打电话之前。如果你需要的时间比较长，那就约他们一天最后的时间，并且准备好红酒和小食。

由于这些一拖再拖的会议，我不仅会经常晚到剪辑室，有时甚至只剩下 70 分钟去审一个小时的片子，还要发表意见并写下来。压根没有时间用来闲聊或寒暄，因为剩下的 10 分钟还需要用来进行修改。但没时间并不是重点，即使我有半天的时间待在剪辑室，我和他们聊的可能都是同样的两件事。

第一件事，无论怎么强调都不为过：将最有力的画面放在影片的前面，即那些可以回答为什么你要拍这部影片，关于影片追问的大问题，以及能让你去关心影片中主要角色的画面。将最棒的素材、尤其是关于最有表现力的角色的好素材放在开头的前两分钟，告诉观众这部影片的故事线、英雄角色将面临的困难，这些都是吸引观众观看的原因。第二，不要在片名出来之后做无止尽的解说，直接以你最满意的一个故事画面开始。如果没有执行制片人干预，这两点可能在剪辑室里很容易被忘记，因为导演对这些素材太熟悉了。有时甚至连执行制片人都因对素材太过熟悉而没法做出决定，但是影片需要马上切入正题而不是围绕背景转圈。它必须有自己的节奏。

创造前两分钟

开头的两分钟决定着影片的成败。当然，最初拍摄的剧本上可能有开场的设计，但如果拍摄过程中，事情并没有按照剧本计划的进行，当你需要剪片子的时候，你还是要重新设计开场。在剪辑过程中，最好早点处理开场，因为它很耗时间，更重要的是，当你搞定了开头，你也理清了影片故事的思路，剪后面部分的时候，工作会容易得多。

所以我建议当你进行精剪时，大约到整个剪辑期的一半，你就需要开始剪辑先导片这个整部影片中最重要的部分，考虑要将谁设置成你影片中的“英雄”以及观众为什么要关心他们。在最初的剧本创作中，很多人都将这部分工作推后，因为这很难。先导片的确是一个很复杂的工作，需要既简短又吸引人，并且至少要承担三个功能。

首先，先导片要说明清楚发生了什么故事——英雄们在冒险途中遇到的困难，需要用有说服力的画面呈现出来，将观众带入其中。这也是拍摄这部影片的原因。

第二，先导片也相当于一部影片的路线规划图，可以告诉观众即将开始的旅途是什么样的，知道怎样观看接下来的内容，可以跟上故事叙述的节奏，并让观众能够在每个场景里找到那些小问题的答案，理解故事是怎么构建的以及它们的走向，将观众导向能够回答影片开头提出的大问题的答案。

第三，先导片还能向观众介绍一个或多个主人公，让观众知道他们是谁，以及最重要的一点，即为什么你要关心他们和他们的追求。

《杰米的校园餐食》的开场经过了多次的剪辑，我们想尽可能完美地解决上述三个问题，但遗憾的是，我们并没有成功。当时我作为执行制片人介入太多，对这些素材太熟悉了，我们自己都意识到让观众对这部影片感兴趣很困难。你可能还记得，在《杰米的校园餐食》播出之前，调查已经显示出一些公众对杰米的反感和质疑。当时的杰米的形象并不是“在努力改善这个世界的杰米”，当时的他是塞恩斯伯里超市的广告代言人，他的私生活经常占据报纸的版面，每家报纸都在报道关于他的负面新闻。当媒体希望有什么新的消息时，总会有明星们遭到攻击或者诽谤，在娱乐圈里这再正常不过了，尽管杰米其实还是像曾经一样，像疯子一样想去改善这个世界。很多的公众似乎已经忘记了《杰米的厨房》和那些贫穷的学生了，杰米曾冒着很大的个人风险去改变这些学生的命运。

当时我们希望影片能尽早播出，所以当我们还在拍摄时，就已经开始剪辑工作了。我们决定让一位导演剪辑四集影片中的三集，这样我们可以早早地开始剪辑。剪辑需要将近六个月的时间，基本上每两个月一集影片，因为我们希望一剪辑完就马上播出，这意味着在拍摄还没到一半的时候就需要开始剪辑工作了。而这也可以帮助我们在拍摄结束前弄清素材有的内容、并检查是否有遗漏的内容。

关于前两集影片的主体内容，导演们做得很棒，这些内容我也打磨了很多天，但第四频道神秘莫测的责任编辑彼得·戴尔在来看过这些内容之后，说道“需要更加影像化”，然后逼着我们将它们调整得更图像化、真实化以及情绪化，因为照我通常的风格，会比较平实。由于某种原因，我还是不满意。尽管第一部影片的主体内容已很不错了，但前5分钟的内容依旧不尽如人意。

我们暂停了《杰米的校园餐食》第一集的剪辑长达两个月，而开始剪辑后面几集影片。第一集的内容以及它失败的先导片依旧时时让我感到困扰，直到我剪完第二集影片，也没有想出更好的方式，最终我已准备接受之前版本的先导片了。

借助别人的优势

在做电视节目时，我总是狼性十足。事实上，我认为电视节目制作一个很关键的部分就是狼性。我建议你询问你遇见的任何一个人的想法——你不一定要按他说的去做，但是他的话可能会激发你不同的想法。不仅要问从事这个行业的人的意见，我曾让清洁人员、老友、妻子在凌晨3点观看影片，并且从他们那得到了改进影片的想法。例如，《杰米的意大利大逃亡》就受到了一位翘了班来捧场的医生的启发。我曾在凌晨4点拖着一位（非电视圈的）伙伴一起在剪辑室看《金丝雀码头的噩梦》。记住，要保持饥饿！

所以我强烈建议你将片子给其他有想法的人看，听取他们的意见。如果你是位导演，当你的执行制片人来看片时，一定要留心，因为通常都是旁观者能发现最大的问题。我尽可能多地拉着别人看片，虽然他们的答案不一定都正确，但是他们知道哪些地方没有吸引到他们。和节目相关的每个人，甚至是执行制片人都可能太熟悉节目的素材。所以你要听取来自其他人的不同意见，看这些意见是否有价值，再决定采纳还是抛弃。不论如何，影片都还是你的，他们的意见只会使影片的效果更好！这便是创意的过程。

最终，我重新思考《杰米的校园餐食》并且获得顿悟并不是在剪辑室中，而是在远离丹麦海岸的一个小岛上。我当时正在给丹麦第二频道（TV2）——类似于英国的第四频道提供咨询，并且约好了一位非常优秀的丹麦主管制片人，他邀请我在周六晚上去他的乡间小屋。我去拜访的时候带了一瓶很贵的酒，在餐前我给他倒了一杯品质很好的香槟，还帮他点了壁炉里的火，作为交换，他同意和我花一个晚上看一下《杰米的校园餐食》的前两集。他说第一集在格林威治初中拍的那部分很垃圾。但是第二集中，当杰米去到英国最贫穷的地区——杜伦郡，和一所乡村小学里的学生们互动的场景，堪称一场情感之旅。因为杰米明显被他看到的景象震惊到了。

我也被震惊到了，因为他说得完全正确。这种情感到了第二集才出现确实已经晚了。虽然我自己也感觉节目不尽如人意，但没想到存在的问题这么大。作为一个参与其中的执行制片人，你可能只能将影片带到一定的高度，然后你会疲倦，需要有一个人晃醒你，并且告诉你，虽然你已经到了一个山顶，但是真正的最高峰还在前方，你需要充满干劲地继续攀登。对于导演来说，这种要求可能太高了。剪辑进入尾声就像即将结束一场长跑一样，你会感到身心俱疲。但比赛最后的赢家，往往是那些把自己逼到极限的偏执狂们。

我问他应该怎么修改，我的这位负责立项审批的朋友托马斯·布雷恩霍尔特说："很简单，换一下顺序，将情感更加丰富的第二集放到前面播出。"但问题是我不能把第二集放到前面，因为很多行为都是按线性时间发生的，第二集的有些场景不仅建立在第一集的基础上，有的还指涉第一集的场景或是由第一集引发。别忘了，很多最棒的场景既可以提供问题的答案，也可以引出下一个问题，因此是有时间顺序、不能逆转的。不仅如此，第二集甚至还混剪了杰米再次前往格林威治拜访诺拉的场景，杰米想看看在他离开期间发生了什么，这是让第二集奏效不可缺少的部分，但它是发生在第一集影片的行动之后的。我可以把这部分内容去掉，但这样第二集就会散架。我们的确试过这么做，但这集影片需要这种前后行为的并列对比。

所以我们卡在了第一集的开场，这个开场很难让人产生关切之心。我觉得这主要是因为我们还没有理顺整部影片的前几分钟。如下表所示，它是这样开场的，从杰米在家、在餐厅的画面开始，配上了一位讲述者录制的画外音。

《杰米的校园餐食》第四频道第一集

旁白脚本第十稿 2004 年 9 月 24 日

（开播前 5 个月）

28 岁的杰米·奥利弗的生活很忙碌：
两个孩子，
一群正在他指导下成为厨师的待业青年，
以及很少见到他的妻子。
尽管如此，
杰米又燃起了一股新的热情，他希望改变学校的餐食。
在一场大型的实验中，他希望能改变 20000 名南伦敦地区学生的学校餐食。
他需要教会学校厨娘们做出杰米风格的食物。
让孩子们都能吃上他的食物。
并且平均每个人的伙食成本只有 37 英分。
杰米·奥利弗能改变英国孩子们在学校的餐食吗？

最初我们遇到的难题是，节目的前几分钟压根不能吸引观众的注意，那些内容都是关于杰米以及他想要解决的问题，并不是全英国孩子们共同面对的问题。事实上，这些信息在观众看来是：“28 岁的杰米·奥利弗生活中很忙碌，有两个孩子，一群正在他指导下成为厨师的待业青年，以及很少见到他的妻子，以及和第四频道的合约，第四频道希望杰米做学校餐食项目”。这使得问题看起来像是：杰米到底要做什么？似乎是有人向他建议为什么不做学校餐食？于是他思考了一会儿，就说，噢，有道理，很好，我愿意做学校餐食。

这些内容不仅枯燥乏味，而且还与事实相反。真实的情况是杰米本人劝说大家接受了这个想法，在节目开始前，他还花了大量自己的钱（数万英镑）发起了关于学校餐食的改造运动，这是他真正投入的项目，而不只是为了宣传自己。尽管这是很特别的事情，是他在节目之外也在干的事情，但我们在节目中所说的，却与事实完全相反，这也让他本人非常沮丧。

问题其实在于影片的开头全是围绕着杰米展开，从他的观点出发，这些反而会让观众感觉他是一个非常自大的人。观众不了解真相，反而会怀疑杰米并不是真的对改造学校餐食这个现实问题抱有热情。

任何影片中，动机都是非常重要的因素，要厘清是什么样的"吸引力"推动着影片前行，有哪些证据可以证明影片中的英雄们面对的困难是真实的。《杰米的校园餐食》的初剪版本问题在于，看上去依旧是介绍杰米·奥利弗的成功和友善。他有事业，他赚了很多钱，他什么都有，于是他开始想下一步干什么？这些都掩盖了真正美好的事实，以及杰米的英雄行为。尽管（可能正因为）我对影片非常熟悉，但在当时，我根本没认识到这些问题的存在。

一周之后，我才恍然大悟。第二集杰米在杜伦郡的小学里亲眼看到孩子们吃着糟糕食物，尽管这部分画面如此真实和令人震惊，但我们还是得先播放第一集影片，既然如此，何不把第二集的部分内容放在第一集之前作为先导片呢？这些内容并不会作为第一集影片的内容展开，而只出现在先导片里，这不是先导片的一贯做法，所以我之前没有想到还可以这么做，但这么做会有问题吗？

呈现而不是告诉

我们将杰米第一次亲眼看到杜伦郡小学生就餐时的场景放在了最开头。那种震惊的、感人的、真实的情绪比任何的解说都更有说服力。它直接将问题呈现在观众面前，而不是通过语言告诉观众，在视觉媒介中这一点非常重要，也是最应该被解决的问题。在改变了开头的呈现方式后，杰米已经在某种程度上变成《圣经》中的大卫了。我们突然间有了一个巨大的恶魔，便是将这些可爱的孩子们置于险境的糟糕的食物，而这是杰米成为英雄的原因。我们将英雄需要解决的问题有理有据地摆在观众面前，而不是展现我们的英雄准备离开他的城堡游历一番。

我们做出了调整之后，几乎后面每一集的片头都依照这个思路，只是稍加一些变动。导演们经常会担心观众会注意到重复的情况，但是观众们和导演不一样，他们更喜欢那种已经有明确的戏剧性结构的模式，这样，他们能知道自己会看到些什么，比如《最弱一环》（*Weakest Link*）、《改头换面》、《交换妻子》、《重返基层》或《卧底老板》——每周的叙述结构都相同，改变的只是主人公。下面呈现的是修改之后的《杰米的校园餐食》第一集的先导片，加上了我写的评语，放在了左侧一栏。

《杰米的校园餐食》第四频道第一集
播出版先导片

抛出问题，拿出证据。	杰米给小朋友们展示蔬菜，小朋友摇头。 **杰米问道**：你知道这是什么吗？你知道这是什么吗？你知道这是什么吗？你多大？你知道这是什么吗？天哪，我一个手拿着胡瓜，一个手拿着一把芹菜，你们居然不知道是什么？ （杰米正在吃学校为孩子们准备的午饭——炸过的肉制品） **杰米**：这是什么？ **孩子**：可能是鱼或者是鸡腿吧。 **杰米**：我真的、真的不知道这里面到底是什么。你看看我们，我们坐在漂亮的教室里，被一群可爱的孩子围着，他们正处于长身体的阶段，正在经历人生最关键的时期，你看看他们都在吃什么。这样不对，绝对不对，这些孩子应该要吃得更健康！ （音乐进）
第一次旁白 这些旁白需要起到强调的作用，再一次加深观众对刚刚听到的内容的印象，才能让他们开始关心。	**旁白**：学校食堂向孩子们提供的高热量食物，正在加剧青少年的肥胖危机，威胁孩子们的健康。 **杰米**：我甚至不会用这些东西喂家里的狗，我想说的是我可能会用这些吃的喂狗，但绝不会给我的妻子或者孩子吃。
影片的追求（表达野心）	**旁白**：政府似乎找不到别的解决方案，所以杰米·奥利弗决定亲身实践去改变学校的餐食，证明这些孩子可以吃得更好。
路线图：第一个挑战	**旁白**：首先他要做的是让厨房的阿姨们学会杰米式的烹饪方式。 **诺拉**：这种做法也不会管用。
第二个挑战	**旁白**：让孩子们接受这些食物。 **孩子**：我不爱吃，这个很恶心。
第三个挑战	**旁白**：预算很有限。 **杰米**：我已经愁得撞了好几次墙了。
最大的问题	**旁白**：杰米能改变英国孩子们在学校的餐食吗？ **杰米**：我这么做是因为我想让孩子们吃上更好的食物。我想让孩子们更健康地成长。我希望他们在成长的过程中养成好的习惯。我希望我们的国家能更聪明、更酷、更健康。

杰米的所作所为不再被误解为炫耀，而是关于孩子。现在的他可以被视为一个想要拯救孩子们的英雄。这个先导片也让观众去关心孩子们——它指出了挑战所在，它给了观众一个路线图，告诉观众谁是主角，他要解决什么大问题，这样观众才会因为想要知道答案而继续看下去。

不用惧怕一开始就放出最精彩的镜头。记住，影片的先导片也是影片的预告片。这种先导片总是很难，大部分时候是因为很难确定你的影片是关于谁的。

你的影片是关于谁的?

我最近帮忙参与了美国的两个系列节目，一部关于消防部门，一部关于海上警卫队。消防的节目是关于战斗在火场一线的战士们的——毫无疑问他们是真的英雄。同样，海上警卫队节目的主角是那些海上警察们。

但当我第一次看到拍摄素材时，剪辑已经开始一段时间了，可我却非常强烈地感受到受害者情绪的重要性。影片中火苗不断从建筑物内部往外喷射，住在里面的受害者们的生命受到了极大威胁。如果他们待在房子里就一定会被烧死，只有逃出来才能幸免于难。可是对于消防员而言，虽然这项工作可能威胁到生命，但当一切结束后这仅仅是又一场火灾。对于海警而言，情况也一样。一位业余渔民的船在远离华盛顿海岸的风浪区域沉没，这片海域相当危险，剧组人员从直升机上拍摄时，驾驶员都担心自己无法降落。船正在下沉，吓坏了的乘客纷纷跳到了海里。那么问题来了，在这部片子中，谁应该成为重点关注对象？是因为救援工作而耽误晚饭的海警？还是性命攸关等待紧急救援的受害者？

当然，先导片的主角不应是海警，也不是消防队员。因为先导片的作用是引起观众的关注，而正在死亡线上徘徊，等待奇迹出现的受害者们可以做到这一点。主人公可能会牺牲 / 意外死亡 / 或被谋杀是一部影片最好的驱动力。因此《杰米的校园餐食》用可能会被学校垃圾食物“杀害”的孩子们来开场，用被火困住的居民以及面临沉船威胁的乘客来开场也是同样的道理。

当你的影片中出现很多潜在的主要人物时，找到先导片的主角会更难。这种情况在我参与制作《强迫症之家》时就出现了。影片跟踪拍摄了三名强迫症患者接受一种创新性疗法的全过程。他们集体居住在一间屋子中，由来自莫兹利（Maudsley）医院的全英国最顶尖的精神科医疗团队照顾。医生们要求他们直面自己的疾病，让他们互相帮助，也会联合他们的伴侣一起协助治疗。当我刚看到先导片时，里面出现了很多人物——三名患者、三位伴侣、医生团队。所以问题来了，谁才是最重要的角色？我们不知道应该关心谁。

《强迫症之家》

猴国（Monkey Kingdom）公司为第四频道制作，先导片粗剪版

	三名强迫症患者以及他们的家庭，20 多年来一直受到这种心理疾病的折磨。
角色 1	角色 1：强迫症完全控制了我的生活。
角色 2	角色 2：有时候我真觉得自己已经到了绝境了，我不知道该怎么面对。
角色 3	角色 3：在我刚刚 20 岁的时候，强迫症状就已经非常明显了。 他们试过了所有的药物和治疗方法，甚至想到过前脑叶白质切除术，似乎都已经毫无指望了。
角色 4 伴侣 1	伴侣 1：我最担心的是，不仅没有好转的迹象，症状反而越来越严重。
角色 5 伴侣 2	伴侣 2：情况特别糟。
角色 6、7、8 医生团队	但现在莫兹利治疗中心最顶级的专家都在这里，正在进行一种新型的、前所未有的治疗实验，将试图在 2 周内把他们从每况愈下的状况中拯救出来。 角色 1 同期声：两周内。 角色 2 同期声：这样下去真的受不了了。 角色 3 同期声：如果能做些什么就太棒了…… 在接下来的 2 周内，三名患者都同意离开家并且搬到一起居住。在这里他们将要接受集中的强力治疗以帮助他们克服最大的恐惧。所有的一切都将被摄像机记录下来。 患者们都在期待奇迹疗法的出现，这种疗法还没有被尝试过。
最大的问题在于医生——被拍摄是什么感受。	医生同期声：觉得是一个非常大的挑战，一是因为我们正在尝试一种全新的东西，第二个挑战就是所有的一切都将被记录下来，我们可能会失败。 对三位患者来说，这是最后的救命稻草。欢迎来到强迫症之家。

这里出现的角色太多了，你甚至不知道应该跟随谁的视角。这有点像消防员和海警的故事。影片中医生面临的问题更重要？还是受害者面临的问题更重要？受害者包括他们的伴侣吗？先导片提出的大问题是：被拍摄的医生是什么感受？如果他们失败了，是否会遭到同事的白眼？但是这部影片中最要紧的不是医生们，而是患者们。所以先导片中向错误的对象提出了一个错误的问题。

这也是会经常犯的错误。所以我们在接下来的一个版本中，把关注的焦点缩小到其中一名强迫症患者身上。但是这又太过聚焦了，不是我们希望看到的路线图。然后我们又制作了第三个版本，以其中一个角色作为开头，再引出其他两个患者。我们也从节目的总导演安德鲁·奥·康奈尔（Andrew O' Connell）和执行制片人色达·艾瑞特扎里（Syeda

Irtizaali）所拍摄的素材里，找到了一些非常强有力的纪实性画面，将其作为问题的证据，来引起观众真正的关心。先导片给我们呈现了真实的、强有力的证据——是我们可以直接看到的，而不是听到的。在这一版先导片的最后，还提出了一个可回答的问题。这样，它构成了一个有吸引力的先导片，能够吸引观众的兴趣，观众也会带着不同的视角观看。如下表所示，是先导片最后一版的剧本。

《强迫症之家》

猴国制作公司为第四频道制作，先导片播出版

角色 1：我不能接触任何人，不能和丈夫同床，很少出门。我不能做饭，不能开家门。不能出门去拿快递。不能洗澡。从来不出门买东西，我经常会扔一些衣服……

旁白：温迪·约翰逊（Wendy Johnson）是英国遭受强迫症（OCD）煎熬的两百万名患者中的一名代表。

角色 1：你需要检查衣服前面，然后再检查衣服后面，检查袖子、袖扣、领口——边检查边想，我可以穿吗，这个是安全的吗？……我穿上的话会不会……

旁白：她对小脏点、闪闪发光的点、以及油漆点等无理由的恐惧，迫使她已经三年没有和丈夫以及两个孩子接触过了。

丈夫：如果连碰都不能碰对方的话，就更别提性生活了。

角色 1：是的，但我们很想念彼此间的性生活，真的。

旁白：她已经尝试了所有的治疗方法，从药物到心理医生。现在是她尝试摆脱强迫症的最后一丝希望，英国顶级专家们提出了一种治疗强迫症的革命性想法……

旁白：温迪将搬进一栋房子里，和其他的两位极端的强迫症患者一起，还有一组顶级治疗专家，他们将一起面对这个噩梦，帮助彼此永远地克服这个疾病。

角色 2：我会看我的鞋底，然后退后一步，看地板脏没脏……

医生：听你心里的那个小声音在跟你说做这个做那个，然后做相反的事儿，我们试一下……

角色 3：啊……

角色 1：这很难做到。

旁白：在他们彻底治愈强迫症之前，强迫症之家将是他们暂时的居所。

我参与过的另一个系列节目《宝贝计划》（*The Babyrace*）的剪辑难度就更大了。我们跟踪拍摄了 35 位 35 岁的女性，她们大多没有伴侣，但是希望用各种方式拥有孩子，从人工授精到收养。这个节目最难的部分就是 35 个角色太多了，节目没法顾及每一个人，于

是在剪辑的时候，每期节目的焦点都减少到几个主要角色上。

归档体系

我时常把剪辑看成归档——你可以根据日期整理桌上的文件，也可以根据作者名称、主题，根据是账单还是信件、工作的还是生活的等方法归类。按哪种体系并不重要，重要的是你自己有一套整理信息的思路。剪辑中也是同样的道理。所以当你不知道影片该往什么方向剪辑的时候，就用剪辑室的前几个星期来整理资料，把你的素材集中起来，虽是笨办法，但很有效。我们在剪辑《宝贝计划》的时候，本可以把素材按照时间顺序进行整理，但我们决定根据“拥有孩子的不同方式”来进行整理。其中一部影片包括人工授精的故事，另一部是领养，还有一部是“借用朋友的精子”，等等。不论你以什么方式整理素材，但对你拍摄的所有内容，一定要进行整理。

在丹麦大热的八集系列节目《学院》(*Skolen*)的第八部分，讲述了丹麦一所学校采用全新教学方式的教育改革故事。我们用两种方式对素材进行了整理，其中一种方式是围绕一名有问题的关键角色，例如不太擅长数学的学生，记录其从一开始到最后努力转变的过程。另一种方式是按照故事的时间线进行记录，看这所学校从排名表上垫底变成第一名的过程。

有时，不同的角色背后也有着不同的故事线。即使是针对你节目中的主要角色，你也不能用过多的故事线，你需要聚拢观众的注意力。如果是两条故事线并不难处理，你可以使用交叉剪辑，唯一需要注意的是，每条故事线的时间分配，以及找到两个故事线之间的切换点。当你有三条故事线时，相对就比较难处理了。例如，我们做过一个关于“村落战争”的试播版节目，一对从英国搬到法国卡蒙伯尔的夫妻开了一家和当地市长的店竞争的奶酪店，因此和当地的村民展开了一场“战争”；还有条线索是一对夫妻因在西部村庄开了间酒吧而发生了冲突的故事。事实上还有第三个故事，但是在剪辑的时候，第三个故事完全被抛弃了，尽管我们已经全部拍摄完成了，因为这样会让线索太多。《格里的大决定》中也出现了一样的情况，我们让格里走访了两个行业而不是三个。不过这一次，我们根据经验在拍摄之前就做出了决定，所以节省了不少拍摄预算，并且帮我们拿下了2010年洛杉矶纪实娱乐奖的最佳纪录模式奖(我还感到有点吃惊)。

有时在剪辑室里会出现很多的故事线。我会给每条故事线都标上一个字母进行排序，保证它们享有不同的“待遇”。你肯定要从故事A开始，然后再到故事B，接着回到A，说到故事C之前再一次回到B。故事D、E、F可能只在中间出现一小会，因为我们要抓住关键点，把重点放在两个大故事上，其他的只是旁枝末节。

《奥普拉的大馈赠》是美国电视网的一档节目，节目参与者被放置在一个慈善情景中去测试他们谁是最慷慨的捐赠者。除了一些很棒的表演和奥普拉、杰米作为评委的看点外，节目概念中的基本挑战是，每一周都将有一位表现最差者被淘汰——这其实与慈善的理念不太吻合。在剪辑的时候出现了更大的问题。首先，节目开场对嘉宾们的介绍非常干巴，每个参与者首先接到奥普拉的电话，然后给出他们必须赢得比赛的理由，所以在很长时间里我们都搞不清谁是主角，更糟的是，故事没有开始发展。然后参与者被分成了五组，每组都接到一项任务，然后依次看到五组的表现情况。在影片中，观众根本不用什么都知道，我们需要的是把重点放在一到两个关键人物身上，找到一条故事线，然后看戏剧性发展。只有在这样的基础上，才可以加入其他的角色和次要的情节。至此，我们不断在强调同一件事，那就是我们在剪辑时最大的危险就是以为观众想要知道所有的事情，但事实却刚好相反。

我参与过的另一个青少年相关的系列节目也采用了按时间顺序交叉剪辑的结构。这个节目中跟拍了三个主人公，我们起初分别拍摄了这三个角色，然后把这三个独立的故事剪辑在一起，按照他们各自的时间顺序和叙事逻辑。这种方式在进行复杂的交叉剪辑方面最为有效，可以帮助你厘清故事的头绪。但如果有疑问时，不要一上来就冒然进行交叉剪辑，尤其当影片中的角色很多时。另一个小技巧是，当有很多的角色时，按影片中出现的顺序给每个人编号（就像给故事编号一样），当你的人物的出场顺序是 A-B-C-D-E-F-G、A-B-C-D-E-F-G、A-B-C-D-E-F-G，然后结束时，你的影片不会好看。一部好的影片的人物出场应该是类似于 A-B-A-B-C-B-D-A-B-C-D-A-E-F-C-D-A 的方式，所以刚开始出现的一两个人物应该是最重要的，之后再依次排名——我的原则是人物编号最多不能超过 G！

我最近在制作的一部纪录片叫作《计划》（*The Plan*），它是获奖作品《孤独星球》（*The Planet*）的后续篇，主要内容是关于地球所面临的生态危机，这部影片也将在各大国际电影节上展映。《计划》的初剪版中，出现了超过 40 个和生态危机进行斗争的人物，这 40 多人是独立的，每次只出现一位。起初我的方法是将这 40 多个人进行了分类，其中 23 个是真正在做实事的人，其他 18 个是记者以及相关专家，他们是敲边鼓的人。然后我们又从中挑选了几个最具特色的进行介绍，确保他们是整部影片的关键人物。之后我给出的顺序是角色 A，然后是角色 B，然后又回到了 A，又引出了 C，再回到了 B。确保你搞清楚了哪几个是主要角色，并重点塑造他们，没有什么比这更简单、快速的办法。

挑选以及鼓励剪辑师

我常把剪辑室比作节目制作中热火朝天的厨房。你外出准备了菜谱中需要的食材，拍摄了需要的画面，但是当你到厨房的时候，也就是到剪辑室的时候，你会发现有些需要的东西没有准备，但是也有让人出乎意料的小惊喜。剪辑室就像是《未知食材烹饪赛》节目中一样，你需要和时间赛跑，充分利用你成功拍摄到的原材料，做到物尽其用。剪辑师就是你的厨师，也是你雇用的至关重要的一个人。最重要的是，你要充分信任他们。你的剪辑师可能会从素材中看到不同于你期待的影片，或者他们的想法和你的剪辑指令不一致，因为利用这些素材能讲出不同的故事，而你的剪辑师是最能将这些素材中显现的故事提炼出来的人。所以，除非必须要你亲自剪辑，我建议还是聘请一位剪辑师，全面客观地去看拍摄素材，而不是敝帚自珍。正如奥逊·威尔斯（Orson Welles）所说的："人性的拍摄，神性的剪辑。"

艾伦·海林

BBC纪录片部门前总监，英国第四频道纪录片前任主管，

负责迈克尔·摩尔的《科伦拜恩的保龄》

迈克尔·摩尔影片的成功很大程度上要归功于剪辑。他有一位非常棒的剪辑师，库尔特·恩格非尔（Kurt Engfehr）。他在剪辑时的叙述思维很强，充满了荒诞、幽默以及嘲讽。

彼得·摩尔

第四频道纪录片部门前总监

节目制作者往往倾向于选择不质疑他们决定的剪辑师和摄影师，他们就是喜欢这种顺从。但这种做法是缺乏大局观的。因为节目制作者对于素材太熟悉了，所以除了拍摄时用的方式外，他们看不见素材中包含的其他结构。

想要找到最好的剪辑师，你需要提前几个月就开始准备。要记住他们也是关键人物，所以你需要用尽甜言蜜语说服他们参与到你的项目中，让他们相信这将是一个充满趣味的过程，可以创造出一部充满新意的作品。在电视节目领域，你会经常发现制作经理会要求你和一名指定的剪辑师合作。如果这位他们喜欢的剪辑师已经和这个项目签约了，你可能就必须要用他了。但是如果这位被强行推荐给你的剪辑师还没签约，你可以向执行制片人申诉。在经费允许的情况下，大家都想制作出更好的作品。所以如果你已经找到了最好的剪辑师，并且在预算范围内，那么你很有可能成功说服老板。或许你根本无法掌控预算，但至少努力去了解它的大致范围，然后强烈举荐。

不管最后谁是剪辑师，在剪辑工作开始前你就要和他搞好关系。如果你够幸运，那么随着时间推移，你会和几个剪辑师建立关系。我甚至建议你在项目期间或者开始之前就和

剪辑师们进行交流，即使你后期不和他们一起剪辑，因为他们是可以在影片拍摄期间，甚至拍摄之前就能指出真正问题所在的人，不过也只有那些可以对影片有真正深刻理解的、聪明的剪辑师才能做到这点。跟挑选你的队伍中的其他人员一样，要根据剪辑师们之前的作品做出判断，但最常见的还是通过别人的举荐，如果可能的话，一定要面谈。

斯蒂芬·若罗维茨之所以获得了众多剪辑大奖，不仅是因为他拥有过人的天赋（波兰籍剪辑师，起初在伦敦电影学院执教），还因为他选择项目的眼光精准，这也是值得剪辑师汲取的经验。当他开始剪《人民公敌》（*Enemies of People*）这部关于柬埔寨波尔布德（Pol Pot）政权的作品时，离影片开始拍摄已经相隔10年了。影片的联合制作人、记者泰特·山姆巴斯（Thet Sambath）花了5年的时间劝说影片的主人公参与拍摄，直到5年后的一天，这位主人公告诉山姆巴斯，他已经观察山姆巴斯好多年了并且感受到了他的诚意。这是精诚所至，金石为开的又一案例。拍摄的素材非常杂乱，但很独特。剪辑出的影片最终在2010年的圣丹斯电影节上获得了世界电影评审团特别奖。同年晚些时候，斯蒂芬还以《孟买恐怖袭击》（*Terror in Mumbai*）登上了英国电影和电视学院奖的舞台。

如果你选择的剪辑师很强势也很有想法，对节目也是很有帮助的，同样你团队中其他人也是如此（如果你足够勇敢的话）。斯蒂芬就是这样，他直接把我从剪辑室推到了马路上，因为他觉得我太过在意节目中的旁白。我尊重敢于这么做的人。

斯蒂芬·若罗维茨的剪辑小提示

第一条：取悦

如果没有见到导演，我从来不会随意答应接下哪部影片的剪辑工作。我需要想象出自己可以为它做什么，我必须喜欢它，因为这是一个非常辛苦的工作，你需要从中得到除了钱之外的东西，而不只是钱——你要对它感兴趣，需要在乎它。尤其是当你需要工作6到8周的时间，就必须要考虑到这一点。甚至像帕威尔·帕利科斯基（Pawel Pawlikowski，凭借影片《我的夏日之爱》（*My summer of love*）和《最后的手段》（*Last Resort*）两次获得英国电影和电视艺术学院奖的导演）这样的大师在制作纪录片时，也会在开拍前和我见面聊一下对影片的想法，因为我们要“预先剪辑”，所以要思考它的主题。像帕利科斯基这样优秀的影片制作者会在开拍之前很早就来找剪辑师。后来在剪辑《陀思妥耶夫斯基欧游记》（*Dostoevsky's Travels*）前，他还带来了一些素材——这部获得多个奖项的影片，主要讲述了陀思妥耶夫斯基的曾孙子周游欧洲，购买一辆二手奔驰的故事。主人公在屏幕里侃侃而谈，我们和导演看过后，都觉得这是个挺有意思的角色。

记住剪辑师和你一样，也视影片为生命。这也是“他们”的作品，如果影片效果很好，他们也会很激动地告诉朋友们“他们”的影片是怎样的。要像对待其他参与者一样，让剪辑师有主人翁意识。还应该从拍摄、图像处理、音乐和其他的地方压缩成本，而给剪辑多争取些预算。

整理素材

剪辑的第一步是了解你都有哪些素材。如果你拍摄的素材不多，那么从头到尾浏览一遍并记在脑海中。当你看第一遍的时候，用你熟悉和习惯的记录方法，记住那些最好的素材以及它的内容，正是这些内容将成就你的影片。当你拍摄的东西过多，可能就需要有人帮你观看和记录这些素材，即使如此，你仍然要尽可能地熟悉和了解拍摄的内容。要仔细询问这些负责整理的人对故事的看法以及他们认为最精彩的地方。

然后，在你拍摄过程中或者拍摄结束后，制订一个剪辑计划，把你拍摄到的段落，标上时间码和出入点，把它们与在拍摄过程中不断完善的原始剧本进行对照。

你需要保持开放的心态，你要根据已经拍摄到的内容，而不是曾经计划拍摄的东西去做这个工作。

阿克塞尔·亚尔诺

欧洲广播联盟纪录片集团主席，瑞典国家电视台的立项委员会成员，
多部国际纪录片的投资人

在拍摄前写一个拍摄剧本或是影片框架至关重要，更重要的是在进入剪辑阶段前一定要做这件事。我相当不理解那些马上要进入剪辑阶段，要面对150个小时的素材却不知道方向在哪的剪辑师。

每当影片制作者挑战我说，我应该对所有的东西保持开放的思路时，我都会对他们说：你不必在拍摄时把一切都做好，但你需要先行做调研，等你了解故事内容后再开始拍摄。

我总是提醒自己不要拍摄过多的素材，这样我可以提前观看素材，然后再和剪辑师一起观看。剪辑师在开始剪辑时看的素材越多，越有助于他们剪出佳作。作为一个麻烦终结者，我经常待在剪辑室里，当我们发现一个可以成就影片的精彩镜头时，我经常会发现剪辑师竟然都没看过！

大多数情况下，你都用不着拍那么多素材，这也有助于加快剪辑的速度。正如我们之

前说的，当你进入剪辑室时，你没拍到的东西已不重要，因为你的剪辑师只会用他能看到的素材来制作影片。因此在理想情况下，进入剪辑阶段时，你只需花几天时间（如果是短片，不用这么长时间）尽可能多地和剪辑师一起浏览拍到的素材。如果你没有拍摄过量，你们一起观看的素材比例就可以更高，甚至全部一起看完。

当你看完素材，需要和剪辑师一起解决的第一个问题是：从素材中能提炼出的主题是什么？是否有足够多的内容支撑这一主题？你得到的内容和你拍摄前写的剧本一样吗？谁才是影片中的英雄人物？为什么观众要关心他们？你需要决定站在谁的角度上讲故事。

斯蒂芬·若罗维茨的剪辑小提示 2

找到关键角色

你需要找到影片中个性最突出的角色。为此你需要走进剪辑室，因为在拍摄现场，在银幕之外，你曾和影片中的人物共进晚餐，开怀畅饮，谈天说地。他们给你留下的印象可能同拍摄素材中呈现的完全不一样。被镜头记录下来的那个人，并不是你眼中的样子，而应是摄影机眼中的样子。

最后，你必须确定一个整理素材的原则，将素材整理好，才能创造出故事。你还必须搞清楚拍到的素材有哪些，又有哪些素材不是你原本计划拍摄，但却拍摄到的。这恰恰是剪辑师能发挥作用的地方。这也相当于你在为几周之后的先导片剪辑进行一次预演。

约上你的剪辑师去吃个午餐或喝点什么，一起讨论这部影片在讲什么。斯蒂芬·若罗维茨曾告诉过我，最好的剪辑是在花园里，一边喝着红酒一边完成的。或许只有他这样的剪辑师，才可以这样！但他想表达的是，你需要花时间坐下来，细细去讨论你的影片是关于什么的。这可能只需要几个小时，但如果你明确知道了想要什么样的影片，这几个小时可以为你节省几天的时间。接下来，你就要进入正式剪辑了。

斯蒂芬·若罗维茨的剪辑小提示 3

用极其震撼的场景开场

你不可能从影片开场着手开始剪片，那纯属扯淡。在后续的剪辑过程中，你自然就知道应该怎么开场，所以开始时你要直奔最关键的场景。好的导演会向你指出影片的关键场景所处的某个范围——每部影片都会有一个关键场景。这个场景可以是在中间或是靠近开始的部分，但你需要赋予它足以成为整部影片重心的力量。如果这个重点场景是与其他场景有关联的，你可以进行往前或者往后的双向扩展——这就是叙事建构。通常你需要知道影片如何结束，才知道如何构建开场。

如果你能控制住自己，那就让剪辑师用几天时间独自完成整合工作，你可以利用这段时间思考下一部影片或者干脆休息几天。

斯蒂芬·若罗维茨的剪辑小提示 4

别去干扰剪辑师

神奇的是，人们常说后期剪辑成就了影片，但根本是无稽之谈，因为很多好的影片都因为不好的剪辑而变成了垃圾。如果你压根没想好影片想要表述什么，在影片中承载了过多的信息，并想要在一部有特定主题的影片中把所有的一切都展示到观众面前，反而会适得其反。聪明的导演知道如何将剪辑师"训练"成动物，依靠敏锐的直觉捕捉故事。所以尽量不要去干扰你的剪辑师，让他们独自去思考。很有可能到最后你得到的是一个完全不同于你最初设想，但有更好故事的影片。

在最初的阶段，很少有导演能真正做到让剪辑人员独自完成任务，但顶级导演可以。在你拍摄的素材量巨大，剪辑人员不可能从头看到尾的情况下，你可能觉得有必要和他们一起整理素材，但之后也要给到他们独自思考的时间，就像你当初一样。大部分导演都有控制狂倾向，但是在剪辑阶段稍微放点手会对影片更有利。因为剪辑师可能会从不同的角度看待你的素材，甚至会让你大吃一惊。你可能会看到他们更为新鲜的呈现。即使是进入精剪阶段，你深入地参与之后，依旧要给剪辑师足够的独处时间去展示他们的才华。你可以在他们剪出来的作品上不断地修改，但如果你不给他们自由发挥的空间，那什么效果都达不到。

不论你以什么样的方式和剪辑师合作，都需要在浏览完素材后搭建出影片的框架，并且将其快速剪辑出来。这时不用添加音乐或者挑选漂亮的画面，只要粗暴将他们拼在一起，看讲了什么故事就可以。你要挑选和整合起来的素材长度最好是影片时长的两到三倍，整合得越快越好。我的建议是，在剪辑进行到三分之一的时候完成以上工作，这样你有足够的时间留下来进行打磨和精修。在这个阶段不用剪得特别精细，或者添加广告切口，因为你的片子还要不断地调整。在你明确知道影片长啥样之后再加这些内容。那基本上要到剪辑版时长只比播出时长多 5 分钟的阶段。

剪辑初期你需要集中精力在影片的结构而不是细节上，所以第一次的精修最好放在剪辑完成一半之前，这时你可以开始琢磨影片的片头或者是先导片了，如我们之前所讨论过的，至少要出第一个版本的片头或先导片。而下一步就是将你加在影片标题之后的说明性内容去掉。

加快故事的叙事节奏

一旦你找到了影片的故事，在剪辑的时候很重要的一点是：当节目名称出现后，不需要任何的后续解释，而是继续讲故事。影片的开场不仅仅是最前面的先导片，还包括开始的前几分钟，开场的好坏直接决定能否吸引观众和吸引多少观众。

这是需要遵守的最重要、也是最难掌握的剪辑准则之一。电视观众和电影观众有着明显的区别，电影观众可以在黑暗的、没有其他干扰的影院一坐就是两小时，你可以慢慢地展开故事，因为他们已经从看过这部影片的朋友或评论家那里了解了这部影片，他们主动花钱出了门、买了票。但电视观众不同，他们可以转换频道、阅读报纸、玩电脑或者做任何他们感兴趣的事。如果你足够幸运，你的电视影片一开始吸引了观众或者从之前播的节目那“继承”了足够多的观众，你一定要快速地抓住他们的眼球。观众在看电视时，时刻手握着遥控器，他们会在一到两分钟内判断出影片是否足够有吸引力、人物特点是否鲜明、内容是否有趣、品相是否上乘、从而决定是否观看。开场的前几分钟，你要使出浑身解数，向观众“推销”你的影片。但即使影片一开始抓住了观众的眼球，你依旧面临着其他的挑战，快速的开场过后，会出现节目名称或者小标题，这时你需要迅速切入最精彩的片段来留住观众，用最值得品味的场景来讲述故事。

我见过太多影片因为开始的几分钟节奏太慢，或未能让观众有代入感而失败。很多导演跟我说“坚持看完最开始的十分钟，后面会变得越来越棒”，但观众为什么要这么做呢？同样的道理，许多系列节目都因为第一集而失败了，节目可能有很棒的概念，但它们在第一集用介绍式的场景和内容来开场，而不是讲故事。如此多的系列节目都这么做。即使我们要以旁观者的身份进行讲述，但至少要保证影片开场的可看性。

开场的关键点在于进入故事前不必过度介绍背景信息。你只需要给出必要的基础信息，而对它的具体阐述需要在故事行动中体现。比如，《杰米的校园餐食》最初的剪辑版本中，在节目名称出现后、故事开始前给出了很多导演觉得观众需要知道的信息。这是很多导演会用的开场处理方式，例如解释为什么杰米选择从位于泰晤士河南边的格林威治小镇的基德布鲁克学校开始。那里的人口总数为 220000 人，15 岁以下的人口比例为 21%，46% 的人口属于社会经济分层的 C2，D 和 E 层级。那里有 66 所小学、14 所初中以及数以百计的学校厨娘，她们中有部分兼职的、说着不同的语言……至此你的观众已经失去了对这个节目的观看欲望，并且转向其他台了。这是我们都会抗拒的开场内容。

如果你参考一下好莱坞的电影（当你拍纪实类节目时，好莱坞电影非常有帮助），会发现它们极少以大量的信息开头，例如在《道奇城》中，在故事开始之前，不会具体介绍这位牛仔英雄的背景、他的移民祖父、他有多少兄弟姐妹，他在哪里出生等，而是以动作戏开场。在美国，影片的节奏会更快，节奏的重要性也更突出。

安翠雅·王

生活时间电视网（Lifetime Networks）前任首席执行官

美国ABC电视网非主流节目部执行副总裁

欧洲的演播室节目引进到美国基本上保持原样，不需要有很大的改变。但两地在真人秀节目方面，有着不同节奏。美国人喜欢节奏很快、情节更为跌宕起伏的真人秀，这就意味着他们在节目开头就要看到让人眼前一亮的东西，并且在节目中的任何一个时间节点都能有强烈的感官刺激。美国人不喜欢太多细节上的东西，他们不太追求细节和情感共鸣，你只要告诉他们现在是一个高兴的时刻、一个悲伤的时刻，或是需要感到焦虑的时刻就可以了。你需要用剪辑、音乐等所有你可以用上的方法让他们产生这些体会和感受。

尽管如此，当你在制作自己的影片时，总是会出于某些原因觉得必须给出足够的信息。我自己当导演的时候也会控制不住这么去做。几乎每一个粗剪版的影片都需要或多或少地删减信息，而《高层麻烦》这部我参与过很多季的节目尤其典型。其中某集影片在21世纪初期拍摄完成，讲述了一个前景堪忧的私立学校能否生存下去的故事，这座名叫兰诺赫（Rannoch）的学校坐落在苏格兰的一个孤堡里。当我第一次走进剪辑室，先导片还停留在各种人物的介绍——学校学生、校长、财务主管等。整个先导片没有故事路线图、没有提出问题，只有答案。先导片描述了学校关门当天的情形，直接给出了答案（这所学校失败了），而不是抛出问题。这些内容中没有促使观众去关心的点。当然，像我之前说的，当我自己导演时可能会出现同样的问题，因为如果没有外援帮助，你很难将重点一直集中在考虑这部影片是关于什么的，它为什么重要，以及为什么我们需要关注这个问题，哪怕它其实埋着很多宝藏。

简·露特（时任BBC 2频道的老大，刚卸任了探索频道的总裁）一直都擅长制造流行词。例如，当初的“修辞”（Trope）和如今的“此时此刻”（in the moment），这次我们可以把它们都用上。“修辞”是指那些可以定义你的影片、使之与众不同的元素。在《十亿美元日》（*Billion Dollar Day*）这部我导演的关于外汇交易员的影片中，“修辞”是一大群人抽烟的特写镜头（那时候人们还可以在办公室抽烟）；在《地毯上的血迹》中，“修辞”可能是一连串黑白的用超 8 毫米拍摄的历史镜头；在《活出梦想》(*Living the Dream*)，这部跟拍人们抛弃单调工作，开始追求自己的理想事业（如家庭旅馆）的影片中，“修辞”指的是用《当哈利遇见莎莉》(*Harry Met Sally*) 式的风格拍摄的一对夫妻述说他们之间的问题的场景。

为了赋予这些影片强烈和鲜明的特点，这些“修辞”甚至会被赋予特别的构图形式，被赋予强烈的个性特征，比如用特别的颜色或者一个大广角镜头等任何有形式感的东西。

简·露特

探索频道前任主席，BBC 2 频道前任总监

新乌托邦公司现任 CEO

“修辞”是可以在你的脑海中留下深刻的记忆和印象的一个装置、一段旋律，或是一个人做的一件事、一个画面、一个标志。它就像一个少为人知的、你用魔法召唤出的世界。《办公室》(*The Office*) 中标题后的场景就非常棒——影印机不停地出纸，暗示着单调和灰暗的世界及其不断重复的本质。办公室里机器的刺耳声音就是《办公室》中的“修辞”。《致命捕捞》中的“修辞”则是一阵阵向你袭来的海浪，总有一股海浪可以击中你。

在这部关于兰诺赫学校的影片进行剪辑时，出现了一辆列车穿过兰诺赫高地 (Rannoch Moor) 的场景。当我看到那辆火车的时候，立马就想到了当时刚上映不久的《哈利·波特》。在《哈利·波特》的“修辞”中，也有这样一个实景镜头。兰诺赫竟然和霍格沃茨如此相像！那为什么哈利·波特不能成为这部影片开场时的“修辞”呢。于是我建议导演用一群孩子坐在开往兰诺赫高地的火车上的画面开场，并使用了《哈利·波特》的音乐。导演已经拍摄了一些关于火车的、新颖而有视觉风格的画面，但他有点担心，因为大部分的孩子其实都是坐汽车去学校的。导演们有担心是好的，但我告诉他，我确定部分学生是坐火车上学的，因为素材中间出现过这个场景，于是我们同意使用这个开场。坚持保证节目的真实性当然是重要的，我甚至认为这是区别好影片和坏影片的标准。但同时我也坚信，让观众了解是有 8 个学生还是 15 个学生坐火车上学，抑或有 3 个学生是坐着沃尔沃汽车上学之类的信息没有任何意义！这点我们将在后面详细解释……

所以我们采用火车开场，火车上坐着的是前途未卜的孩子们。节目的主要英雄人物自然就是学校这位出色的新任市场总监，看她能否招来更多的生源。与之相对应，节目最大的悬念就是：这所学校能不能生存下去。

建立时间线

在节目名称出现后，我们并没有给出太多学校的相关信息，而是立即引入时间的概念并以一句简单的台词开始——“兰诺赫学校即将迎来新学期”，我们的英雄也马上要开始新的征程。接下来我要分析的这个鲜活而真实的段落并不是按照时间顺序拍摄的。在学校里，新的市场总监准备启程去招更多的学生，而在学校外，一个电影院正在放第一部《哈利·波特》的电影。这个场景不仅充满了能量，也在视觉呈现上很好地展现出市场总监准备放手一搏，可能很快要守得云开见月明了。又一次，导演原本拍了这段很棒的场景，但把它藏在了影片的后面部分，而把它提前，可以让整部影片以鲜活而紧迫的行动开场。这一个段落也并不受时间的限制，只要是真实发生的，能体现出市场总监仍在努力招生就行。下面表格中的内容是令我满意的影片开场部分，左边一栏有我的评论。

《高层麻烦》

《兰诺赫高地无人领导的学校》，BBC 电视台

时间推移	**旁白**：学期开始。学校所有的希望都寄予在市场总监身上。兰诺赫学校对于非寄宿学生来说太远了，但对寄宿生来说却是个不坏的选择。 【开车穿过森林】
充满活力的真实场景	**旁白**：海伦启程前往珀斯，开车大概需要 90 分钟。她希望能在那里多招些学生。 她一边开车一边接受采访。 【到达电影院】
这个非常好的想法，后面需要详细阐述	**旁白**：她不是一个人，海伦带着属于自己的哈利·哈里森 (Harry Harrison) 一起来的，哈利·哈里森穿着来自兰诺赫的第一代校服，身着披肩、戴着眼镜。 电影院外的背景声音浮现。

所谓艺术源于生活，《哈利波特与死亡圣器》(*Harry Potter and the Deathly Hallows*) 的制片人曾去过兰诺赫车站拍摄了哈利·波特和其他人等待霍格沃兹列车到达的情景，来结束这一系列影片！

所以一旦你完成了先导片的剪辑，接下来的一步，就是将接下来的十分钟剪掉，或是至少把这十分钟明显缩短。要让行动继续，把最好的现场画面用上，使故事及时、有动机地展开，并且只有当你真正需要时，才加入一些简单的旁白。最重要的是能让现场的情节尽可能快地往前推进。我看节目时，手边的笔记上大多记着这些问题：“这是讲什

么的？”、“现在发生了什么？”、“什么时候发生的？”，还有“我不知道现在到哪了”。这些问题在我们审片过程中不断地重复！而这些问题都是需要说清楚的，尤其是在开场部分。

用行动来解释

在观看电视剧时，你可以随着故事的推进自然地了解背景信息，因为解释都包含在情节中。不过很多纪录片制作者们尽管都试图运用戏剧化结构，但他们都觉得需要告诉你所有的背景信息，有时甚至会在真正的故事开始前花上十分钟时间，而不是在故事发展时用情节来传递这些信息。

相反，这个关于兰诺赫的现场段落已经为女主人公和她的追求设置好了冲突和危险——她能否让学校存活下去。我们是通过影片中的行动看到这一切，而不是通过讲述。

如果节目的冲突点发生在英雄和反派这两个角色间，另一个不错的处理方式是通过现场画面的对比，来凸显冲突。例如在《杰米的校园餐食》中，节目名称出现后，我们直接切到杰米和家人们一起在家做饭的场景，他们在聊抚养杰米备受宠爱的小女儿波比(Poppy)需要花多少钱。在剪辑的时候我们发现这个场景如果单独存在的话缺少力度。杰米在镜头前说的话不太好(这部分是在剪辑前一年拍摄的，所以不太好并不让人意外)，缺乏力度，而且没有提及他要解决的问题的规模及其历史，而这些才是我们需要的。但我们也不想加入太多的旁白。

于是我们补拍了一个新的场景。同样在他家厨房，杰米面对一台摄像机满怀激情地描述了学校食堂存在的历史问题。再次强调，这是一个没有时间限制的场景，仅仅是对着镜头阐述事实，是美国电视网中纪实节目常用的内容。

我们成功地将杰米贴上了“博学、有爱心和愿意面对问题”的标签后，立刻将画面切到在基德布鲁克学校嘈杂餐厅内的诺拉身上，问她对杰米有什么样的期待，用这种对比来保持影片的张力和动力。

这意味着观众可以认识到不同的两个人各自的期待，也加强了两人相遇后的紧张气氛。我们还反复打磨了杰米和诺拉的每一个镜头，展现他们的期待，然后迅速进入学校部分。但还有个错误。杰米第一天就开着他的那辆玛莎拉蒂到学校。这是我想出的蠢点子，我希望他能在第一次见诺拉时开着他最好的车，我甚至花了很长时间才说服他这么做。毫无意外，这让杰米注定成为那种人们一看见就会讨厌的人。除了他那辆拉风的车之外，他还因为导航问题迷了路，迟到了很久，这些可能看上去很搞笑，但却让人觉得他不是真的关心学校食堂问题。这也是起初这个先导片不行的原因之一。

当你做错事时，最关键的是要勇于承认。我就经常会犯一些错误（电视圈的每一个人应该都有犯错的时候，尽管他们不想犯错）。当你丹麦的朋友告诉你，你的系列节目的第一集就是一部垃圾，因为观众根本就不会关心，这会对你有帮助的。

这个错误促使我们去寻找杰米面对摄像机表现出关心的素材，终于从之后拍摄的部分找到了，这个场景是在他开着路虎时拍到的。同样，这也是一个没有时间限制的场景，可以放置到任何一个地方。我们用这段素材替代了他开着玛莎拉蒂的情景，他的形象也从虚情假意转变成了一个真的对一个被忽略了的问题投入了心力的人，这也可以同样促使观众萌生关心。

剪辑有时感觉像开着一辆老式的蒸汽火车，有很多档可以调整，换个两三档，整部影片也完全不同了。《杰米的校园餐食》就彻底被下面这三个简单的事情改变：

- 在先导片最开始就放上孩子们因校餐而受苦的内容——这样你才会关心。
- 将最新拍摄的关于杰米的素材放在第一个同期声场景中出现，展现出他将要面对的挑战的难度——这样你才会关心。
- 将开着玛莎拉蒂的素材去掉，换成充满激情的场景——这样你才会关心。

仅仅搞定了先导片和开场的前几分钟是不够的。一旦你将观众吸引住了，你还要能留住他们。环环相扣的段落会有帮助，不断提出小问题，然后得出小答案，形成情节的持续性，还要掌握好节奏，就像交响乐和舞台剧有不同的动作和表演节奏一样。但尽管你做了最大的努力，影片还是会出现疲软点，观众也可能会流失。这个节点迟早会出现，但一般会发生在影片三分之二的地方：在一部47分钟的影片中（英国第四频道一小时节目的标准时长），它一般会出现在30分钟左右。你需要在这个节点处，加点戏剧性，最好是一个惊喜，营造出转折或是反转的效果。将一些震撼性的场景放在这里会很有帮助。在《杰米的校园餐食》节目的第一集中，我们的反转就出现在节目三分之二处，让学校食堂的厨娘诺拉前往杰米的十五号高级餐厅工作，采用了一种经典的交换工作的模式。

反转和惊喜

即便你有一个强有力的开场，接着有一系列震撼性的同期声画面，在影片三分之二的地方还设置了一个反转，但这些还不够。影片还需要有一个大问题和大答案，在每一个场景中还要有小问题和小答案，相应的也要有大反转和一些小反转。

当你在处理场景时，要让它们动起来，加快速度，你也要想着怎么给你的影片加入节奏和惊喜。你要尝试运用各种层次的情感来调整影片，如此观众才不会猜到接下来会发生什么，才会有好奇。当你希望赋予影片以戏剧性和节奏时，你会发现后期剪辑时最悲惨的一点，就是你的尝试往往以失败告终，很多时候甚至起到反作用。当发生这种情况时，有一点非常重要：记住最好的剪辑应该是向前两步，向后一步。后退的这一步并不会让你前功尽弃，因为你在尝试一个大的改变。

这个原则同样适用在立项阶段，例如《最高档》，在1990年代末，汽车测评类节目已经经历了很多年，几乎没有改变。很难想象这类毫无新意的节目还可以做哪些改进。当《最高档》的领衔主持人杰瑞米·克拉克森离开该节目去做其他的节目，例如环游欧洲和做自己的脱口秀，对《最高档》来说这是后退一步，但正是这后退的一步为它向前两步提供了动力，就像我们此前讨论过的，创造出了这档火爆的超级热门节目。剪辑也是一样。所以要勇敢地面对，同时也要听取激进的建议。

勇敢并做出大的改变

最重要的是要尝试各种各样的事情，特别是在剪辑的时候。只有从真正不同的角度去审视你的影片时，才能够认识到有哪些需要改进的地方，以及这些改进行不行得通。

如果你只是尝试做出一些小改变，你可能永远都不会得到优秀的作品。事实上，有时你剪辑完成的影片甚至和你预想的完全相反。所以能够跳出原有框架再次思考是关键——去关心你拍到了哪些素材，而不是你想要拍的素材。事实上你应该明白你没拍到的素材已不重要了，重要的是你拍到了什么。

斯蒂芬·若罗维茨的剪辑小提示5

当陷入困境时

就像生活中人们经常陷入困境一样，你影片中的人物也会陷入循环的困境，不断地回到原点。但影片需要向前推进，所以你要打破这个循环，将它变成向前的路。如果你找不到其中的故事，如果影片真的变成了一个圈——很多影片都是如此，你在一个特定的地方开始，然后走了一半发现你又回到了原地，意味着你走进了剪辑的循环怪圈，你需要找到出口！

叙事是在建立影片的骨架。当你有了骨架才可以开始剪辑。如果你连圣诞树都没有，你不可能把圣诞装饰品挂上去。你需要有树干和枝条才能把东西挂在上面。

当你在压缩影片时，聪明的做法并不是削减每一个场景的分量，而是将一些不要的整段场景和角色扔掉。你也许会舍不得，但必须要忘记它们，往前看。观众永远不会知道它们的存在，或许它们的存在对影片一点帮助都没有，这样想可能会好过一点。

斯蒂芬·若罗维茨的剪辑小提示6

剔除日

很多角色一起被去掉。剪辑时总会有这样一个“剔除日”，你需要说服导演由于时长原因，一些他心爱的人物和场景都需要被剪掉。将这些人物两两并排，然后删掉那些不适合影片的。最后总会有一个最强的人物脱颖而出，成为影片中讲故事的那个人。

移动各个段落的排列顺序可能会改变影片整体的感觉。但是彻底删除一个段落并用另外一个段落代替，对影片的影响更大，尤其是在奠定基调的前几分钟。在《杰米的校园餐食》中，当我们去掉了杰米看上去虚情假意的场景，而代之以一些更加严肃的场景后，整部影片的气质也完全改变了。

有时，这就像一个拼图，当你拿走一块素材时，你会想从之前丢弃的部分再拿一块补上。英国第四频道的纪录片副总监西蒙·迪克森是剪辑方面的大师级人物，有一次我和他一同出席一个看片会，他建议影片做些调整，第二天再看改过的片子时，他又否决了之前的提议。有时，导演会很气愤地质问他为什么刚开始的时候让他们改，西蒙给的回复是，现在这部影片已经不是之前的那部了。确实如此，你的每一次重新剪辑，都让它成为了另外一部不同的影片，也许之前版本中不适合的部分，现在反而适合调整过的新影片了。相反地，你必须承认，有时看上去行不通的尝试反而会带来很大的改变。

西蒙·迪克森

英国第四频道纪录片部门副总监

《家庭》和《忙碌的产房》的立项主管

一个好的剪辑人员应该是敏感和粗暴的混合体。剪辑意味着丢弃、删减、清理内容。我们谈论过故事的真实度，以及为什么真实总是更好的，但没有一部纪录片应该包含所有的内容。纪录片绝不能曲解和改变事实，但这并不等于你需要呈现每一个你拍摄到的东西。

在《家庭》或是《忙碌的产房》这两档节目中，每天有三组人、多达40台摄像机24小时不间断拍摄。但是这不代表你需要展现全部素材。如果你想要看见一个妇产科医院三周里发生的所有事情，你应该在一家妇产科医院待上三周。

纪录片并不仅是一门关于时间和运动的技术，它远非如此。即使你用40台摄像机拍摄，你依旧是以个人的角度阐述在某个空间和时间内发生的故事，呈现的是你想让

> 观众看见的、希望观众跟随的旅程。
>
> 当然那些长时间每天要看72个小时素材的人，可能会失去取舍的能力。这时需要有人参与进来，带着诚实和同情心分辨哪些是有用的素材，哪些是没用的素材。对任何一个导演来说，这是剪辑过程中最有用的帮助。

经历这些过程需要时间。所以尽量试着从其他的地方省下预算来，争取更长的剪辑周期，或者在最后请求增加剪辑时间。当你推算时间表时，在条件允许的情况下秘密地留出额外的一周时间以防万一，但同时要当这多出来的一周不存在。你最终可能还是会需要它，或者用各种手段来争取更多时间，在系列节目《高层麻烦》获得成功之后，我指导拍摄的下一部作品是《家庭游戏》(*Family Game*)。

这部影片属于在BBC长期备受欢迎的科普类纪录片（QED）[①]。我选择跟拍一位非常淘气的小孩转变的过程，有点类似于后来的《超级保姆》。虽然节目素材非常具有戏剧性也十分感人，但进入剪辑阶段时，我知道按照科普类纪录片惯常的剪辑时间肯定不够。我想要一个非常好的收视，所以我需要更多剪辑时间。怎样才能获得比一般科普类纪录影片更多的时间呢？

因为影片拍摄时使用了多机位，于是我以试验一种新型的剪辑方式为理由，向BBC要来了更多的时间。电脑上的非线性剪辑虽然是现在影片都会使用的剪辑方式，但在当时却是具有高度实验性的尝试。那时的电脑硬盘只有十亿字节的容量，虽然在当时已算很大容量了，而且非常昂贵，但存不下太多的素材，即便是画质较差的素材。而当时还可以用来存储素材的东西，现在叫作DVD，每张碟要花数百英镑，但被认为物有所值！于是我劝说BBC同意，让我成为第一个尝试这种新装备的纪实类节目制作人。然后我声明这样剪辑可能要花更长的时间。他们相信了我，我多了一个星期。

其实只多了一个星期的时间去琢磨和剪辑，但因为用了电脑确实变快了，尽管我们的手指都敲的麻木了，还出现了多次死机。影片最后很成功，获得了39%的观众收视份额，部分原因可能就是因为我争取的额外的一个星期 [很可笑是吗？并不可笑。威姿（Avids）系统原本是用来加快剪辑速度的，但是在拍摄时，时间进度就修改了很多次，还因为拍摄的素材很多，剪辑修改得也更频繁。这有点像处理文字信息，不管给予的时间多长，一定是在时间节点到达时甚至超过后才完成工作。一定是这样！]

剪辑《家庭游戏》时我压力很大，因为我试图进行根本性的改变，按照自己的准则来。正如我此前强调的，只有你自己认识到行不通，才会愿意从偏离的轨道回来，才会意识到

---

① 译者注：QED来自于拉丁语quod erat demonstrandum，意指“需要被证明的东西”，BBC用它来指称从1982—1999年播出的一系列大众化的科学纪录片。

一些小的调整可能会更好。

一天早上，BBC 科普类纪录片的执行制片人来到剪辑室审片，而且比我早到。当时我正在进行一些小的调整，她在我到之前快速地看了这个调整，但并不喜欢。于是她自己又重新剪了一遍——这是电脑的妙处。我告诉剪辑师别理睬，这不是我们必须遵循的流程。斗胆说上一句，让执行制片人一边待着去吧，尤其当他们犯错误的时候。

斯蒂芬·若罗维茨的剪辑小提示 7

如何知道能不能成功

当导演有一天对你很粗鲁时，就是你知道影片会成功的那一刻，因为他／她不害怕你了。大多数的导演都会在某一天将你“打倒”，你还会说：“啊，这是部好的影片！”他们完全自信、已经胸有成竹了，也不再需要对你笑脸相迎。

总的来说，剪辑室最好的一点是，你错过多少素材压根没有关系，剪辑师不知道，观众们也永远不会知道。毕竟，你不可能将所有的事情都拍摄下来。记住要尽快地整理素材，然后在剪辑进行到三分之一的时候搞定先导片，再用一些更鲜活的同期声场景构建紧接着的 10 分钟，最重要的是要用你拍摄的所有素材，讲一个故事。

如果你能遇上几个魔术般的时刻，你一定会在剪辑室获得乐趣。不论你有哪些素材，都希望你能在剪辑时搭建好故事。当我大晚上被叫到剪辑室去帮忙解决一些影片的问题时，很多人以为我会建议再补拍更多的素材，但我几乎没这么做过。哪怕是我介入比较早，还有时间可以拍摄时，我也经常会说先不要拍了，省些钱，将精力集中在后期剪辑上吧。你的素材可以一多再多，但剪辑的时间从来不会一长再长。好好想想这句话。

第 5 章　爱——管理好你的嘉宾和事业

管理主持人

编剧，拍摄和剪辑都非常重要，但是同样重要的还有激发人的积极性以及管理他们，从明星、普通的节目出演者到你的团队人员。有的时候，还要跟你的上司打交道，这往往是最困难的部分。我们从管理节目主持人或讲述者开始谈起。

大部分优秀的影片，都是关于人的，大部分出色的故事也是如此。如同拍电视剧时，最重要的工作之一就是处理和演员们的关系，因为你需要激发出他们最好的表现力。而在纪实类节目中，则需要搞定主持人或是嘉宾。他们的自我可能非常脆弱，尤其是当他们经常游走在危险的边缘时。所以要用心地倾听他们，尽量地表现出你的兴趣和着迷。毕竟，如果你都没兴趣的话，那还有谁会有呢？(如果你有一个像约翰爵士或者杰米这样既聪明又风趣，而且健谈又有态度的主持人的话，那会顺利很多)。记住，你是在建立一种人际关系，就像是建立恋爱关系一样，从一开始你就需要很清楚地知道怎样才能行得通，并且一以贯之。你就是一个可靠的、值得信任的工匠，正在用石头砌一个他们可以翩翩起舞的舞台。你需要喜欢并且欣赏他们，慢慢地引导他们给出你真正想要的东西。

你的主持人表现越好，你才会更好，所以在拍摄时不要居功。这样主持人才会更信任你。如果他们告诉媒体，节目中那些你想出来的的闪光点都是他们的想法，你可能会不太好受，但这也是你成功的标志。如果大众对你的主持人赞不绝口，而其实他不过只是按照你的指导在做，这可能也会让你难过。但这些都没有关系，因为这样你的影片才可能更好，下一部影片也才会更好，甚至你还会拿几个大奖。我见过很多自尊心非常脆弱的导演。他们迫不及待地在主持人面前卖弄。而如果他们炫耀失败，结果可能会更糟。他们可能会采用一种华而不实的炫耀式的拍摄方式，这会破坏节目的自然性。最后，这种方式会使得主持人产生厌烦情绪，导致出来的影片效果更差。

当然，你可以去找像约翰·哈维·琼斯爵士或者杰米·奥利弗这样非常少有的没有明星架子并且一直保持真实的主持人。但是万一你碰上了那些不容易相处、难以理喻、非常自大的嘉宾，你要怎么去爱他们呢？你要记住的第一件事就是，正如导演是由自大和缺乏安全感这两种混合燃料驱动的一样，如果两种燃料的比例失调，其中一样偏多时，那么就会爆炸。主持人也是由这两种燃料驱动的，而且他们的燃料更足，才能促使他们不仅在荧幕上，而且私下大部分时间（如果他们有名的话）都带有一定的表演性，因为他们不得不暴露在外，接受评判，不仅仅是在影片中，还有他们的私生活。不要只记得主持人身上的傲慢，还要记得他们随时随地都在袒露自己的痛苦，不要忘记他们是多么的脆弱，以及有多少需要隐藏的不安全感。

米歇尔·库兰

《学徒》执行制片人

我是第一个拍摄安妮·罗宾逊（Anne Robinson）的人。别人常说她是怪物，事实上她不是。和艾伦·休格一样，她只是不喜欢被愚弄。在现实生活中，他们处理事情非常迅速。所以他们没有耐心和时间和那些不明白他们在干什么的人相处。

我觉得解释过程总是有作用的。他们出现在荧幕上，并不意味着他们了解整个过程——比如他们不了解剪辑的过程，或者你所需要的造就你的故事的东西。我经常碰见很多导演因为把主持人看得和他们一样专业而犯了更大的错误。导演们会疑惑，为什么当拍摄需要延时或是需要主持人再拍一遍的时候，主持人却不愿意配合呢？如果你只在拍摄的时候才和主持人打交道，再碰上下雨或断电，主持人的确可能不会配合。所以和主持人一起喝杯咖啡、吃顿便饭、聊会天，当问题出现时，你才可以应付得了。主持人需要感觉到自己是团队成员之一。

所以，在制作影片时，要热爱你的主持人，让他们感觉到可以最大限度地依赖你，这会非常有帮助。让他们感受到自己的重要性，给予他们信心，要去不厌其烦地赞扬你的主持人或嘉宾。这非常重要，尤其是当他们要勇敢地与世界对抗时。永远不要命令他们应该做什么，但你可以开玩笑式地和他说该做什么，就像整个节目是你们一同进行的游戏。你的主持人身边围绕着的是一群不停称赞他的人，他们自己也会看上去信心满满——尽管内心他们可能极度担心，甚至比导演更担心自己的表现会不尽如人意。第二个你要记住的要点是，如果主持人着实难对付，那你就需要控制好剪辑，甚至自己剪辑了。我记得有一次，杰瑞米·克拉克森出现在了剪辑室开始进行创作，我和他的意见产生了分歧。他说：“我不赞成剪辑室里的民主”。我回答道：“我也是。”我向他解释，我才是这个故事的讲述者，我的工作就是运用电视规则和剪辑技术使他看上去很棒，他必须相信我！我没有食言，我们在制作《飞驰电掣》(*Speed*) 这部关于各种高速交通工具的系列节目时，合作非常愉快。他从中学到了如何提出大问题以及架构影片结构，而我也从他这位曾经的机会主义者那里学到了很多东西。

什么时候采用主持人的想法

进行有关剧本的讨论会时，非常有必要让主持人也参与其中。也许他们不了解电视或者不知道该怎么讲故事，但这不妨碍他们提供好的点子，就像约翰爵士那样。所以如果可能，尽量让他们也参与进来。大部分的主持人都不了解电视制作的细节，但是他们却对电视媒介有着非常敏锐深刻的见解，这也是为什么他们能在电视上成功的原因。所以在你丢弃他们的想法之前，一定要仔细思考，即使你认为那些想法很荒诞，有时也还是需要顺着主持人的意思尝试拍摄。谁知道呢？也许他们的想法是对的，反而你的坚持是错的。如果你确信他的点子不是很适合，你也要迎合他们，并且告诉他们你会仔细考虑的，然后自己悄悄忘记就好。当你自己提出想法时，一定要小心不要用太命令式的语气。你的工作是让主持人有好的状态从而有更好的表现。

有时那些缺乏安全感的导演急切地希望证明想法是他们的，于是非常专横地告诉主持人该怎么做，但是在拍摄过程中，导演针对主持人最核心的工作是要处理主持人的不安全感，并且让主持人感觉到导演们的这些想法也属于他们。毕竟主持人才是需要消化这些想法并且将其表现出来的人。即使你没能让他们觉得这些想法变成了他们自己的，也要尽量避免用命令式的口吻告诉他们应该怎么做。

米歇尔·库兰

《学徒》执行制片人

如果你真的被主持人惹怒了的话，应该是因为他们过于温和而无趣，你并不想让这样的他们呈现在荧幕上，这样成不了伟大的角色。一个固执己见的角色，才是你所需要的能吸引观众的角色。而与之相伴的一面是他可能在摄像机之外也固执己见。如果他们非常焦虑，要认真地听他们倾诉。最困扰他们的东西恰恰是他们的脸要呈现在屏幕上，如果他们的表现很糟糕或者无法传达信息，那么在观众看来会非常愚蠢。他们需要感受到别人的支持。主持人也希望节目做得更好，但是如果他们始终表现不好，那就是因为我们没有解释清楚我们需要什么，以及为什么需要。

佐伊·柯林斯

杰米·奥利弗的执行制片人

请记住经常表现出你的友好。

经历风雨，才能见彩虹

在现场拍摄时，你可能会需要主持人（和嘉宾）做一些他们不太想做或毫无兴趣的事，所以你要事先和他们建立关系，你才能真正地热爱你的嘉宾们，和他们打成一片。你要真正地与他们亲近，或以打趣的方式委婉地让他们按你的想法去做而不是命令他们。但也不总是如此，在你非常热爱你的嘉宾并且让他们有安全感的前提下，有些时候，你也可以勇敢地做一些对他们最有益的事情。这也是电视行业最重要的规则之一：你要说服你的嘉宾，在塑造他们的电视形象时，你需要让他们吃点苦头，才能有好的效果。虽然这很难，但却至关重要。

也许你希望在剧本方面保留点小秘密，即使是对主持人，这样他们才能呈现地更加自然和真实。想要他们在电视上表现出色，必须要让他们克服困难。所以当你已经获得他们的信任后，你需要劝服他们，如果他们希望表现出英雄气概，那么就要呈现出克服困难的状态。这就意味着需要设置一些困难让他们去征服。你需要把有待解决或摆脱的问题给到他们，并将这些问题称为挑战。不要问你的出演者“你遇到的最大问题是什么？”而是“你遇到的最大的挑战是什么？”这样没那么有威胁性，两者得到的回答一样，但是后者会更容易奏效。

这可能表现在一些细节上。比如，给杰米·奥利弗设定在街头市场找到正确的食材的挑战，尽管其实食材并不难找，因为杰米的助理们会帮他找到一切。但如果你斩钉截铁地告诉他不能找人帮忙，只会惹怒他，而如果他找人帮忙，这可能就破坏了整个的剧情设计。既然这些挑战是节目中的重要情节，为了使它不被破坏，就需要以一种委婉的方式，打趣式地告诉他不要找人帮忙。不是以“不！绝对不可以！”这种命令式的口吻，而是以“笨蛋，没他们你自己也可以找到的好吗！”最终需要落实到建立关系和信任，所以你一定要清楚自己在干什么。

上述和主持人相关的注意事项同样适用于嘉宾。与对主持人不同的是，只有在嘉宾马上拍摄前，才能给他们看整个剧本。想要说服他们为了塑造他们的英雄形象，就必须直面挑战，可能会更棘手。因为他们并不是专业的电视人，例如在《重返基层》中，就有很多老板们发现自己很难再回到基层。在一个“让鱼儿离开水般”的剧情设置中，吉莉安·杜查梅，英国上流女校博耐顿的校长，在面对市中心综合学校学生的第一节课时，曾以泪水结束。但是因为在沟通后，她敢于继续接受后面更大的挑战，于是观众们尊重她并且爱上了她。这个过程中，观众们对英国的教育也有了更多的了解。这是一部值得记住的影片，吉莉安·杜查梅也受到了很大的震撼，并改变了她的人生——她决定辞去博耐顿的工作。但有时事情会变得更困难，卢克·杰克逊（Luke Johnson），当这位贝尔格餐厅的老板就在他自己的餐厅厨房被一位下属员工质问时，他扯掉了身上的无线麦克风并且大叫“我已经受够了，你们可以结束录制了！”导演把我叫了过去，在贝尔格餐厅的橱柜前，我们一块说服了卢克继续录制，我觉得他后来在影片中的呈现效果也不错。

在必须面对挑战时，即使是杰米有时也会变得犹豫不决。面对挑战不是件容易的事，它会使当事人很累并且充满压力。但你的工作就是要在这时勇敢地用充满爱意和幽默的语气推着主持人或者嘉宾，让他们去接受下一个挑战。只有这样，他们在电视上的表现才会好看，如果他们没有战胜任何困难，既没能展现他们在压力下的个性，也看上去没有英雄气概的话，会让整个节目平淡无味，观众也不会喜欢上他们。

在面对主持人和嘉宾时，你要抱有一种严厉的爱。你需要告诉他们什么对他们最好，同时还要一直保持倾听，因为他们的想法可能比你的更好。这对刚接手一个节目的新导演来说很难，因为你的主持人或者嘉宾可能已经习惯了之前的导演，争取更多与他们相处的时间，就变得更重要了。当杰米和一个新导演进行《意大利大逃亡》的录制时，他认为自己在《杰米的厨房》和《杰米的校园餐食》中已经挑战够了，他不想再接受挑战了。对于新导演来说，这是一项棘手的任务，因为第四频道（和我）都认为杰米还是需要一些任务挑战的，毕竟我们需要在节目中讲一个故事，而不是在拍一个类似塞恩斯伯里超市的广告。对于接手《金丝雀码头的噩梦》的导演来说，也同样是一项困难重重的任务。因为这个节目开始是由我和珍妮特·斯却特·波特负责的，在我之后接手约翰·哈维·琼斯爵士节目的导演也是如此。

当导演们在劝说那些不情愿的“英雄”们接受挑战时，任务越难，导演们越需要表现出镇静，这样劝说才有效。即使他们内心已经紧张到不行了，表面上还是要继续用打趣的方式说服嘉宾给出导演想要的东西。就算你认为整部影片就是一场灾难，所有的努力都白费了，也不要让你的嘉宾知道。如果他们的表现没有达到你预期的效果，也不要说出来，否则他们可能会崩溃，要说你非常满意但是……即使这么说也可能给他们毁灭性的打击。请记住，他们都非常敏感。

亲自参与到剪辑当中对整部影片的质量保证非常有效，并且不要将没剪完的片子给主持人看，除了一些特别题材或时事新闻类等你必须和主持人共同参与制作的影片之外。比如，《明日世界》的主持人就像出镜记者一样，经常自己写剧本初稿，并且深度参与到剪辑当中。如果主持人本人就是制作人，像大卫·艾登堡（David Attenborough）或者迈克尔·摩尔（他会亲自剪辑），那我会希望他们参与剪辑。最让人满意的情况是你拥有一个像约翰爵士、赫斯顿·布卢门撒尔或者杰米·奥利弗那样既繁忙又信任你的主持人，他会让你全权管理一切，但会不时地丢一两个创意，或者在最后想出几句经典台词。

在《杰米的校园餐食》刚开始时，我说服杰米，如果我来制作整个系列的话，他需要保证像约翰爵士那样，不踏足剪辑室，直到片子基本剪完。即使他不满意某些地方，也由我最终决定是否进行修改。尽管他是投资者，但我才是那个客观看待事物的人。

在第一期《杰米的校园餐食》基本剪完时，像其他的嘉宾一样，杰米收到了一份正式的看片邀请，我们一边喝着红酒一边讨论影片准确性的问题（这本书后面我们也会探讨跟嘉宾看影片时出现的各种各样的问题）。幸运的是他很喜欢，我们也用事实证明了那些挑战让他看上去更有魅力。他非常勇敢，而且也懂电视。他对我们非常信任，我们后来甚至只用给他寄节目 DVD 就可以了，信任是最难得的，因为往往会“当局者迷”。

在观影会上，约翰爵士或者杰米从来没和我产生过意见分歧，因为他们知道影片需要非常公正、精准并且充满英雄主义，而我们尽了最大的努力让它如此。如果说他们对影片有担心的话，杰米的问题基本上都是关于食物方面，约翰爵士则是商业方面，因为他们是这些领域的专家并且充满热情。在我看来，如果主持人自己就是投资者的话（这种情况也越来越多），就更要确保他们不要过度参与到剪辑中。当他们介入太深，可能就会失去客观性。

和嘉宾相处

和嘉宾的相处会比和主持人更难，他们大多是第一次出镜，而且往往你是拍一部关于他们的影片，而不是和他们一起制作影片。他们对于影片制作知之甚少，所以你必须说服他们参与其中，小心处理他们的名气所带来的负面因素，还得防止点燃他们心中由傲慢和不安全感组成的混合燃料。所以初次见面时拉近距离变得更加重要，你要尽力找到你们共同的兴趣爱好——你总能找到的。多花点时间展现你的魅力，赢得他们的信任，将他们拉到你的阵营中，然后抓住机遇，之后你会发现这么做非常值得。

几年前，我在印度南部一个简易的树屋上度过了圣诞节。我用一块平板搭在棕榈树之间，然后再铺上地毯，坐在上面静静地眺望大海。这对从事高强度制作工作的人来说，简直是治愈良药。平安夜当天，一个穿着制服、骑着自行车的陌生人出现在我面前说：“先生，有你的传真。”我当时并不明白他想干吗，直到他把一张揉皱的纸放到我手上。那是一份来自圣地巴勒斯坦的圣诞礼物，一份有关某位世界富豪的传真。我们团队里负责企业联络的制片人亚当·威沙特在以色列度假时碰巧遇见了谢尔登·阿德尔森（Sheldon Adelson）。亚当问我他是否应该买一套西装，然后去拜访谢尔登？白手起家的亿万富翁谢尔登（在我写这本书时，他是世界上第三富有的人，仅次于比尔·盖茨和沃伦·巴菲特，福布斯富豪榜上公布的身价为200亿美元）买下了拉斯维加斯中心的金沙酒店（Sands Hotel），然后把它炸毁了。他计划用25亿美元建造一座拥有6000间套房的翻版威尼斯酒店，里面包括圣马可广场、亚尔托桥、总督府和大运河，因为他和他的妻子就是在威尼斯相遇的。听上去是一个极具英雄主义（也很浪漫）的故事，所以我说："当然要去，但是不用西装。"在他们会面结束之后，我又收到了一封传真。我们有一个非常有潜力的故事去报道，但是这位亿万富翁非常谨慎。我也需要加入劝说的行列当中。

三个月后，在经过多轮的谈判之后，我终于在逾越节踏上了前往以色列的旅程，和谢尔登会面，让他安心。结果证明这趟旅程非常值得。事实上，这种方式通常会奏效。

彼得·摩尔

《学徒》前任执行制片人

可以试着告诉他们，他们的参与能使节目增色很多，因为他们想要表达的东西非常有价值和意义，如果他们不参与影片，可能他们自己都会后悔的。

米歇尔·库兰

《学徒》现任执行制片人

你需要给他们一个这么做的原因，如果他们的加入只是为了单方面满足你的需求，使你的节目更精彩，他们不会参与。如下这些东西可能会触动他们：在影片中他们可以倾诉自己的烦恼或者分享他们热爱的东西，或是分享那些对他们很有意义而我们也愿意挖掘的点。每个制片人都必须找到嘉宾要参与的理由。你不能逼迫人们去做他不想做的事，就算他们不情愿地接受了，节目效果也一定很无聊，最终你还是会把他们从节目中剪掉。

继续回到谢尔登的故事，谢尔登同意参与节目录制，于是一个月后，我便出现在了威尼斯的马可波罗机场，他的私人直升飞机刚降落。我想要从他和他的设计师那里了解拉斯维加斯地块的重建计划。影片的开场是观众所能想象到的亿万富翁该有的样子——典型难伺候的、从底层奋斗起来的自命不凡的成功人士。节目的导演西蒙·迪克森对美食极其热爱，在某次和谢尔登的交谈中，他提到曾在伦敦吃到一种非常特别的烤洋葱。我们从意大利回来后不久，就接到谢尔登的电话，他想要尝尝这种烤洋葱。于是我们在约定日期预定了位于富勒姆（Fulham ）的米其林餐厅的座位。当这位在我看来像缩小版的丹尼·德维托（Danny Devito，著名导演）的亿万富翁意料之中地姗姗来迟时，他正怒不可遏。因为他的私人直升机没能降落在他期望的地方，只能退而求其次降落在某个偏僻的次一等的机场。他坐下后，瞟了眼菜单，然后要求他的餐得换种烹调方式。餐厅的人有些不悦，他们不太习惯这样难伺候的亿万富翁，不过好在他想吃的菜单中也包含了洋葱。

当账单出来，我们要埋单的时候，我长长地舒了一口气，还好我们没被吃破产。我还很无知地问前台能不能帮我们叫一辆出租车。他们干脆地回答道："不行，你自己到街上拦一辆很容易。"不幸的是，街上还有其他人，我想得排队等了，所以我走到街角比较好拦车的地方。谢尔登站在我后面。终于，我看到排在酒店外队伍的第一个人成功拦到了一辆出租车，但是谢尔登径直走过去打算上车。我把他拉回来告诉他，他不能这么做，即使是亿万富翁也要排队。谢尔登回答道："我可以，因为整个队伍都是我的。"这些排队的人都是他的保镖和随从，他们飞过来保护他，在餐厅外"等"他。说完，他们都回到了自己的车上。

令人惊讶的是，这次饭局非常成功。我们继续跟踪拍摄威尼斯人酒店（The Venetian）的建设情况，包括占地四分之一英里的室内大运河。当时正在洛杉矶对将在二楼运河唱歌的贡多拉船夫进行角色海选，但是我们的导演西蒙把脚扭了，没法前往。原本我的计划是去澳大利亚出差，但是不得不临时改变行程，在好莱坞中途停下，下了飞机便前往一个小的可怜的舞蹈俱乐部，在那里我拍摄了一段更加令人心酸的影片。一个接一个的选手，干过船夫的，没干过船夫的都有，拉着小提琴，用悲伤的曲调唱起流行歌。只有个别幸运儿有希望被选中，撑起电动贡多拉的船桨，假装像真的大运河上的船夫一样放声歌唱。

我去拍摄的另外一个原因是希望让谢尔登放心。他刚出生的小儿子当时要在拉斯维加斯切除包皮，我接到电话，问我是否愿意参加仪式？我受宠若惊地回复他，非常荣幸接到邀请，明天就搭飞机前往。当天早上，客人们聚集在他富丽堂皇的客厅，品尝鸡尾酒和点心。小婴儿躺在一堆布上，阴茎明显地勃起。一个长相凶恶、像理发师一样的人举起了什么东西，应该是一把刀，但是从我的角度看不太清楚。他非常隆重地切下了孩子的包皮，孩子哭叫不止。我受够了时差、失败的贡多拉船夫、切掉的包皮。我决定取消在拉斯维加斯的行程，尽管我之前还没去过那。我直接跑去了机场，过安检进候机室，等我到伦敦后才给西蒙回电。我一直沉浸在震惊中，以致压根没意识到其他乘客已经登机，所以误机了。因为有场大型会议的缘故，其他航班的机票都卖光了，不过幸好我最终还是买到了一张。等我到达洛杉矶机场，等待转机去澳大利亚时，已是深夜。空荡荡的机场大厅里唯一一个独自在传送带转动的箱子，就是我的。这是又一个我把嘉宾哄高兴的案例，之后和谢尔登的合作也很愉快，虽然他在媒体中的口碑不好。

所有的工作都建立在信任的基础上，嘉宾可以察觉到你的想法和感觉。如果你跟他们相处，尽量不要轻易评价他们，至少在剪辑前不要这样。首先是他们能感受到，其次，纪实类节目很重要的一点，是不要提前对一个故事或者角色做出判断。但在调研阶段则恰恰相反，你需要判断得越细越好，因为你要打破常规去思考。总之等到一切结束之后再说。

让剪辑室里的素材说话，用时间来证明什么是真相。

将嘉宾拉上船

去过印度的人都会被当地的贫穷、脏乱以及印度人对待别人的行为态度所震惊，以至于他们很难从这种震惊中平复过来，去看一看真正的印度。所以当你身处一地时，不要贸然做出评价，这会妨碍你真实地去看待它们。先好好地感受，然后细细地看。能够品味真实印度的模样的人，都是先客观地去看，等到离开之后再"无情"地批判。这也同样适用于对待主持人、嘉宾和节目组人员。毕竟，在剪辑室里你有大把的时间可以评判。

当罗伯特·麦克斯韦尔和我到达《每日镜报》时，已经是午夜了，在他接手《每日镜报》的那天，我开始同情起当时和我住在一起的精神医生了，因为我们都有病人要治。当时我正处在镜报大厦的顶楼，面对一个新病人——麦克斯韦尔先生。他是一个在公共场合会失控对下属大吼，热衷于贬低他们的可怕男人。即使对他想要雇用的人或是亲生孩子们，也不例外。对于一个新病人，我只能暂时放下怀疑，不去评论，直到剪辑室。但其实录制时，我也确实非常喜欢他的公司。有时你可能会拍到一些恶棍，甚至是杀人犯之类的人，也要遵循这一原则。杜鲁门·卡波特（Truman Capote）在创作著名小说《冷血》（*In Cold Blood*）期间，对两名进入农场房间杀害了一对老年夫妇的死刑犯进行了跟踪取材。在他调查和写作期间，两名杀人犯认为自己找到了生命中最真实的唯一的朋友。他一周一周地前往监狱，去听、去尝试理解，但他从不做评价。他试着将自己放进他们的脑中，成为他们的朋友。当他将所有碎片式的笔记整合在一起进行写作时，他的评价出现在了书的开头，这让两名杀人犯非常惊讶。如果这些评价早就出现或者形成，那他不会真正地了解和收集到这些素材。

随着拍摄罗伯特·麦克斯韦尔的工作不断推进，他让我想起了《第三人》（*The Third Man*）中的奥逊·威尔斯饰演的角色。尽管威尔斯在片中是用伪造青霉素杀害小孩的人物，但是卡罗尔·里德（Carol Reed）导演却让观众对他产生了同情心。尤其当出现他敞开外套，亮出一排偷来的手表的画面时，观众也被他的魅力所吸引，佩服他的肆意妄为。

伊恩·罗伯特·麦克斯韦尔（Ian Robert Maxwell）的本名是简·卢兹维克·霍克（Jan Ludwik Hoch），他出生于罗塞尼亚一个贫穷的正统犹太教家庭，父亲是一位伐木工。当战争席卷中欧时，他逃出欧洲大陆，并且迅速学会了英语，他还以莱斯利·杜穆里埃（Leslie du Maurier）这个新名字在英国很快混成了一名时髦的英国官员。战争结束后，他再次改名罗伯特·麦克斯韦尔，并以德国科学出版产业作为财富的基础，实现了人生的逆转。这是我们的"番外故事"，是隐藏在这头怪兽身后的潜台词，充满了悲剧色彩。

从麦克斯韦尔得意洋洋地到达镜报大厦，然后回到以他的名字命名的总部"麦克斯韦尔之家"，那天的录制一直让人提心吊胆。到了晚上我们才得到麦克斯韦尔胜出的消息。

我们一直紧跟着他，直到临近午夜，我们才设法拍摄到他乘着闪闪发光的栗色劳斯莱斯前往镜报大厦。我们一直跟到了顶层，在这期间，麦克斯韦尔恨不得能控制编辑人员第二天早上的版面！这是夙愿达成的一刻。刚过零点，我们的摄影人员没经过询问，就跟着他进入了办公室。几个小时之前，这里还属于被撤职的前任老板克莱夫·松顿。办公室里聚满了麦克斯韦尔的亲信和《镜报》各个部门的负责人，他们将在这里进行和新上司的第一次高层会议，讨论明天的报道内容。然后麦克斯韦尔看向我们，大声说道："你们在这干吗？出去！"当时担任导演的是大卫·杜甘（David Dugan），他挠着自己的头，假装不理解。他如今已是温德福影业（Windfall Films）的老板，从他身上我学到了很多。

这是一种技巧，有一次在科特迪瓦的森林里拍摄时，我见大卫完美地发挥了假装不理解这一技巧。我们穿过灌木丛里的墓区后，决定要拍摄它。一群不会说英语的当地人开始慢慢聚集到这里，他们挥舞着弯刀，越来越让人害怕。大卫耸着他的肩，挠着头，假装不懂。而身为一个助理制片人，工作之一就是保证自己和我们莽撞的导演的安全！我只能飞快地将导演推进车里，开足马力，飞快地跑了。

大卫和嘉宾相处的秘诀是表现出友好以及一点点的傻。这是一个很棒的技巧，至少我认为这非常好用。在这部关于罗伯特·麦克斯韦尔的影片中，幸运的是麦克斯韦尔和他的亲信手上没拿弯刀，于是导演在会议开始时继续了拍摄。但是5分钟之后，麦克斯韦尔抬起头看了下，又注意到了我们，这时他大声吼道："我说过了，滚出去！"导演又呆呆地抓了抓头，然后继续拍摄。我实在是太佩服他了。又继续拍摄了一会儿，麦克斯韦尔终于站起来开始大吼大叫，我们只能离开。一定要理解"滚出去"在什么时候是真的表示"滚出去"。半小时后，门刚打开，导演就又跑了进去，恰好拍到麦克斯韦尔正在训斥一名下属，这对我们来说很棒。拍摄其实是一场游戏！尤其是当跟人打交道时。

几个星期后，罗伯特·麦克斯韦尔将他的编辑和总经理叫进办公室，当着我们的面羞辱他们，只是为了好玩，即使对他自己的孩子也会这样做。事后回想起来会觉得这种行为很可怕，但在当时我们只拍摄和观察，他知道我们没在评判他，所以他给我们呈现了更多。如果要嘉宾尽全力配合，他需要感到被热爱和尊敬。和之前的例子一样，正确地评判时间应该是在你的剪辑室里。

托马斯·布雷恩霍尔特

前丹麦TV2频道纪实类节目的立项编辑

丹麦版《别告诉新娘》的执行制片人

能否将主持人或者嘉宾拉到节目里和你表扬人的能力很有关系。在丹麦版《别告诉新娘》（在这个模式中，男生策划婚礼，新娘不能干涉，只有在当天才能参与）录制前一周半左右，我接到了一通电话，节目主人公说他不想参加节目了，因为他和女朋友闹翻了，而选角和拍摄的钱都已经花出去了。

于是我踏上了第一班前往位于丹麦另一头的奥尔胡斯（Aarhus）的火车，准备使用糖衣炮弹。我请她女朋友吃了顿高级晚餐，送她去宾馆，然后让他们通了一个不情愿的电话。我和男主人公聊了很久，不停地称赞他有多棒，但他一直处于愤怒中。我周五晚上和周六全天都在努力劝说他重新回到节目拍摄中并最终成功了。

这一天都是在运用心理学——让他们喜欢上你的能力。你是他们的朋友，你理解他们有关节目的所有烦恼，你感同身受，你懂他们，但是……

说服嘉宾去做什么

如果你好几个星期都没有得到好的素材，或者错失了精彩的场面，千万不要气馁，只要你有素材就好。在《穹顶：顶层麻烦》系列节目中，我们对千禧穹顶进行了跟拍，但是采访它的构想者内阁大臣彼得·曼德尔森非常难，尤其在他因买房丑闻辞职后，他就不再管这个项目了。我一遍又一遍地问他，试图说服他。有一天，当我终于见到他时，扯开了话题，在他起身准备去洗手间时，我提到了千禧穹顶，我说我觉得它会成功，但是现在有谁还记得你在这个项目中的重要作用？当他从洗手间回来后，显然已经考虑过了，说道“也许你应该采访我。”在这个系列节目开始一年后，在彼得·曼德尔森的要求下，我终于成功采访到了他（我常说节目嘉宾就像情人，他们要感受到这是他们的决定）。

我们进行了一次非正式的谈话，时间是一个小时，采访地点是在他家（因为丑闻，他当时正在出售这套房子）。我的第一个问题很平和：“你当时为什么接手千禧穹顶？”他回答道：“因为我受到指派。”然后他非常坦率地回顾了千禧穹顶在建造前期媒体的强烈质疑。这就已经足以改变整个系列节目了。坚持和劝说最终得到了回报。曼德尔森坦白地回答了所有问题，因为我们赢得了他的信任。

《穹顶：顶层麻烦》

BBC，第一期，播出版

彼得·曼德尔森：我当然会感到孤单——一个人都没有，没有同事，没人愿意站

> 出来为它说话，只有我一个人孤军奋战，甚至连首相都在想：“这和我的政府有什么关系？”
>
> 当我们进入新的一年，我觉得我的整个事业都动摇了——大家看我的眼光都不一样了，人人都在想“怎么样了？——这个男人能活下来吗？”

有时你根本意识不到，你此刻拍摄的内容可能会成为整个系列中的最重要、最有魔力的部分，所以在对待关键嘉宾时，可以在看似最不可能的时候去推一把，当然这种逼迫有一个限度。有一天，负责千禧穹顶的时任内阁大臣曼德尔森以及一大群随从人员在大楼周围巡视时，显得有些心不在焉，他收到了一条寻呼短信，然后走到了一边开始用手机打电话。虽然当时我是执行制片人，但我还和这个系列的制片人亚当·威沙特一起联合导演，我自然不会错过拍摄曼德尔森这样令人好奇的人，而且我也不喜欢被束缚在办公室里。我们并不知道他手机中谈话的内容，继续着拍摄，虽然通过远程无线话筒可以收到声音，但是直到重播时我们才能知道电话的内容。

很快我们的拍摄就中断了，曼德尔森冲向了他的车，前往唐宁街10号，去见首相。我尝试着进到他的车里，但是他决绝地关上了车门，留下我不停地抗议他应该让我进去。直到亚当都认为我可能做得太过了，他斩钉截铁地告诉我让开路，让那辆车赶快去首相府，就像多年前，在非洲时，我“救”制片人大卫·杜甘的那次一样。晚上的时候，新闻报道说曼德尔森辞职了。第二天我们回看拍摄的素材时才发现，被无线话筒记录下的那个电话直接导致了他的辞职，但现场时我们并不知道。幸运再一次眷顾了我们，但这也是时间和坚持的功劳。

对于很多的嘉宾来说，拍摄团队就像情人，让他们产生了很复杂的情感。一方面觉得工作人员随时跟在他后面令他很抓狂，一方面觉得工作人员不在更让他抓狂。在《高层麻烦》系列中的《金丝雀码头的噩梦》起初拍摄时，出现过很多次由于这种原因而停止拍摄的事。在跟踪拍摄罗伯特·麦克斯韦尔几年后（他离奇地溺水而亡），镜报大楼被拆除了，镜报集团搬进了金丝雀码头的一座新的大楼。《镜报》的新主人，大卫·蒙哥马利（David Montgomery）决定扩大产业将触角延伸到电视行业。我又重回《镜报》，准备拍摄关于珍妮特·斯却特·波特成立英国第一批有线电视台之一的L!ve TV的影片。

但是当珍妮特允许拍摄L!ve TV这个被她视为自己的孩子的电视台成立过程时，我却没法开始。虽然我是执行制片人，但我非常想亲自参与到拍摄这位神奇女士的过程中（在立项阶段，我测试提案能否成功的方法就是我是否非常想自己执导）。但我当时犹豫要不要拍这部影片，因为它是《高层麻烦》系列的第一部样片，也是我在最初的《麻烦终结者》之后被允许制作的第一个商业系列节目。尽管《麻烦终结者》极其成功，但BBC依旧不相信商业题材的节目，对于是否要制作更多此类节目持怀疑态度。

我很担心这部影片不能成功，因此我很不情愿才答应制作这部样片。我迟迟没有开始，以至珍妮特还给当时 BBC2 频道的老板写信问我的情况。由于《麻烦终结者》成功的包袱，所以这个新样片是否成功对我而言非常重要。

在我和《麻烦终结者》的主持人约翰·哈维·琼斯爵士共事时，已经被他惯坏了，他对他的商业世界代言人身份已很习惯而且百分百信任我，尽管当时我只是一个第一次执导影片的助理制片人。他身上完全没有电视圈让人易怒的傲慢和不安全感，而且他在商业上很有建树，美名远扬，经常飞去世界各地和首脑们探讨如何管理世界。而珍妮特这一次，尽管我被她这位明星嘉宾点名合作，但要琢磨她到底想做些什么也很伤脑筋。除此之外，在镜报大厦内建立一个新的电视台，并由珍妮特·斯却特·波特负责管理听上去是非常有前途的一件事。我觉得她在电视上会表现很棒，因为如果照她之前的个性，面对任何她不喜欢的事物时，她都会诚实地批评。

彼得·摩尔

《学徒》的前任制片人

对于学徒们，我们希望是这样一种人，出色的商人，有自己的性格以及鲜明的个人特色，敢于心直口快地说出自己的想法。

在一次 BBC 的每周观片会上，当时参加会议的各个部门的负责人从政治上怎么有利的角度表达他们的观点——这是电视人的致命伤，而珍妮特诚实地谈了她对那一周节目的感想。这一点上我非常敬佩她。事实上，针对她在蒙哥马利的《镜报》的经历，她在爱丁堡艺术节上发表了一次言辞激烈的演讲，批评媒体的四个“折中之道”——吸引中间阶级（middle-class）、中年人（middle-aged）、普通人（mediocre）以及男性（men）观众。巧合的是，蒙哥马利和《镜报》也都以字母“m”开头。

所以我奋不顾身地开始了。除非前一天她跟我确认我会和工作人员第二天一起去，否则每天早上她基本都以一句直白的粗口“你来干什么鬼？”作为开场白。之后就进入了一场能拍还是不能拍的猫鼠游戏。有一天，她同强硬的北爱尔兰新教徒——《镜报》老板蒙哥马利有一场非常重要的峰会，当我提出要拍摄时，她拒绝了。我当时并没有完全意识到她承受的巨大压力，她和以强硬著称的报纸编辑凯文·麦肯锡都以为自己要掌权了。拒绝我之后，她因为愧疚，让我拍摄了她大发雷霆返回办公室的画面。这也是整个影片中最棒的一个场景。所以，准备好放弃一些东西，可能会得到更好的。内疚也是除了魅力和奉承外另一个非常好的驱动力。

因为我当时担任执行制片人，要解决的事情越来越多，所以我找了一个导演来接我的班。这很困难，就像你一直追求出演者，当所有的前戏都做完了，然后你跟她说对不起，我不是最终要和你结婚的人，我只负责前戏部分，后面就交给其他人了，我要离开你了。这也是为什么我坚持当我执导时，与嘉宾的第一个会一定要亲自开的原因，当然之后的会议也会尽量亲自开，而不是从一个已经和嘉宾建立了感情的人手上接过任务。

接替的导演很快就走了——他忍受不了了，反之亦然。之后又来了一位没有拍摄经验但是十分大胆的年轻导演，虽然他也记录了一些很棒的时刻，但最终他还是被自己未能记录到的部分惹怒了。在另一个重要会议召开的头天晚上，他又接到了不许拍摄的通知，于是他闯到了珍妮特家里，并且威胁她，如果不给拍摄的话就打电话给蒙哥马利。珍妮特当时正在出席一个晚宴，因此非常地恼火。

电视行业的边界很难去把握，不论拍摄是否顺利，问题能否解决，你都需要给自己设定一个底线。最后通牒没有任何作用，珍妮特不吃这一套，之后的拍摄只能由我收尾。

我试着向全组人员解释，珍妮特正处在非常困难的时期，她是个有创造力的人，但是不要去逼她让你拍摄，你并不需要太多神奇的时刻，她是个明星，她会给你想要的东西的。

就像每一段感情关系中，你都要选择为之奋斗的点和为了它甘愿放弃的事物。有时你可以放弃一些其实可能会非常无聊的东西，假装对此小题大做，然后以此为筹码，去换取你想要拍摄的东西。正面和珍妮特产生冲突是一个错误，我非常敬佩珍妮特，因为她在一个报纸企业里艰难地在抗争。她有热情，非常耿直——这些是好节目的基础。

在家拍摄的重要性

你已经拍摄到你的英雄在经历挑战的过程，并在困难时支持他们，但为了塑造他们令人同情的人性化形象，你还要继续下功夫。在嘉宾或者主持人家中，拍摄他们和家人在一起的画面非常有帮助，探访一个人的家能揭示出很多东西。在美国有这样一项心理测试，测试人员给参与实验的学生们一组形容词，然后给他们展示他们自己房间的影片，他们需要用提供的词汇对房间进行描述。实验结果非常神奇，也很成功。从学生们对房间的描述中，可以透露出很多他们和家人的关系信息。而在像猫鼠游戏式的纪录片中，主人公经常会试图掩盖真正的自我。

《杰米的校园餐食》成功的原因之一就是杰米在家中展现出的脆弱一面。要说服他的妻子朱尔斯让节目组在她家中拍摄很难，所以我们在她家里拍摄的次数也不多，但其实你并不需要那么多次，而且坚持总有收获。当杰米在杜伦度过心力交瘁的一周，回到家后，正当我们开始拍摄时，他的团队出现了，杰米的团队告诉他，媒体在威胁出另一篇关于他的婚姻危机的报道。接下来，在厨房和客厅将会开展一段非常真实的家庭对话。我们的摄像机拍到了杰米向朱尔斯解释，媒体要报道的最新故事是他在阿姆斯特丹和一位女性服务员发生了关系。尽管杰米努力解释这都是假的，但是米尔斯还是很生气，说她受不了了。她受够了因为他的名气，家庭和孩子都被逼到了大众媒体的地狱前。

这是一个非常私人的时刻，它展示了杰米承受的各方压力，而他还要努力做出更好的学校餐食。这个场景，我认为在整个系列节目中都很重要，它展示了杰米作为普通人的脆弱一面，促使大众真正地更加热爱他，但是这部分内容很难剪，能放在节目中也不容易。我们内部也就这件事进行了多次的讨论，探讨这些内容会不会侵入性太强。我们不断地把它放入正片中，然后又拿掉，反复如此。我们也试着缩短或者拉长素材，最后决定将这一幕进行最小化处理，使它看上去不那么过分。你也许还是觉得这种做法侵犯了隐私，但是如果你将杰米难以融入家庭的部分拿掉，那么你会发现必须要有这部分，观众才会关心杰米的处境。这个场面会让你更担心杰米能否完成手中的任务——学校餐食。在家中拍摄嘉宾会让事情很不一样，例如在这个例子中，它影响了我们对杰米的感情，因为观众们也需要关心英雄，了解他承担的压力。

但是，在家拍摄的难度也很大。你必须厚着脸皮，即使被一次又一次拒绝，也要百折不挠地继续请求许可。我们在制作《高层麻烦》时，有两个对立的角色，一个是首相彼得·曼德尔森，我们在他家进行的访谈非常成功，另一个是促成这件事的新千年体验公司（New Millennium Experience Company）的首席执行官珍妮·佩姬。这两个人互相看对方不顺眼。我们没怎么得到去他们家中拍摄的机会，也没能让他们看起来足够人性化，让观众去关心他们，或是看起来有英雄气概。直到有一次曼德尔森放下包袱，如我们在影片中所见，他令人惊讶地成为了那个让观众觉得更人性化的人。

他的祖父赫伯特·莫里森（Herbert Morrison）曾是负责英国上一次成功的展会——1951年的英国盛会（Festival of Britain）的大臣，这给了曼德尔森额外的压力。因为我们的接触有限，还有他大部分时间里政客般的说话方式，使他看上去不像能成为影片中的英雄，再加上拍摄还未过半他就辞职离开了，之后他就几乎从影片中消失了。所以在他家进行的那次出色的采访，对于他的人性化塑造发挥了巨大的作用。这正是我们需要的能转变整个系列节目的东西，当时四集节目已经在剪辑了，我们把这些采访穿插在节目中，把节目变成了一个人的冒险历程。因为拍摄的访谈揭示出了他更多的东西，甚至塑造了他的英雄形象。我们没去珍妮·佩姬家，所以观众会对她少一些同情，虽然我听说她家在英国中部而且装修精致，非常有设计感。毕竟，很多的童话故事都要有家的场景。所以在家拍摄是你需要坚持不懈去努力的方面，你要像哈巴狗一样赔着笑，摇着尾巴直到拿到许可，之后你会发现，这么做非常值得。很多时候，像曼德尔森的例子，你最终会成功，尽管要花很长时间才能实现。

《高层麻烦》系列里的另一部片子，也包含了在家中的情景，但是以另外一种形式。这部片子是关于杰拉尔德·拉特纳（Gerald Ratner）如何进入新的健康俱乐部商业领域的。几年前，拉特纳是他的家族企业骄傲的领袖。他一手打造了这个珠宝王国，从 130 间店铺扩展到拥有 2500 家店的全球最大珠宝连锁——一家巨大的上市集团，旗下有多家上市子公司，从拉特纳（Ratner）到塞缪尔（H. Samuel）和欧内斯特·琼斯（Ernest Jones）。直到有一天，在董事会上，他以为是私人聊天，却意外泄露了珠宝帝国的秘密——他怎么做到将一个包装精美的镶银玻璃托盘只卖 5 美元的？他回答："因为他们都是狗屎。"他还说自家的耳饰比玛莎超市的大虾三明治还要廉价，可能还不如三明治的保质期长。这表明他在卖利润巨大的廉价货。这占据了各大报纸的头条，这桩巨大的好生意一夜之间崩塌。公司股价大跌，最后拉特纳离开了。五年后，我们对他进行了跟拍，记录这位伤痕累累的商业大亨重返生意场，开始新的投资。这次，他想从家乡伯克郡开始，打造第一个健康俱乐部连锁店。我们在影片中要呈现的是那个值得人同情的真正的杰拉尔德，我们要让他成为英雄。

影片的导演米歇尔·库兰试图说服杰拉尔德在家接受一个短小的采访。这对影片有着非常重大的意义，甚至是整部影片的转折点。杰拉尔德勉强答应了，由于这场拍摄的重要性，我和导演一起去了他家。我们提前到的时候，他和家人正围着厨房的早餐吧吃早饭。我让团队成员立即在工作车上做好拍摄准备，接到我的信号后悄悄进来拍摄。我总是喜欢快速开始拍摄，这样就省去了让嘉宾看到可怕的摄像机，还得让他考虑的时间。

当工作人员准备的时候，我和米歇尔在跟杰拉尔德说话，他的妻子和女儿在吃饭。拍摄人员进来时，早餐还没有结束。杰拉尔德问我"他们在干嘛？拍摄不是要到早餐之后吗？"我回答到"别担心，我们只是拍摄一点你和家人在一起的素材。"他女儿当时 12 岁，我们在聊天过程中会不时问她一些问题，并且微笑着鼓励她回答，她是一个相当好的出镜者。你要记住，给予嘉宾积极的反馈也很重要，尤其是安静的、充满鼓励的面部表情。我们继续聊天，气氛不错，我悄悄地离开了他们的视野，然后保持安静，虽然这很难。接下来的这一幕改变了整部影片的进程。

健康俱乐部计划设置一个托儿所，这样妈妈们也可以光顾。拉特纳的妻子刚得知托儿所开门营业的时间。如同大多数的家庭一样，作为丈夫的杰拉尔德不愿意听家人说话，一直用经理人当挡箭牌。如下表中所示，他的孩子问了一个我们都想问的问题（我离开摄像机很有帮助，留给了他们空间）。这一切发生得太快，杰拉尔德根本没时间去想答案或者阻止他的孩子。快到青春期的孩子很叛逆，往往会问出其他人没想过也不敢问的问题。所以如果有机会，一定要好好地利用他们。

《高层麻烦：拉特纳的回归》(*TROUBLE AT THE TOP: RATNER'S RETURN*)，
BBC 电视台

女儿：可能结果和他上一个珠宝店一样。

我：为什么呢?

女儿：他的上个珠宝店就没有成功啊。

我：但这是健身房，你喜欢健身房吗?

女儿：健身房可能会成功，因为他有合伙人。

拉特纳的妻子：我想她们会挑合理的两个小时（来健身房），而上午总是最好的时间。

拉特纳：没错，在 11 点到 13 点之间。

妻子：我想说在这个时间段让托儿所营业是最糟的，拉特纳，这是午饭时间。如果是我的话，会安排 10 点到 12 点。谁决定时间的?

拉特纳：托尼（拉特纳的经理人）

女儿：那你同意了吗?

拉特纳：嗯……是的。

女儿：爸爸你看，妈妈刚刚问你是谁做的决定? 就算是托尼定的时间，但是你同意了啊。如果你不同意的话，那事情就不会这样啊。

妻子：他就是想惹怒我。

拉特纳：我知道、我知道，但是我觉得这个时间是合适的。

女儿：那就和妈妈说，和妈妈明白地说，是托尼定的时间，但是你也同意了，因为你也觉得没问题。别说是托尼的想法。

拉特纳：是托尼定的时间，但我同意了，因为我也觉得时间没问题。

妻子大笑起来。

之后，我们花了时间和努力来安抚他。我还是要继续强调后续关怀的重要性，关怀应该贯穿整个拍摄期间。这并不是说将他们人生中的所有问题都感同身受一遍。作为一个好的治疗师，一定要掌握好度，不然你会因为在拍摄期间建立太多亲密的关系而后患无穷。

动员你的团队

除了主持人和嘉宾，制作团队中的其他工作人员也有可能变成脆弱的一环。如果他们的辛勤工作从来得不到认可，变得失望，可能影响会更大。他们也需要你的鼓励和安抚。

当然，你也是他们中的一员，谁对于鼓励和激励都不会嫌多，我当然也是。

尽量不要带着偏见工作。在我的影片制作生涯中发现有两大最重要的品质。一是不要钻牛角尖，第二就是忠诚。现在的电视行业，忠诚是非常少见也是最难得的品质。不论是和你共事的人，还是你为他做事的人，都能感受到这种忠诚。事实是，如果你的上司不觉得你对他产生了威胁的话，你的事业会走得更远（请记住，你的上司和那些嘉宾一样，尽管看似傲慢，但可能有同等的、甚至更大的不安全感）。为了拍摄出好的、有你的风格的影片，你也要忠诚于自己的想法和信念，以及尊重事实。

如果你想在电视圈生存下去，不要过于执拗和刻薄同样重要。人会离世、你会失恋、会被解雇、艺人会离开、影片会失败，这些都可能发生，放宽心，你需要从这些经历中学到东西，而不是变得愤愤不平——那只会伤害你。你要记住，电视制作就如同反向的蛇梯棋游戏，你需要足够聪明，有魅力，才能爬上蛇梯，但周围还有很多想要切断你前进梯子的人。所以，如果你往下掉一层的话，不要愤愤不平或意气用事，也不要放弃，你可以继续下一次的爬行。我见过很多人明明知道我们都经历过这种失败，但还是没能走出失败的泥潭，最后只能放弃。

也许你每天工作很长时间，但是反过来想想，你是多么幸运，可以不花自己一分钱就能走遍全国，甚至周游世界，能把自己的鼻子凑到别人的生意上，并试图理解，而你还可以以此赚钱！如果这种想法会让你好受一点，你可以再往你所做的事情中加一些有意义也好玩的东西。这会帮助你拍出更好的影片，大部分优质的娱乐会包含能照亮人的困境的内容。观众们足够聪明，可以辨别一个故事的真实性。比如《杰米的校园餐食》和《皮肤脱落的男孩》这两个节目之所以受观众欢迎，就是因为这一点。好在英国一半以上的电视频道都是为公众服务的频道，有很多欧洲国家和福利国家也是如此，也有越来越多有内涵的节目取得突破、来到饥渴的美国观众面前了。有线电视频道发现有内容的节目能更好地吸引观众，但也不能完全抛弃那些缺乏内涵的节目。这些节目可以作为很好的学习的基础，你可以尝试着赋予其一些额外的意义。

合适的团队是节目成功将娱乐和内涵融为一体的关键因素。经常有记者问我，在制作《杰米的校园餐食》时最棒的时刻是什么？他们可能会认为是我找到罗拉时，或者是罗拉和杰米大吵时，又或者是罗拉给教育部长端上一盘垃圾食品作为午餐时。我的回答是：目前为止我认为最好的时光是在剪辑快要结束，离播出还有几周时间，我、杰米、还有我们的其他团队成员一起坐在杰米的十五号餐厅时。我们一起经历了所有的事情，从开始到结尾，已经变得很亲密了，这对我来说比什么都重要。这一刻，没人关心或者在乎谁做了什么，我们一起完成了这部影片。我们相互弥补缺点、我们相互听取意见、我们有一个共同的目标。我们希望做出一档最有趣的节目，我们想让这个节目唤起公众对学校餐食的重视。

因此，我相信《杰米的校园餐食》之所以可以打动观众的心，获得那些奖项，有一部分原因就是因为这个充满欢乐的团体，因为这些才华横溢的队员，以及相互之间的尊重友爱。虽然这些在电视行业很缺乏，但的确是成功不可或缺的因素。

但是这种制作中形成的爱，也有可能越界。如果你的团队成员在拍摄地发生性关系，会带来很大的困扰，一旦他们的关系出现问题，或者有人被甩，都会造成严重后果。但是一些热情和暧昧，甚至是柏拉图式的爱情则会对影片产生好的影响：这种工作之爱可能是源于对制作影片的热情，等到项目结束后你可能都不太能理解发生了什么。

就我的经验来说，一档可以获奖的影片需要一定程度的爱和热情：这是制作影片的关键元素。虽然这是制作影片，但如同所有充满激情的关系一样，团队中的所有人都应该要朝着共同的目标努力，即使有时也会出现争吵。

如何进入电视圈

有能力讲述出一个好故事的基础是加入一个好的团队。怎么做到这一点呢？首先，你需要找一份类似场务或者秘书这种基础工作。坚持不懈的精神是关键（不论你处在电视圈的哪个级别上，这点都很重要）。可能你不会很快找到工作，但坚持发邮件，或到处去打听，可能刚好遇到场务辞职了、或者有另一个项目急需要人、又或者现场有很多影片素材需要登记，甚至急需一个制片人。

首先，准备一份个人简历，充分表明你对电视这种媒介（而不是对某个人或“做电视”）以及对某种特定类型节目（如果有的话）的兴趣。至少将你的这种兴趣细化到纪实类，娱乐类，喜剧类还是体育类，最好有一些证据去证明你的热情。最大程度地利用你之前做过的任何相关的小事举例。我在第一份简历里就充分地利用了这一点，在大学期间，我对磁带录音机有些兴趣，并且自己也录了一些作品。但是一定要确保你对声称的专业技能足够了解，并用事实证明。

提前搜索一些关于应聘公司或者有关人员的信息，确保你知道，看过公司制作的节目，并且有一些自己的想法。如果你是从场务开始，还可以通过网络试着和其他的场务交流。

从场务到研究员

虽然从场务到研究员相对简单，但还是存在难度，我就花了近 10 年时间！进入电视圈就像是要穿过针眼，起初的阶段是最难的，因为你没有任何的资历。我进入电视行业的第一个 10 年就在负责推拍摄轨道，带着我对电视业的渴望坐在配音间混音，梦想着某一天能成为一名研究员甚至是助理制片人。当时我没有抱过高的期望，每一份工作能获得薪水我已经很高兴了，这种态度很有帮助。记住电视行业的要求，按重要程度依次排列分别是才智、个人魅力、渴望（和热情）、以及运气。但是渴望和热情可以制造机遇，所以它们是你要展露出来的关键因素。我尽力地去尝试各种底层工作，而我每个阶段的同事们可能都在抱怨地位低下。老板们喜欢的是那些知足的、充满热情的员工，以及大部分努力工作的员工，和那些能够解决问题的可靠的人。

但是仅有这些还不够，我也有过应聘研究员然后失败的经历。我之前提过，当时BBC教育部门的面试官认为我太害羞了，甚至不敢用电话和陌生人说话。每一个认识我的人应该都知道我并不害羞，但是这次承载我未来希望的面试结果惊醒了我。从那之后，我开始刻意和导演们搭乘同一趟电梯，有时也会和他们简短地交谈几句，说说他们最新的节目。有时我甚至和他们坐在一起喝酒或者吃饭。

在很长时间的等待之后，一名剪辑师拉我到食堂和某些看上去吓人的科学节目导演们一起吃饭，也就是这次机会终于让我进到了节目制作当中。千辛万苦之后，我终于成为了一名暂时的研究员，也是科学部门正在开发的新的商业系列节目里唯一的全职研究员，负责对这个系列中几部已准备妥当的影片进行采访，这几部影片的主要嘉宾都已经签约，准备出演了。

最后，我终于有机会见到神一般存在的导演。这部系列节目的制作人员全是科学节目制片人，第一次会议时我非常惊讶，他们想要拍一部关于法国葡萄酒的片子，但是没有任何的商业动机，或者是其他任何的动机。虽然和他们相比，我在拍片方面知之甚少，但是我可以将自己往商业专家的领域培养。这里没人懂商业，因此很好说服他们。所以当你进入这个行业之后，要学会建立自我品牌，成为更重要的人。

之后我学了很多相关的知识，将自己往商业节目制作人的方面打造这一计划效果不错。就是因为这样，我之后才有机会制作了关于那些商业英雄们的故事性的纪录片。毕竟，我们醒着的大部分时间都在工作，所以工人们就像是现代骑士一样。最重要的是，当时没有其他人愿意拍这些影片，而却有一个紧迫的任务在眼前。

从研究员到制片人／导演

怎样才能把握机会，成为导演？我的第一点建议是，继续你现在的工作，不论是什么岗位和性质，都要努力做好并且开心地工作。遇到问题时，先想一想解决方案，然后向你的上司报告。请记住，电视制作是由90%的勤劳和10%的艺术和灵感组成的。你的目标应该是成为一个精细的手艺人，记住这需要时间，最好能成为那些已经掌握这门手艺的大师的学徒。所以当你是研究员的时候，努力去和最好的导演合作。在你成为导演时，这些经历会帮你制作出一档自己的高质量作品。

在你是研究员时，也要和你没有一起工作过的导演们搞好关系，让他们知道你对他们拍摄作品的喜爱和兴趣。不计回报地帮他们一些小忙，谈论最新的电视节目——这些都可以帮助你了解最近有哪些要制作的影片，看你是不是有机会参与制作。尽量地努力工作，显示出你的忠诚，保持你专业领域的差异化。也要和执行制片人处好关系——要知道他们其实非常孤独而且不经常得到反馈意见或夸奖，他们甚至没有机会教导人。当他们年届中年，很多制片人其实都渴望培养新人，这常被描述为中年危机。而对导师培养的实验结果显示，很多的被培养者都是比导师小半个代际的年轻人，一般年龄差在10岁到20岁之间（这是我在沃顿商学院学到的为数不多的知识之一）。所以不要害怕直接给你感兴趣节目的执行制片人（或导演，但是执行制片人会有更多的工作机会）写信。在表扬节目的同时，最好给出一些自己的观点，当然最棒的是提出一些制片人可能会采用的建议。

观看他们的节目，把握住任何可以和他们讨论的机会。在我之后的职业生涯中，当我继续往上爬升时，当我上司的上司是频道总监或者是电视台的首席执行官时，我还会和他们的助手们建立联系——甚至他们的司机（我可以借口去同一个方向，搭上这班重要的顺风车）。每年都有很多的制片人进来，但是淘汰率也很高。你需要被注意到！

从一个导演开始

我的下一个晋升机会来得极其不容易，最终赢得了导演的工作。因为大部分科学部门的人始终认为我所研究的商业领域是肮脏的，充满着铜臭味。负责制作商业节目的制片人升职了，而他的商业节目是和《明日世界》结合在一起的。这次合作成为了学习导演技能一次很好的机会。杂志类节目或者有线台节目会是一个不错的入口，因为在这里，你可以尽情尝试。杂志类节目具有的优势是，你能够和经验丰富的、睿智的主持人一块工作。杂志类节目、短片或者是不重要的系列节目是非常好的学习的地方，因为哪怕你只是冠着助理制片人的头衔，也可以单独负责导演，尤其是短片，因为它们结构简单，通常只有一个问题一个答案，就像是大电影中的一个小段落。简单的结构使你几乎可以用画面去讲述整个故事（你甚至会迷恋上这种表述方式），但你肯定不会只想导演短片，或者是同质化的长片。成为顶级导演的助理制片人对你的事业发展也非常有帮助。我看过很多出色的预告片、广告或者是杂志类节目导演在长篇幅的纪录片工作上的失败，因为他们在工作时太过于自我，他们往往是自学成才，而没有做过有经验的导演的助理制片人，去学习不同导演的方式。如果有机会，你应该尽可能地尝试这两种工作方式。

当你的事业进一步发展的时候，要对你的下一部影片或者下一个工作做出计划。要把眼光放长远，有一个长期的规划。和不同的公司、同一电视台内不同系列节目的制片人保持联系，当你空闲下来时，他们会想起你。如果你得到了一份长期播出的杂志类节目的工作，你可以一边学习，但也要规划好撤离的路线。当我在《明日世界》工作时，我也想好了六个月之后，我要在一部标准的系列节目中找一份研究员的工作。和能为你提供下一个工作机会的主管们聊天，不要限于一个人。重要的是不要安于现状，当你艰难前进时，你也可以计划好自己的方向。

可能在选择工作时，你能做的最重要的决定是挑选你和谁工作——当你是一个助理制片人时，要挑选你的导演。当你是一个制片人时，要挑选你的执行制片人。作为一名导演，我始终认为你应该挑选你的执行团队，至少你本人要这么认为，而不是去担心谁会来跟你工作。他们是不是能很好地指导你，激发你，而不只是一个管理者或者销售员？他们能不能补足你不擅长的部分，能教给你新的技巧？当他们组团队的时候，会不会做出整体的考虑？还是只是按照自己的喜好来，雇用那些好说话的但是做不出好节目的人？如果团队的其他成员不能补足你的短板，那么做出来的节目肯定不好看。要雇用一些和你不同的人。

要组成一个互补的团队需要认真的思考。就像我之前说的，我经常把自己现在的工作描述成“光荣的雇用中介所”，尤其是在《杰米的校园餐食》这种系列节目开始时。最重要的是要确保团队成员之间好的化学反应，理想的状况是每个人都有所长，这可以使你获得更多的启发，取得更大的成功。

别走得太近

在如何与同事及嘉宾相处方面，我还有最后的一些忠告，例如不要和他们分享太多的东西。一个专业的职业关系中，你就相当于心理治疗师，所以在工作时你要时刻保持着高度的兴趣，但同时在工作之外要保持自我。你需要保持在电视工作和实际生活之间的界限。记住这只是工作，你还是要回到现实生活中的……至少有时需要回去！

虽然热爱你的团队成员和嘉宾是很有益的，但你们还是需要保持距离。在拍摄中，经常会有嘉宾和你互相把对方当作了最好的朋友，但你要记住的是你是在拍摄一部客观的影片。你更需要铭记于心的是，大部分的制片人一生中可能会遇到成千上百的嘉宾，但大部分的嘉宾一生只会遇见你这一个制片人。对每个嘉宾来说，在某一时间段，你是特殊的存在，但是在拍摄结束后，你需要将自己从这种存在中分离出来，不然你会淹没在各种需要帮助的嘉宾的电话中。在拍摄期间你是他们的倾听者，但别在拍摄后将这种关系延续下去。

因此，对于所有这些关系问题，有时候需要抽身而出，这是一件艰难的事情，因为电视是一项熬人的工作，如果有朋友能帮你会容易些。有些电视人在社交上经常犯的一个错误是只和电视人往来，他们认为这样更有助于他们进入这个行业，但当你缩小你的圈子，得到的效果往往相反。你接触的外部世界越多元，越有助于你打开不同的视角。

想要做好电视，千万别对电视圈太过执着和迷恋，你需要有人告诉你外面世界同样精彩和重要。想要有新的电视创意，并不是只要读所有电视相关的东西，更重要的是走出去、前往不同的地点，和不同的人打交道。尽管有很多“电视虫”会反对这种说法，但我相信你需要远离电视来保持清醒，而不是整晚整晚地和电视人在一起，或者只在是看电视节目。在这一方面我很幸运：因为我的伴侣总是努力将我从电视圈中拉出来。我们甚至每年都要举行一个大型的圣诞晚会，邀请上百个客人参加，但是有一个原则：电视制作人禁止入内。你不用太过担心同事们或者老板的老板，尽管跟他们交朋友很有用，但或许他们也不愿意屈身参加这样的聚会。你认识越多类型的人，也越有益于你得到不同的想法。

话虽如此，如果伴侣是非电视界人士也很不容易。对我来说，和伴侣、最好的朋友一起度假是很重要的，这时你可以将全部精力放在他们身上。我甚至同意员工们在不方便休假的电视制作期休假，我希望让他们的伴侣感受到自己比电视更重要。我曾经有一位恋人，交往了 10 年，当时我正在全力制作第一季的《麻烦终结者》，我根本没有意识到我太投身于工作中。直到有一天她告诉我，我只需要一个伴侣就足够了，那就是电视。所以你一定要注意这一点。

除此之外，如果你没有伴侣，那在假期完全摆脱电视显得更为重要。忘了你的手机，不要看邮件，不要看电视，如果你真的想要增强洞察力的话。虽然听上去很心灵鸡汤，你不要只忙于去照顾节目主持人、嘉宾和同事，你还需要照顾好自己。你急需关闭电视模式，给自己充电以确保你以更好的姿态回归电视，开始下一个项目。

如果可以，尽量定期休一个长假，写一本书或者干点不一样的事。当你回来时，你将成为一个更好的制作人，也许还会成为一个更好的人。我的一些最好的作品都是在这种假期后完成的。如果你遵照了所有关于如何入行的提示的话，你也许会变成一个固执的蠢货，在工作中追求卓越——像我曾经一样，但不论你的笑容多迷人，你身体里总包含着伪装的部分。真正重要的事是认识到电视何时会让你失去自己的灵魂。当电视占据你太多时，这种情况几乎总会出现，勇敢点逃离它！事实上越来越多的年轻人这么做了。我觉得这么做对他们更有益。

人们可能希望你一刻不停地制作着节目，但有时你也需要拒绝，至少保证每个节目之间必要的假期时间。如果你只想着电视，你将变得十分麻木。这一点适用于事业的任何阶段。电视创作是一个紧张的行业，不要让你自己变得讨厌它。如果你进一步发展（很有可能），你会发现电视还是一个竞争激烈的行业，外面还有很多人排队进入这一行。你的同事可能会偷偷地嘲笑你的失败，这样的话，他们的失败会显得没那么难看。所以不要理会他们，去遵照能让你制作出更好的影片的每一个步骤就够了。并且尽可能地保持开放、诚实和坦率，因为这是一门关于行动的学问，别的人无法替你代劳。

简·露特

探索电视网的前任主席、BBC 第 2 频道的前总监、新乌托邦的现任 CEO

我作为管理者最重要的口号，也让我惹过很多麻烦，但我依旧坚信的一句话是：如果你不曾经历大的失败，就意味着你没有足够努力过，也不会有突破。

要勇敢，不断前行。除非你敢于冒险、尝试前人未做之事，将电视行业向前推进，否则你不会得到成功。简之所以能取得大的成就，便是因为做到了这些。

加薪

当你不断在进步，为了升职，还有一张牌可以打，但不要经常使用——而且你需要漂亮地完成一些任务时才能用。以下是我从长时间的工作中总结出来的经验。如果你对当下的工作感到疲倦，想要更进一步，或者想要大幅度地涨工资，你需要提高自我的存在价值。但不要动不动就用辞职做筹码进行要挟——你的虚张声势可能会弄巧成拙。相反，你需要选择一个不能保守秘密的人（所幸电视圈几乎所有人都是大嘴巴），告诉他，有人在挖你，并且告诉他们保守秘密，而这些人是忍不住传播八卦的。

当我在《明日世界》停滞不前时，我把这个不存在的秘密私下告诉了比我高两个级别的执行制片人，我曾和他聊过未来的工作。没过多久，正如我期望的那样，部门领导开始和我谈话。当时，迈克尔·格莱德提出了要跟约翰爵士合作商业类节目的想法，《明日世界》当时的执行制片人理查德·赖斯可能认为我有做商业节目方面的能力，但我相信是我把自己包装成商业专家的自我营销，以及他对我可能离开的担忧，加上其他部门拒绝了这个项目，我才有机会被不可思议的“幸运”眷顾。每隔几年我都能以相同的方式获得加薪，当然这都是在出色地完成某项工作后。

搞定老板的老板

如果你想要获得事业上的腾飞，在你处理完和节目主持人、嘉宾以及同事之间的关系后，还有一个需要搞定的人物，对待这个人需要更多的战术。尽管在往上升的过程中跟顶头上司搞好关系很重要，但跟老板的老板搞好关系可能更加重要。如果你是一个研究员，对应的这个人就是系列节目制片人或者执行制片人，但如果你是制片人，那这个目标人物也随之更高：部门领导，公司董事，频道总监或者立项主管。最具挑战性的是你要和这些人搞好关系，还不能让你的顶头上司感受到威胁。这就意味着当他们两者都在场时，要小心不要抢你的顶头上司的风头，但有的时候，你可以在某些场合私下见老板的老板。

接下来的这些都是你需要掌握的技巧：首先你可以利用节目的嘉宾接触到老板的老板。奇怪的是，像所有电视圈的人一样，即使是大老板也对明星有敬畏心。当我剪辑完《高层麻烦》的样片《金丝雀码头的噩梦》时，突然间这部影片变得很有新闻价值，因为凯文·麦肯锡接替了珍妮特·斯却特·波特的职位。我希望趁着热度马上播出该节目，但是我的直接领导希望等到《高层麻烦》系列全部完成再播出——可能要一年之后了。我需要直接找到更上级的人，但又不威胁到直接领导。所以我邀请 BBC1 频道和 BBC2 频道的总监到河岸咖啡（River Café）和约翰爵士共进晚餐，他们很想听听约翰爵士的高见，约翰爵士对商业的见解很独到，而且当时商业开始变得流行了。我知道他们一定非常想来，因为他们当时都突然对于“管理”和一个有魅力的领袖怀有敬畏。毫无意外，我的直接领导也不请自来了。

然而，按照 BBC 惯常的迟到做法，我和约翰爵士在另外一个临近的酒吧待了一会儿，比预定时间晚了一个小时才到约定地点，因为我不想让约翰爵士等他们。当我们进门时，他们看上去相当的“惊讶”（如果这个词恰当的话），纷纷上前询问发生了什么。他们不习惯于等人，于是我解释了让他们等待的原因。然后约翰爵士适时地提出了准备好的问题“你们要不要马上播《金丝雀码头的噩梦》？这正是时候。”两名总监纷纷看向了我的顶头上司，他只能回答是，而我一句话都没说！节目在适当的时候播出了，并且获得了很好的收视，引起了相当不错的反响，这有一部分需要归功于“时机”。

我会告诉我需要见的高层领导，我碰巧路过他在乡下的小屋，在 150 公里外远离伦敦的地方，他不得不说，“进来喝杯茶吧”，然后我就开始了有目的的拜访。我常常告诉频道主管，我和他乘坐的计程车要去的方向一致，接着就会被邀请一同乘坐。在我还是初级研究员的时候，我就成功地搭上了系列节目编辑的顺风车，然后夸赞他最近的作品，以及无伤大雅的中肯的意见——你要知道人越处在高位就越孤单，即便是执行制片人得到的赞赏也不多。所以“爱”你的老板以及老板的老板，和爱你的团队成员以及嘉宾一样重要。请谨记于心，成功的影片制作包括搞定明星、嘉宾、团队成员、老板以及你的事业。

到此为止，我们已讨论过出彩的人物角色；我们要跳出框框思考、去创造足够的叙事动力；我们做好了开场，确定了主要人物以及他们的挑战；要真情实意地去热爱其他人，才能制作出影片，获得职业的发展。下一步就是人物采访以及节目旁白写作了，这些是你剪辑影片时所需要的声音。

第 6 章 访谈与旁白写作

旁白、访谈或同期声

当影片需要加入声音的时候，有一个简单的等级区分。处于最顶层的是谈话，指的是人们最寻常的说话方式（不包括演讲者、政治家或那些在晚宴上高谈阔论却空洞乏味的人）。我们再看看电视剧，它通常会给纪实节目和电影提供好的灵感。那些好莱坞的人如何能够花几百万美元让观众在 100 分钟的时间里肝肠寸断，给他们制造一场神魂颠倒、淋漓尽致的观赏体验？部分原因在于其中包含的访谈或旁白很少。大多数好莱坞导演会首选谈话，或者叫同期声，当然他们的优势在于他们可以写下来，可以花好几年的时间来打磨每个词语使之更为精确。但是对于纪实影片制作者来说，只有人家千分之一的预算和非专业演员的拍摄对象时，这样做就很有难度了。通常情况下，拍摄对象之间的谈话不一定那么符合我们的需求，甚至有时候拍摄对象就只有一个人。这个时候我们就需要另一种声音——访谈。虽然包括我在内的许多人，都希望只用同期声去制作影片，因为我们都希望制作出好莱坞一般的剧情［这样可以赚到更多的钱然后享受马里布（Malibu）的高级泳池］，但最终我们不得不诉诸于访谈，因为同期声并不能呈现出完整的故事。访谈是纪实类影片拍摄至关重要的组成部分，也有很多技巧可用。

许多记录片被设定为只用同期声和访谈这两种声音来呈现，而许多纪实类节目导演渴望像电影那样，通过画面和同期声的结合，再加一点点必要的访谈来讲述整个故事。这是一个伟大的目标，有时也能获得巨大的成功，但大多数时候这样做并不管用，特别是面对欧洲观众的时候。因为谈话和同期声也并非总能让我们如愿，哪怕被访者是可控的，但是他们在讲述事实时常常迂回冗长，不能直击要害，也无法为一个场景提供恰当的驱动力，或给你一个可以引入下一个场景的收尾。

所以当你进入剪辑室，你会发现这个拍摄对象不仅没有说到点子上，反而絮叨不止，让这部影片单调乏味或令人费解，甚至可能既乏味又费解，这个时候你就会需要旁白（有时也称为叙述）了，要么由你的嘉宾来解说，要么用旁白者。在我的经验里，这是纪实节目常用的手段。因此写作旁白或叙述是制作纪实节目最重要的部分之一。然而不幸的是，旁白写作这项工作惊人地困难，虽然所有写作都是如此，但要呈现出戏剧效果更加困难，许多纪实影片就因忽视旁白的重要性而以失败告终，比如仅仅只是把它加在结尾的地方。旁白确实是至关重要的，当在 BBC 运营我的部门时，这个问题成为了制约发展的关键点。解决办法本可以是寻找更多的导演和其他人才，但局限在于会写旁白的人太少了。这是一种稀罕的才能，也是影片制作最为艰难的地方之一。所以在我们谈论访谈技巧之前，我们先要思考一下旁白的挑战。

旁白

旁白写作是一个有机的过程。什么时候开始写旁白呢？我认为应尽早开始，一旦你开始把影片串接起来时，可以先加入一些承前启后式的旁白。第一版的旁白应该是在迷宫般错综复杂的故事中充当一个路线图，只需要单纯呈现简洁的事实，但必须非常简短、客观中性并有助于制造紧张感。在你进一步剪辑的时候，必须不断地精炼、完善这些旁白，但偶尔也可以抛开旁白，跳出来审视你最新一版的剪辑，看看你有没有抓住这些素材本身的要点。

如果一部影片本身并不够好（绝大多数的影片都是如此），那么这些简洁的、犀利的旁白就将有助于优化故事，如同搭建起一个轻盈而纤细的骨架，让影片中饱满的血肉得以支撑。虽然这根骨架鲜少引人注意，但它却实实在在地支撑起整部影片的身躯。事实上，旁白写作可能会成为一部影片最重要的部分，牵引出你观看的动机和你感兴趣的理由，并巧妙衔接起那些组成叙事的大大小小的问题和答案。

最开头的旁白通常也是最密集的部分，往往出现在先导片中，当然在整部影片中越多使用同期声和画面来讲故事肯定越好，尤其是针对那些旁白只能影射而不能呈现的潜台词时，但前提是这些内容能抓住观众。在开始剪辑先导片的时候，我会用旁白来开篇，以此试一试故事是否可行。然后我会再试着替换成画面和同期声来发挥同样的作用，因为我想知道是否可以在影片的最开始时避免使用旁白。记住一个拍片的至理名言——“能用看的别用说！”如果你能在影片的开头将问题的征兆用现场画面表现出来，或者给英雄一项可以着手进行的冒险，这会使影片更加影像化且更具说服力。一个极佳的案例是《皮肤脱落的男孩》，如下表所示，它的开头是一个极为离奇的段落：一个穿戴整齐的、看上去像死了的人坐在轮椅上，然后客厅的正中间有一副棺材，再然后是两个旁观者的同期声——

这些都是在轮椅上的角色发出旁白之前出现的。像之前一样，下表中，我的注释位于左侧。

《皮肤脱落的男孩》

YIPP 影业为英国第四频道制作，播出版，但缩短了同期声

一栋普通的现代房屋外部画面。 标题叠加出现。	
问题的征兆： 简单的卧室。一个女人在整理衣服，一个男人走进来修暖气，还有一个一动不动的人坐在轮椅上。	**同期声**：母亲—他想穿那件，穿他的黄衣服。他说我要穿我的黄色 T 恤。 **同期声**：哥哥—我忍不住哭，但他真的受够了……虽然不该这么说，但我很高兴他终于可以离去了。
穿戴整齐的死者死前在轮椅上录下的画外音。 然后我们看到轮椅上的人穿戴整齐地躺在床上一副棺材里面。	**乔尼（旁白）**：欢迎各位，我是乔尼·肯尼迪，36 岁。 在说话的大嗓门妈妈。 **乔尼**：这是我的妈妈。 在她旁边是我哥哥。 在盒子里的是我。 我的灵魂回来了。我要告诉你关于我的一生和死亡的故事。
只有在这时候我们必须有一段旁白（但别太长）。首先概括出问题，在这里就指出要探讨的大问题而不是在末尾提出来（规则就是用来打破的）。	**旁白**：乔尼·肯尼迪是英国最离奇的人之一。36 年间他一直忍受着他那非常罕见而痛苦的皮肤问题。随着时间流逝，他希望自己的最后四个月可以像他的奇特人生一样光彩绽放。
	并且要求我们陪他一路同行。
然后是故事路线图。	这将是一个忙碌的夏天。乔尼决心要学会飞行，访问首相府，以及在他的梦幻之家举办一场盛大的暖房派对。但首要任务是要把葬礼了结。
然后是一段乔尼为自己买棺材的同期声画面（在这部影片中，标题被放在了最前面）。	乔尼：你好。 丧葬承办人：你好。 乔尼：我是乔尼·肯尼迪，我想买一副棺材。

在包括这一个例子的大多数情况下，你都可能需要在开始的前两分钟就很快地用旁白来聚焦关键人物是谁，为什么观众要关心，以及挑战是什么。一旦你用这些抓住了观众，最好紧接着再用一些吸引人的同期声画面，以及聪明的旁白去设定故事的大主题、故事线、以及观众会关心的人物，还有为什么要关心，这样一来影片就能顺畅地进行下去。这个部分通常在标题和副标题之后，一到两分钟的时长，如果你需要尽可能体现出电影化效果，就选择最棒的同期声画面，再带上一段精简的旁白。

在精彩的原创影片《皮肤脱落的男孩》中，在简单的开场后的第一个场景，没有去详细地介绍这个可怕的疾病，而是在完成版的影片中直接进入了一组真实的抓人眼球的同期声画面，也就是乔尼为自己买棺材的场景，在这之中他表现出了迷人的机智和魅力。如何用旁白引入呢？仅仅只用了一句“但首要任务是要把葬礼了结”，这一句简单的话就让故事开始了。

在乔尼买棺材这第一个真实而吸引人的场景末尾，我们本可以用旁白来表达更多的信息——但现在片头已经将近5分钟了。

《皮肤脱落的男孩》

YIPP影业为英国第四频道制作，播出版

旁白：乔尼患了罕见基因性皮肤疾病EB，这意味着他的皮肤会持续地脱落，再长出新的皮肤，如此循环往复，最后发展为癌症晚期。

在起初的版本中，这个旁白之后是一段同期声现场画面，是乔尼在一个广播节目中讲述自己的疾病。我们很愿意听他的讲述，因为他已经赢得了我们的关注。

在此之后，每个旁白点都在提供进入下一个场景的动力。但旁白说的不能是你已经看到和听到的东西，也不是你即将要看到的东西。也就是说旁白要用简要的事实为每个场景做好铺垫，给观众一个观看的理由。同时，旁白也可以巧妙地提示观众，在接下来的场景中应该着重看些什么，就像那些潜意识广告（subliminal ads）把一个概念放到了你的脑中，但其实并没有直白地告诉你应该看什么。此外你还要记住旁白也应该是出自于行动。

当你的旁白已经全部完成，影片就有了一个结构，并且克服了最大的难题。这时你应该非常清楚地知道你的影片是关于什么的，以及想要表达的是什么。于是你可以回过头去，再重写你的先导片或开场，这绝对不是在浪费时间。如果你没有首先写过一遍错误的先导片，也不会有正确的引导让你走到这一步。这就像是先刷了一层底漆，当你刷上外面那层漆后是看不到这层漆的，但如果不是这层底漆，外面那层漆就无法刷好。

这是一个升级进步的过程。

使用口语

旁白写作是一种艺术，是纪实影片制作至关重要的一部分，有几个小方法有助于旁白写作。首先需要记住的一点是，旁白最终是由解说者（或主持人）讲述出来的，所以它必须是以口语化的风格表现出来，而非书面用语。我们可以注意到，有些语言的书面语与口语用的是完全不同的结构，例如意大利语的书面语是复杂的虚拟语气，但是在口语中则不会用到。我们也需要记住，像英语这样的语言在书面表达时也有所不同。你想象一下，警察看着自己的笔记本读出这段话："当我以悠闲的步调行进在大道上，我目击了两个年轻人证据确凿地在进行犯罪活动。"如果问他到底发生了什么，他会说："我在路上看到了两个小偷。"旁白也是这样，经常会发现很啰嗦的旁白语言，所以你要问清楚导演发生了什么，然后寥寥几笔把它写下来，这就成了你的旁白。事实上我写的许多旁白都是通过询问导演正在发生什么事，然后把他说的内容简略地写出来。

在剪辑室里我遇到的最大问题之一就是沉重的"书面"旁白。当我审片时，我就一边看着情节，一边说着旁白。而替我工作的导演则要把我说的内容飞快地记下来，这对他们来说是个棘手的活，因为一旦图像停止，我也不能准确记得我刚才说过什么。那是因为我是用说的，不是用写的，一边看时一边即兴说的。

所以要记住，口语是与书面语不同的，比较明显的是，它没有那么复杂的语法结构。试着养成写作时用口语的习惯，不要在旁白中老用文绉绉的词或者卖弄文采。你可以像我一样，首先开口即兴地说出来，一边大声说一边飞快地简单记录下来，或是用小录音机录下来。

给人物贴标签

一旦你确定了影片中的人物，旁白的另一个作用就是给这些人物贴标签。这意味着赋予人物以特征，这样他们才会在我们的脑海中留下固定的形象，并且显示出他们的重要性。然后当我们再碰到这些人物时就能一眼认出来。《杰米的食物部队》就将娜塔莎（Natasha）描述为"她的女儿从来没吃过一顿家里做的饭"，将克莱尔（Clare）描述为一个"每天靠27袋薯片和一堆垃圾食品为生的人"，因此我们记住了她们并且会关注她们。同样需要记住的是，写关于人物的旁白和其他任何部分一样，要从行动出发来写。当我每周收到《老爸老妈与性》（*Sex with Mum and Dad*）的粗剪版，在帮忙调整结构和写旁白时，我会经常发现他们在标题之后会马上介绍人物角色，在人物还什么都没做之前就把他们介绍清楚了。不要说："罗谢尔（Rochelle）的妈妈 36 岁，是一名清洁工。"把介绍用一小段行动来体现，而不是墙纸的颜色："星期六的晚上，罗谢尔 36 岁的妈妈不让她出门。"然后再说："白天她是一个清洁工，当她回家时，她发现罗谢尔又出门了。"

《伪装者》和《交换妻子》的成功不仅仅是因为塑造了强大的角色，还在于用聪明的旁白把他们的角色放大，再让大家关注他们。事实上史蒂芬·兰伯特之所以能在我的作品基础上成就他的模式帝国，完全得益于他对旁白和情节的大师级运用。

睿智，悦耳与简洁

我相信绝大多数旁白需要简短、贴近事实，不用太多华丽的辞藻或形容词，而需要足够聪明、甚至睿智才能发挥作用。毕竟英语的口语，就算没有华丽的辞藻也可以很睿智。所以在适当之处，你需要很机智，就像在演讲中一样，因为机智、幽默将会对讲故事非常有帮助。你可以想想一个好的晚宴嘉宾是怎样讲故事的。如果写一句简短的话就让人捧腹，是件了不起的事，但简短又不动声色则更棒！

你已经有了简短、生动、机智、贴近事实的、口语化的旁白，现在你需要像所有优秀的演说家一样，把它再变得诗意，这指的不是堆砌辞藻，而是要像音乐一样悦耳。特别是在先导片或开场中，你可以给每句话用上韵脚，要听起来非常诗意、有韵律感。我的影片开场段落总是用"嗒嘀嘀嗒嘀嘀嗒嗒嗒"或者"嗒嘀嗒嘀嗒嘀嗒"（"dum di di dum di di dum dum dum" or "dum di dum di dum di dum"）的语言形式。

她能不能嗒嘀嗒
嗒嘀嗒
和嗒嘀嘀嗒
她能不能嗒嘀嗒，和嗒嘀嘀

念你的旁白时，用"嗒"和"嘀"去替换词语，看看听起来会怎样。

一旦你的旁白都写好了，顺序也都大致弄对了，你需要做些更重要的事，让最后一稿得到升华，也就是再精简。首先，你需要看有没有哪段旁白可以用图像、同期声或采访来代替，在整部影片中都应该如此，因为这些比你的语言更具表现力！然后你就要进一步删减实际的用词。

成功的旁白就是每一稿用更少的语言来讲述一件事情。最后一稿剧本应该光读旁白本身也能够理解故事，因为它必须用一系列的简短紧凑的句子讲清楚这个故事。在瑞塔·丹尼尔（Rita Daniels）导演的《杰米的食物部队》第三集中，就用很短的旁白让我们了解了影片的大部分故事。

《杰米的食物部队》，新鲜玩意制作公司为第四频道制作

第三集，播出版，旁白部分

旁白：“传授”工作仍不够快，杰米需要彻底重新思考。
杰米希望说服这些商家，让他的学生来教这些商家的工人们。
他需要说服整个约克郡的公司允许他培养的老师们参与进来。
但事实证明不像他想象中那么简单。
他需要一个场地，而且还要有足够多的公司参与进来。
ASD 照明公司（ASD Lighting）同意和他见面。他在车间开始和工人们交流起来。
很快，他就有了足够的公司和他签约，让实验开始启动。

然而，在旁白中加入一些细节，也会有助于让人有身临其境的感觉，就如这一集之后的部分，杰米努力把一千个人变成厨艺教师的一个段落。如果没有细节，这个段落就是无趣的。不过，如同你在介绍一个人的时候，不要为了细节而停下来，之后再重新开始故事——这是一种常见的错误。你应该在行动中呈现细节和时间（下面的旁白，只节选了涉及时间的部分，并不包含全部旁白，也没有加入同期声）。

《杰米的食物部队》，新鲜玩意制作公司为第四频道制作

第三集，教会 1000 个人，播出版场景

旁白 早上 8 点，杰米的课开始了。在有限的时间里，杰米的学徒们将要教 1000 个几乎没做过料理的人从零开始做一道新菜。他们自己也才练了 15 个星期的厨艺，这对于他们来说将是一次巨大的挑战……

早上 9 点，第一批的 50 个工人到了。杰米的团队里每个人开始教 5 名罗瑟勒姆委员会（Rotherham Council）的员工。

早上 10 点，50 个医院工人只有 10 分钟的时间来品尝他们翻炒的牛肉，然后 50 个建筑工人就要进来接受训练了。

2 个小时之后，500 个工人完成了翻炒牛肉。他们还要这样继续 10 个阶段……

到了晚上 7 点，800 个工人在从没做过菜的情况下，成功地接受了一对一的培训。

到了这天夜里，真正的问题出现了，这一千人中有多少人会在回去工作后，继续把菜谱传递下去？茱莉娅（Julia）担心在杰米离开之后，不知道会变成什么样。

旁白需要通过给每个段落提供一个动机来持续地建构，例如“已经完成了些什么，现在我们的英雄要去……”。如果下一个段落没有一个动机或疑问，那可能就没有存在的必要。这些段落必须让我们有好奇心。

此外还有一个方法可以精简和提升旁白。当你通过许许多多个剪辑版本打磨完之后，你应该试着至少脱离一次旁白，来观看你的影片。这样你就会发现你的影片本身要表达什么，因为你的影片结构是通过旁白辅助建立起来的，通过去掉旁白，你可以发现哪儿需要加入更多的同期声。你也有可能会发现（有时可能惊讶地发现）影片有些地方什么都没说明白。尽管旁白无法完全填补你拍出来的言之无物的片段，但至少它可以努力地填补，不过也要注意让旁白变得很长的风险。如果可能的话，最好把那些空洞的以至于必须依靠旁白的片段删去，然后把旁白用在它们最有用的地方——为言之有物的部分提供辅助，并把它们串联起来。

最后一个要点是：很多时候你可能惊讶地发现，对你显而易见又极为重要的事件，但却恰恰忘记了交代给观众，这种错误频繁发生。你可能会记得我之前提过的，我曾经参与的第一部系列节目《商业大战》（*Commercial Breaks*），其关键点是跟踪拍摄超过了一年。我们当时都对此非常清楚，但结果我们都忘了在旁白中讲出来，那观众当然就无法得知了。

选择旁白者

最终你写好了所有的旁白，走到剪辑的最后一步，我通常做的最后一件事是把所有旁白再检查一遍，然后在影片中给它留出准确的切口，再把这些旁白缩短一下，会感觉更好。接下来就到了录音阶段，希望你最好已经提前找好了合适的旁白者，因为旁白者实在是太重要了，所以找旁白者的工作越早开始越好，然后一定要预定他们的时间。

我喜欢找那种理解力强的演员，要能在朗读时带一点幽默感，尤其是讽刺感。许多影片都是靠这一点得到提升的，再想想晚宴上对话的场景就知道了，除非晚宴的话题都是非常阴暗或敏感的主题，否则幽默一定是有效的。就像你找制片人和明星时一样，你要听一听这些人完成过的其他旁白作品，再问问其他人的意见。当我要为《高层麻烦》找一个尖锐讽刺的声音时，我让史蒂芬·兰伯特给我推荐，然后他推荐了后来因为《公民史密斯》（*Citizen Smith*）大红的罗伯特·林赛（Robert Lindsay），事实证明用罗伯特·林赛成就了我的系列节目。

请一个你能用得起的最好人选。知名演员之所以出名，一部分原因也是因为他们有更好的声音，所以只要你能花得起钱就用这些演员。许多演员一开始都不会接，但演员只是摆架子。给他们打电话、写信，告诉他们你的影片有多特别，以及影片缺了他们不行。我还要再强调一遍：这件事要尽可能早地着手，演员的档期很忙！你要做好准备，根据他们的档期来工作，甚至可能要去到他们工作的地方或他们的住处录音。你要不断拍他们的马屁，像对其他人一样，让他们愿意和你签约。当时我们就为了罗伯特·林赛，去了他家附近的德纳姆（Denham），在那儿给他录音。确保你已经提前给演员寄了剧本和DVD，并且勾起他们对这个节目的兴趣。如果他们有兴趣的话，朗读起来效果会好很多，也会更明白你想达到的效果。

主持人当旁白者

不过，如果你已经有了一个主持人要怎样处理？如果是爱登堡或克拉克森，一个制片人或记者，他们可能会自己来念旁白，这样以上的问题都解决了。但如果是《卧底老板》或《重返基层》里的老板呢？或者在经历一个未知冒险的杰米·奥利弗呢？你要写旁白让他们说吗，还是让演员说？还是让两者都说？如果你最后选择了让主持人或者主要嘉宾来叙述，你就应该试着把旁白写成他们的口吻，然后在保证长度和意思的前提下，让他们稍微按自己的风格调整。

但你真的应该这么做吗？在《杰米的校园餐食》中，我们两种方式都试了。在剪辑了前两期节目后，我们写好了旁白，并邀请了一位旁白者来录音，但我们很好奇如果杰米自己来叙述会怎样。鉴于这是我离开BBC后的第一个节目，是我的实验场，因此我可以尝试一些一直想做的事，而且我非常期盼这个节目能成功，所以我乐于进行实验。我们彻底重写了一个第一人称的剧本，包括加入了一些杰米式的语言，然后假装他的声音自己录了一个试验版，看看能否对影片有帮助。

这样做非常艰难，部分原因在于这不是一个主持人一直都在场的节目，而是一个情节剧式的节目。在大卫·爱登堡的动物节目里，以及其他以主持人为主导的节目中，主持人是一直在场的，哪怕他没有出现在画面中。这些节目中没有平行的情节，但《杰米的校园餐食》则像一部情节剧，节目中的主要角色——英雄和次要角色——反对英雄的“巨人”，在一开始的时候是分开的，慢慢发展到他们相遇的场面，然后不久又分开成为独立的情节。

所以杰米有部分情节是不知道的，例如当诺拉遇到杰米之前，她自己开始着手在基德布鲁克的生意的部分。在他们相遇并发生争执之后，有更长一段情节是两个人分开的平行情节，员工诺拉做着杰米不知道的事情。杰米怎么可能给这段念旁白呢？因为这些原因，所以一个独立的旁白者和旁白的声音是非常重要的。如果杰米自己本人没有在场的时候，让他来解释诺拉的行动就会显得非常傻。我们可以让诺拉来给这些部分旁白，如果是在美国电视网，我们很可能就这么做，但这也不是件容易的事。

这种情况下，第三人称旁白能够奏效的另一个原因是，如果你拍的影片里有危难情节——大多英雄故事都需要危难情节，那么一个旁白者可以帮忙挑明这件事，但我们的英雄自己不能。比如旁白者会说："我们的英雄即将面对他一生中最具挑战性的巨人"，而英雄自己并不知道。或者旁白说："我们的老板刚刚损失了三百万英镑，签了一个没用的合同"，这种话老板自己不可能说。又或者旁白说："我们的女英雄是这个世界上最美的女人吗？"即使她刚刚当选世界小姐，她自己来说也会显得有点显摆。

执行制片人和节目主管们永远都劝我让主持人来完成所有旁白，从《麻烦终结者》中的约翰爵士就是如此。但是由于以上两个原因，我大部分时候都拒绝了。例如在《麻烦终结者》中，也有与主人公的行动平行展开的情节：节目的某个公司担心约翰爵士临时到访，于是开始一系列准备，并在约翰爵士走后谋划了一系列他不知道的事情。此外，介绍我们的英雄主角也会有问题："约翰·哈维·琼斯爵士是英国最有名的商人，他因为近三年经营业绩被评为年度实业家。"试想如果是他自己来说会怎么样？！在ABC的系列节目《杰米的食物革命》（《杰米的校园餐食》和《杰米的食物部队》的结合）中，杰米自己念了所有的旁白，大多是面对镜头说的。我们尽量引导他介绍自己和自己做过的事情，所以他的旁白确实听起来不那么像自夸，因为在开场之后便没有旁白了，所以不需要其他人来承担这个角色。

简·露特

探索电视网前主席，

BBC2 频道的前任总监，新乌托邦公司现任 CEO

在美国旁白用的很少，但这也许就是你将要看到变化的地方，因为这在美国还是一项不发达的艺术。美国纪实类节目的历史和经验都非常有限。很多年来大多数人才都集中于电视剧领域工作。直到真人秀节目最近十年迅猛发展，才让我们看到了美国有许多具备纪实电视节目潜质的人才。这也是许多欧洲人在美国干得风生水起的原因之一。

史蒂芬·兰伯特

《卧底老板》执行制片人

总的来说，他们讨厌旁白出现在美国电视网的节目中。他们把旁白和纪录片联系在一起，又把纪录片和付费有线频道联系在一起。我感觉大多数观众认为旁白或评论是美国公共电视台或探索频道才会出现的东西，以至于他们在大电视网中听到旁白会觉得不舒服，这也是因为很多观看大电视网节目的人从来不看美国公共电视台或探索频道。所以他们觉得，"我不想要这个，这不适合我"，他们会有一个强烈的感觉，认为旁白是在说教。

旁白无论是出自节目嘉宾还是专门的旁白者，都是澄清问题的绝佳方式。虽然在美国没有派上用场，但我相信在画面之外的旁白即将在美国大获成功，就像越来越多英国的热门电视节目如《交换妻子》和《卧底老板》所证明的那样。正如我们在旁白这一章所看到的一样，现在许多美国导演也开始学习这里提到的纪实技巧，并逐渐在欧洲人所擅长的领域赶超。希望这本书也能有助于这个趋势的发展。

回过头来，这也是为什么《杰米的校园餐食》的责任编辑彼得·戴尔要求我在一部影片中把两个方法都试一试的原因。尽管非常冒险，但我乐于去实验，看看会发生什么。彼得是一个少言寡语的人，但他的话总是句句箴言。我坚持这样给故事配旁白是正确的吗，如果没有旁白又会对节目有何影响？又或者我是错了，但旁白真的可以提升影片吗？难道不是要看影片中有多少冲突吗？

所以我们尝试在《杰米的校园餐食》中从头到尾使用杰米的声音，但就如预料的那样，结果确实大大削弱了节目的效果，也如可预见的一样，失败的原因主要是杰米有几场没有出现，而诺拉在独自煎熬，我们需要挑明诺拉的想法和感受，但是杰米不在场的情况下没法办到。所以最终的结果就是整个影片的效果大打折扣。

因此我们判断《杰米的校园餐食》使用杰米自己的声音是一个错误的选择，尽管我们也需要让第三人称旁白更加简明扼要。当《杰米的意大利大逃亡》的节目主管也有此想法，并且一再要求时，我们决定再一次两种方式都试一试。这是一部更温和的特辑节目，杰米想要回到意大利寻访自己厨艺事业的根基。所以剧情主要是在杰米和食物之间，以及他和许多不断变化的意大利人物之间展开。这一次没有反面人物，杰米也从头到尾都出现了，所以这一次我们尝试将第三人称的旁白改写成他的第一人称旁白，效果就非常好，我们最后也用了这个旁白。

所以，其实答案不是绝对的，需要你去斟酌。尽管因为杰米从头到尾出现在《杰米的意大利大逃亡》中，所以他来进行旁白是可以的，但是这可能也让节目变得更温吞，不知道是好是坏。如果有其他旁白的声音，或许可以增强对抗的力量，加剧紧张感，也可以告诉我们一些可能我们知道了会取笑杰米的事情，而这是主持人自己无法做到的。对我来说最大困难是让杰米介绍他自己，这样会看起来有点过于任性，所以就算做得不错，但只有他一个人的声音还是会有问题。美国电视网常常在开场时，请另一个人旁白来解决这个问题。因此总结起来，用主持人来旁白通常会软化或暖化剧集，这会让剧情没那么刺激，也会造成一些缺口。在我看来，这是英国真人秀节目的美国版常常做得不太好的一个原因。所以我认为还是要根据影片本身来进行判断。

在美国，纪实类节目制作中有个不一样的传统，他们不仅害怕请专门的旁白者来做旁白，更害怕主持人在画外进行旁白，所以大多时候他们希望做旁白时，主持人出现在画面中。

史蒂芬·兰伯特

《卧底老板》执行制片人

我们在剪辑时去对老板们进行了补拍，与我们共事的美国人希望我们把人物拍进去。但我不同意，我们只是想要录他们的声音。当然这非常艰难，因为他们的想法很顽固，这是他们所遵循的一种行为范式——他们可能是对的，也可能是错的，但他们不可能只相信一半。

美国版的系列节目《杰米的食物革命》是把《杰米的校园餐食》和《杰米的食物部队》结合到一起，目的是转变西弗吉尼亚州的城市亨廷顿（Huntingdon, West Virginia）的饮食习惯，特别是那儿的学校。亨廷顿有着美国饮食最不健康城市的标签，瑞安·西克莱斯特（Ryan Seacrest）的制作团队拍了无数次杰米的采访，原计划是用来把镜头串到一起。这种打断情节的串联方式在欧洲观众那里是绝对行不通的，但美国消费电视的习惯有所不同，美国观众不是在欧洲纪实节目的故事氛围中成长起来的，纪实类节目是作为轻娱乐节目的替代物成长起来的，所以美国观众需要大量的戏剧性的神奇时刻，他们不在乎这些情节是怎么连起来的。

不过我相信《杰米的食物革命》这档节目虽然成功了，但还没有到达英国版成功的程度，有运气的原因，有角色的原因，但肯定有一个原因是因为没有旁白者来强化剧情，因此有点弱。同时它还必须克服情节更分散的问题，毕竟要记住，在电视中越少就是越好，与《杰米的校园餐食》不同，这档节目讲述了多个故事，所以没有像诺拉这样一个持续出现的反面人物。不过有关旁白的问题，我们在欧洲也越来越多地使用主持人的声音，而在美国，几乎电视网的节目中都不用第三人的旁白，则走向了另一个极端。在美国你想成功，务必要夯实你的旁白写作技巧，因为旁白正在开始改变美国的纪实节目，使其更具戏剧性，旁白将在美国节目中逐渐增多，但在英国你则需要尽量减少旁白。

史蒂芬·兰伯特

《卧底老板》执行制片人

我的意思是，最重要的一点是美国电视网没有通俗的观察式纪录片的传统。他们的电视网直到十年前，除了电视剧、新闻和新闻专题类节目，或者偶尔还有奥斯卡和格莱美的颁奖典礼，再没有其他类型的节目了。而这就是美国的电视。

> 在西海岸主要是娱乐节目，他们的电视网包含了电视剧和喜剧，而东海岸则主要是新闻类节目。但在我们的电视网，比如BBC1频道和ITV1频道，这所有的类型中最受欢迎的是通俗的观察式纪录片，也正是它催生了纪录肥皂剧，这在美国电视网是没有的，或许在有线频道有一些。所以美国电视网花了很长时间来接受这样一种类型。当然，旁白这种东西也绝非他们的喜好。在《卧底老板》中，我们只在开场序幕以及每一部分的开头用了一些旁白。

总的来说，我认为旁白的最好解决方案也许是折中的方案。首先，在现场尽可能多地拍摄过渡场景，然后写一些片段式的旁白给你的主人公之后来读，特别是当欧洲在逐渐向美国的方向靠拢时（反过来也是如此）。但也要给第三人称的旁白者写一些旁白，比如先导片、故事路线图，以及影片中某些判断性的信息，以增强戏剧效果，预示在下一场中将看到什么，让场景转换得更巧妙，并烘托主人公的形象，这是主人公自己做不了的。用这种方式，你可以用第三人称的旁白来推动影片上升一个层次（这是旁白最有用的部分），比如说，“现在杰米成功地击退了龙，他必须踩着索桥跨越鸿沟来打败最后的巨人”，或者说，“杰米即将担负起他人生中最艰难的任务”。如果杰米自己来配旁白，会听起来有点悲哀。但当你的主持人参与的情节正在发生时，你可以让他表达出自己的感受。如果让这些主人公的声音是从他们刚出现在画面的部分开始会更好，所以当你的主人公正在行动时可以由他们说旁白，这样会显出主人公才具备的情绪和感情。

如果你的主持人是一个没有经验的新人会更有难度，比如约翰·哈维·琼斯爵士。新手主持人很难是好演员，所以让没有经验的主人公在一个小隔间照着你给的剧本来读旁白，效果会非常差。尽管说的是英语，而且也用了主人公的声音语调，但仍然听起来会非常僵硬，如果他们不擅长朗读的话更是如此。

所以我在给非专业主持人写旁白的时候会用他们的语言来写，但我不会让他们照本宣科地念，而是给我自己写一个提问大纲来引出我们需要的答案。然后我在录音间向他们发问，或者带一个录音师去他们家里。举例来说，我们希望约翰·哈维·琼斯爵士说出：“当我初次踏上一家工厂地板的时候，我就能感受到一个公司的脉搏，然后立马就能知道这个公司经营得怎么样”。但我没有让他来读这句台词，而是问了一个引导性的问题：“告诉我你初次踏进这个工厂的感受，以及它告诉你有关这个公司的什么信息？”如果必要的话，我还会在问题里加入一些解释。这样做会感觉更即兴，比照着念的效果更自然。它显得如此自然，以至于常年播出的纪录片栏目《40分钟》（*Forty Minutes*）的编辑，同时也经常荣获英国电影与电视艺术奖的埃迪·米尔佐夫（Eddie Mirzoeff），就曾经带着羡慕的语气问我何以做得这么自然。他认为是约翰爵士的自然成就了这档节目，但并不知道这种自然是如何实现的。对杰米，我们也运用了有些相似的技巧，但他更有经验，我给他看了我们写的台词，然后让他运用自己的经验和语言风格在录音间里脱稿自由发挥。

所以大多数时候，当一个主持人和主要角色在推动故事发展时，我会录下主持人的即兴发言或回答问题的话，要么在录音间，要么在更放松的家里，用磁带录音机录制。但仍然还是要录一些由专业演员讲述的简短的旁白，这是从上帝视角发出的声音。最后一点，现在越来越多的影片是由导演来录旁白，但这取决于你的声音如何，以及你是否希望这部影片变成完全依照导演意志的一场旅行。

声音录制

当你使用了一名旁白者，或者一位只需要读台词的主持人时，应当确保在进行到录音这一步骤时，旁白剧本里的语法都是正确无误的，而且也要有足够的断句，以避免可能产生的歧义，还要保证诵读的流畅性。读一个标点和拼写充满错误的剧本会很困难，为了更好地录音，还应该确认翻页的时候没有句子被隔开，最好每一段都附上时间码。

在录音前，当你最后一次通读旁白稿时，它应该短小、紧凑、精炼地呈现出影片的故事，事实上，如果一切如愿，那么它读起来就该是个故事，而且仅仅靠自身，内容也说得通。如果它还不够简练，那么你就需要让它更加紧凑。要试图更有连贯性地在剧本里介绍每一个角色，比如说不要在介绍重要人物的时候冠以姓氏而其他的人物省略姓氏，除非这样做有实际的目的。但是也要时不时地让名字多一些出现的形式，有时候是名字，有时候是姓名全称。即使诺拉也会有被称为诺拉·桑斯的时候。最后要审视一下动词时态，尽可能多地使用现在时态，因为这样会让观众更容易进入情节。影片中的任何时间框架都对应的是你拍摄这些段落时的时间，因此除了使用现在时态外，主持人的年龄和工厂的状况等也要同拍摄时间保持一致。

需要确保为录音准备的剧本是双倍行距的，在左侧要留下足够大的空白空间以便于日后的更改。保证你的台本清晰并简单易读。可以提前寄给旁白者一份剧本和一盘录影带，但也要有心理准备，他们很可能提前看都不看一眼。

录音过程可以说是一个让人心惊肉跳的时刻，就像你自己制造的弗兰肯斯坦式的怪物活过来了一样，你会看到它是多么奇妙或丑陋。想要这个过程更顺利，要多多赞美并鼓励你的旁白演员或主持人。让他们更加全身心地投入到录制过程中，但也不要过度表演。过度表演是一个大问题，特别是当演员们本身没有经验的时候。一个理想的演员应该很聪明，可以将剧本里的幽默感和讽刺性呈现出来，可以很好地理解影片的内容，也不会过度表演，而是用生动的方式将观众紧紧地吸引到下一幕场景中。在录音过程中要引导演员们不要刻意，也不要太过平淡，而是朗读出来，特别值得一提的是每个句子结尾时音调不要越来越低。大声朗读的时候，人们常会这样降调，但是影片的旁白需要推动接下来的场景，因而每一句都要用升调收尾。千万要记住，句尾的音调需要上扬或者至少保持平稳而务必不能下降。如果旁白剧本是有力量的，那么可以很自然地做到这一点，你可以试着听听看。

最后，也要倾听一下旁白者的意见，必要时做出一定的修改。他们会很乐于参与创作过程的，并且很有可能提出很棒的建议。我总坚持的准则是可以听取旁白者的意见，只要旁白者提出的修改让他表达起来更好就可以采纳，但最重要的是一定不能变得更冗长。同样我认为导演们可以重写一切内容，只要比原来变得更短就可以。此外，我提醒大家录音到结尾部分时，再让演员们重新录制开头的三（或者两）分钟吧，这个时候他们往往已经热过身，也理解了影片的内容。录音棚也是影片制作一个重要的部分，声音完全可以成就一部影片，选对了一个符合情绪的音效和配乐，可以提升影片的效果。多年来，我在作为一个电视麻烦终结者的过程中发现，写出合适的旁白能够帮我解决大量的麻烦。根据逻辑顺序排列素材，加上一个由旁白驱动的叙事，这样你至少有一部及格的影片。有的时候你甚至可以使用这个方法，让一部没有达到预期的影片变成一部有潜力成功的影片。

访谈

然而，尽管通过旁白可以简洁地传达事实和动机，但我认为在给观众传递情感的时候并不能完全依赖这种方式，所以如果出于传递情感的目的，应该尽量少地使用旁白。我觉得大家读到这时，可能已经产生厌烦了，因为我的观点可能会让你困扰（也不坏，至少你们可以想想我为什么是错的），你甚至已经接受了我说的关于旁白的所有内容。但是如果使用访谈，让当事人自己来说，会更加令人信服。当当事人说的时候，我们可以看到他的表情。这是为什么访谈如此有用的原因。

在拍摄《杰米的校园餐食》的中途，我们拜访了杰米的叔叔开在绍森德（Southend）附近的酒吧，这是一个星期一的上午，也是我们第一次和唯一一次空出一天来讨论这个系列节目进展如何，下一步怎么进行。当我到办公室的时候发现杰米迟到了，我被告知他经历了一个相当糟糕的周末。在他的十五号餐厅里，杰米主持了一个盛大的周日晚间员工聚会，餐厅的厨师和服务员们告诉杰米，他离开的太多了，而部分原因在于拍摄《杰米的校园餐食》。这个真的令杰米很惊讶和沮丧，特别是因为他并不理解员工们的顾虑。我们一起去酒吧的路上，他非常烦恼不堪，那个时候看上去，他可能永远无法改变学校餐食的现状了，最糟糕的是报纸上刊登了很多关于他的婚姻的不实报道。尽管在我们的拍摄台本里没有这些，但是随时准备跳出框框思考的我们，随身带着一台DV摄像机，于是在路上，我们采访了他。当时的杰米马上要去面对给两万个孩子做饭的挑战，他本人的情绪非常低落而且很担心。

在面包车里没有人可以和杰米在镜头内交流，只有我们的制作团队，当然即使有人，恐怕也不会愿意这个时候去触怒他。现在有两个选择，旁白介绍或者访谈。访谈可以浓缩情绪，他的表情和沉默胜过千言万语。除非他本人不乐意接受访问、犹豫徘徊把气氛拖得尴尬，抑或当你没有问对问题时，这时才考虑换成旁白的方式。但即便如此也没有人能比他自己更能表达他内心对喂饱两万个孩子的焦虑。你只能指出他必须去做的基本事实，但就像他本人在采访里所提及的那样，要表达他面对必须完成的工作的心情。

《杰米的校园餐食》

新鲜玩意制作公司为第四频道制作

播出版第三集 26 分 10 秒—26 分 40 秒

画内 我唯一担心的一件事就是厨娘们的未来，因为我真的很害怕，也确实无能为力了。

画外 现在的情况是，接下来的一个半月你将要接管整个区。

画内 所以我真的不敢肯定我怎么能每天让两万个孩子吃饱。（停顿）呃，但我肯定我会继续做这件事，我绝对要继续下去。

如果用旁白大概会这样说：“此时此刻杰米正备受煎熬。杰米唯一的担心就是学校厨娘们的未来，因为他真的很害怕也确实无能为力了。接下来的一个半月杰米要接管这整个区，他目前还不太知道要如何每天喂饱两万名孩子。”但是你必须要直面他的眼睛，才能看到这种恐惧，毕竟，如果你从画面里看不到危险和担心，而只通过旁白表达，效果甚至会比用一种虚假的方式演绎出来的担心还要更糟糕。

有感情的访谈

访谈会给故事赋予一种同期声可能难以提供的情感动力，所以要尽可能地让访谈的感情显得充实饱满。在采访里，你不仅仅只是想知道杰米会制作哪些午餐，还会想知道他有多焦虑，这会增加紧张感。你也不会仅仅想问多少人在食用杰米提供的午饭，而要问有多少人真的吃光了，以及他对此有多沮丧。将“感情”植入每一个问题，直到你知道如何正确地提取某种情感，因为情感是一部影片的能量源。不要这样提问，“明年你要做什么纪录片？”而是要问“你要拍一部怎样的纪录片？你对它有什么感觉？”

如果某座火山即将喷发，一个受访人可能会啰嗦地解释半天科学原理，然后说这座火山有一定的概率会在五年内喷发，这时候用旁白会表达的更加简洁明了。毕竟，你可以控制旁白，不断打磨到只剩下观众需要知道的信息，旁白无法做到的则是，说出你的受访者内心到底有多害怕，那只有受访者自己才能做到！

也许让情感在采访过程中得以释放的最好方式，就是尽快让受访者感觉到他在和你互相交流。在采访前你要显得轻松一些，并反复做好准备。在纸上写下来那些可以为一个场景提供情感驱动力以及情绪落脚点的问题。让你的采访具备一种结构，把问题按照不同的主题分好类，在每个类别下列出更加细致的问题，做些合并从而让问题精简。当你完全准备好了那些可以帮你得到你所需要的答案的问题时，好好记住他们，最好是放进上衣口袋里。如果可以的话，要尽量避免在采访的过程里看这些问题，只有这样才会让你的受访者感觉到你们之间在进行一个自然的对话。仔细地思考你的问题，但别让受访者看出这种感觉。一定要保持住轻松和自然的对话氛围，不要让你的受访者停下来，让他们把已经回答出口的答案用另一种你认为更理想的方式回答一遍，因为在现实的交谈中我们是不会这样的。但是你可以这样讲："抱歉，我刚才没有听明白，您可以再解释一遍吗？"如果一个受访者觉得他和你在相互交流，那么他就会显得比较自在而放下一些防御。

有一种不太好的老规矩，就是受访者要用你的问题来开始他的回答，因为后期剪辑时，采访者的部分会被剪切掉，观众听不到提问。我也时常会听到很多导演一遍遍地打断对话，让拍摄对象用这种非常别扭的方式回答问题，但是：(a) 对于现代的那些受过良好教育的观众来说，这真的是完全没有必要的；(b) 必要的地方你的提问也理应出现在影片里；(c) 让受访者重复你所提出的问题会毁掉对话的流畅性——而你之所以要把问题装进口袋并且努力显得自如和放松就是为了流畅性。

当我在彼得·曼德尔森的家里采访他的时候，我的提问是非常轻松的，以至于采访了几个问题之后，他问我是否正在拍摄。是的，在拍，我这样回答他。但是其实我已经暗中为我的问题"你为什么要这样做"得到了这样的答案："为何我会被牵扯其中？因为我是一个内阁大臣而且我被要求这样做，你知道的，事情出了错的时候我就是那个替死鬼啊，有的时候命运的手指就这么指向了我。"

只有当我采访艾伦·休格的时候，才会想办法让我的采访变得安静、温柔和亲密些。再强调一次，有时候显得有点让人怀疑，甚至有点笨笨的也不是什么坏事，因为很多时候受访者会较为平淡。很多人，从工程师到商人，都掌握了谈话的技巧而使他们的发言没有漏洞。例如当我们在拍摄丹麦的一个桥梁设计师的时候，他执意要讲所有的桥梁都是绝对安全的，这个时候你必须用一些挑衅性的问题，例如"您真的就没有一点担心吗？"并用一种质疑而上升的语调，以期得到他的回应。"当然，我也会担心……"当这个问题也失败时，我会接着说，"难道这是件我的母亲也可以干的事情吗？"或者，"您晚上泡澡的时候最担心什么？"不断地施加压力。要知道一个好的电视节目制作人就是这样，可能像一只总是不停摇着尾巴示好的狗一样，但就是不肯放弃！

在采访里可能还会遇到的一个问题是：受访者在没有镜头的时候回答很自然，可是一旦摄影机对准他的时候整个人就木讷了，甚至连约翰·哈维·琼斯爵士都曾经在午餐时对我讲起一位工厂老板是个废物，可是之后立即采访他时，他就假装不记得了。其实这就发生在我们去拍摄三角玩具工厂的第一天，他在当地的一个酒吧里和我说了这些，之后我连忙找到摄制组，本来想趁约翰爵士结束用餐前，抓住这个瞬间，希望他能持续风趣的谈吐。但如果这时你的拍摄对象闭口不谈，我还是会建议他们回到摄影机没有启动前的那种谈吐，我会引导他们："告诉我当你步入工厂大门时，你有什么感觉吧——例如整体陈设是何等糟糕，机器都停了，整层车间都似乎没在运转，而你需要发现更多的状况。"诀窍就是用问题来开始每个场景，不管是含蓄的问题，或者更有效的明确的问题。

还有，不要担心问让人难堪的问题，把它们巧妙地安排在采访里，拍摄对象很少会拒绝回答的。

西蒙·迪克森

第四频道纪录片部门的副部长

诸多获奖影片的立项主管

如果你在拍摄一部影片的过程中，仅仅只是试图给人们带来那些他们想要听到的内容，那么这部影片恐怕最好也只能是B＋的程度。对于任何一部伟大的影片，有一个定律是影片制作者总会和他们的主要角色跨入一种不寻常的境界。他们会讲述或问出一些彻底改变影片制作者和拍摄对象之间关系的问题。往往在最后，会成为一种对电影制作者的鼓舞，也会促成制作者和拍摄对象之间的互相信任。而时机也很重要，第一天拍摄时就想要问一个地震般惊人的问题是不现实的。一部纪录片如果不问那种人人渴望的问题的话，就称不上是一部纪录片，只是另外一档电视节目罢了。

不要放弃给予必要的引导，诸如"你可以更简练地回答这个问题"，但你要把这种引导包括在你的对话过程中，因为你要尽你所能地让对话的流畅性和氛围得到保障。所以可以把上述的话加在问句里，比如"用更生动简单的方式讲给我听吧"，但要把它放在问句的中间，保持对话的流畅性。在《重返基层》这部影片中博耐顿女校的女校长用无比平淡的语气告诉我们，她去学校的时候心情很激动时，我相信她内心是激动的，所以我顺势问她："给我讲讲想到要去学校的时候你内心有多激动吧，不过要讲得生动一些啊，还要更简洁点，你到底有多激动呢？你接下来要做些什么呢？"现在时态在一些问题中是非常有用的，因为它们本身很有动感，还会让人身临其境。要确保你问的问题也是大家都想要知道的，把这些问题安排在采访的中间，别让它们显得过于突出，最好看不出是你特别准备的问题，然后继续下去。最关键的是保持勇敢，无论你的采访对象是多么有名或者多么重要，采访对象绝大多数是不会拒绝合作的，但畏首畏尾的采访态度才会真正毁掉影片。

西蒙·迪克森

第四频道纪录片部门的副部长

诸多获奖影片的立项主管

在剪辑室里有许多会令人发狂的事情，其中一件是我认为非常棘手、非常有挑战性的，那就是当你知道你的影片会因为某个特别的提问而变得更有格调更有质量时，这些问题就是所谓的关键性问题。然后你会问遍制作团队，有没有向关键角色 x 或者 y 或者 z 提出这个问题，这时候你的导演会对你说："不，我没能提出这个问题，没有走到这一步。"那我一定会问："你为什么会没走到这一步？"导演很有可能这样回答你："我觉得这个问题有很大的风险，很可能激怒对方，我担心之后合作就不顺利了。"一个出色的影片制作者是不会像这种没有经验的从业者一样瞻前顾后的。

如果导演和关键嘉宾之间出现一场灾难性的争吵，没有问题。如果争吵就爆发在镜头前，而影片的制作人这样做的用意是善意的、真诚的，并没有去强迫受访的角色为了达到目的而说，那么会有更好的效果。因为纪录片的本意是体现真实，是通过提出的问题而深入受访者的内心世界。如果你只是让他们讲他们想说的，那他们永远也不会展示他们真实的本来面目。必须有一个人用好奇和坚持、勇敢去触动他们，而这个人为了提出那个价值连城的问题，要不惜一切代价。

沉默的重要性

有时候一个采访中最为有力的手段是不做任何事情，足够勇敢到悄无声息，因为悄然无声和这过程中的表情都很有可能成为一个采访中最出色的部分。所以一定要让受访者讲完，之后时常停顿一下，特别是当这个回答是带有情感的时候。他们的表情很可能讲述了一切，甚至会有更好的效果，在一个长长的停顿之后，受访者会觉得要补充些什么，而这往往都是采访中最好的内容。采访有些类似剧本写作：你必须先写好问题，对问题精心设计。当受访者出乎你的意料时，你也要能够灵活调整。再强调一次，要跳出框框思考。最坏的采访不外乎是采访者压根不听别人的回答，一心只想赶着问自己的下一个问题，这会明显地暴露出采访者没有在听别人的回答。这时候一定不会有沉默的时刻，更糟糕的是，你的受访者也压根不会觉得这是一种对话交流。因此一定要倾听，保持自然的状态，再去回忆那些你精心准备在头脑里的问题。没有人说过影片制作是个轻松的差事，基本上各个环节都需要有一心二用的能力。

采访的地点不同有时候也会带来不同的效果，最平淡的大概就是在办公室的椅子上的访谈了。在家的访谈气氛会好一些，嘉宾一边做着别的事，甚至包括清洗一类的，可能会更好。如果有一些小孩子，宠物或者电话什么的带来打扰，容许它们，并且要拍摄，甚至要鼓励这些行为。这些会让影片感觉更自然。最好是让采访对象保持一种活动的状态，肢体有动作或者专注于某项活动，比如正驾驶帆船。在系列节目《千年穹顶》中，我们采访了设计负责人，海里克·图克海斯汀（Herrick Tuke-Hastings），他正在自己的游艇周围游泳。我在游艇上，一边向下喊叫着一边问出了所有的问题。

我自己比较满意的一次采访是另一次抓拍，甚至根本没想到有可能拍下来。我想用它作为例子再次说明“跳出框框思考”的重要性。那是在千禧年的十八个月之前，千年穹顶的主体结构已经顺利完成了，在那个还没有人知道它的内部结构会是什么样子的时候，托尼·布莱尔来参加了它的封顶仪式，算是给工人们打打气，并显示这个建筑的重要性。他和负责的内阁大臣彼得·曼德尔森共同出席。就在我试图要跟着他的时候，曼德尔森被匆忙召回唐宁街10号并且辞职了。我在仪式结束的时候打算要走，经过曼德尔森的身边时，看到他本人没有随从人员，而是独自在穹顶户外的空地上吃着培根三明治。我当即决定冲破条条框框和他聊聊，并同时给我的摄影师一个暗示，摄影师理解了，立刻就开始拍摄了。曼德尔森拿着三明治，走下几层台阶穿过了空荡荡的穹顶建筑，又穿过它四周似乎没有尽头的外围。

摄影师什么也没有落下，悉数纪录了他一路走上他的专车的过程，从我们开始的地方，千年穹顶便进入了镜头，然后当我们走远，它慢慢地变成了巨大的背景，镜头拉得足够远的时候，它的全貌都得以展示。在曼德尔森逐渐走远的过程中，建筑物越来越小。这是一个一镜到底的长镜头，它不仅展示了这个建筑物的故事，同时也是一个充满了情感的访谈。它之所以成功，是因为让曼德尔森主导了这个过程，我只是时不时地插入一些小的鼓励性的话语，就像任何热心的听众都会做的那样，而且之后也可以被删掉。留出了沉默的时间，让受访者来填充，而我只是加入一些零星的应和来让谈话继续，毕竟大家希望更多地听到嘉宾的声音。所以后来我们剪辑时剪掉了我提问的部分，画面就缓慢定格在这个巨大的建筑作为背景的那一帧上，这样感性的视觉语言也展示出了一种情感和身体面对的巨大挑战。整个镜头持续了足足两分半钟，对于一个长镜头来说时间也是够长了，特别是只回答了一个问题的时候。

当时添加的唯一旁白是：“一年的工作让彼得·曼德尔森迫切地希望释放压力。”这是非常短小的一句话，给观众一个时间刻度，告诉了观众接下来的情感状态的走向。

所以一定要记住，最好的采访都是充满了真实感受和感情的，当然还有事实真相。它要让人感到自然，还要像一种交流，同时你要给它在沉默中呼吸的空间，让它自然地进行下去。如果出现了像曼德尔森在行走中回答的这种状况，要用微笑和小的应和去鼓励他们。

同期声

对白——两个或更多的人之间互相交谈，是电影里最常见的使用台词的地方，也是大家最常用的交谈方式。所以当执导一部纪录片，或者纪实节目时，在使用画面时要尽量用同期声或对话讲述故事。相比较而言，让嘉宾们之间进行对话，或者让他们和主持人比如杰米或约翰爵士互动起来，比让他们和导演之间对话要更加自然一些。所以理想的方式是，尽可能拍摄两个或更多的节目嘉宾之间的对话来取代那种采访某个人的形式。

但你会遇到一个小问题，嘉宾们交流的事情要跟影片有关。通常这意味着你需要让嘉宾讨论那些有助于推动情节发展的话题。也就是说你时常需要在每个段落开始之前，让嘉宾们明白这个段落意味着什么。举个例子，当你想要拍摄一个段落来探讨为什么孩子们都那么容易患上便秘，那么如果只拍到了杰米和医生讨论他们假期都分别去了哪里的内容就不太管用，除非是你能“跳出框框”去思考，而接上别的段落，例如，转向孩子们因为在学校学到的不良习惯而导致在假期的早餐时出现危险的场景。当然，如果这条故事线不太合适的话，你也要在制作过程中做好重新剪辑的准备。

聚焦同期声

相对于节目嘉宾，主持人要容易合作一些，因为他们是知晓某个段落下该做些什么的，但即便如此，你仍旧需要提醒他们专注于影片内容，他们得记住在影片中他们是从哪里来，到哪里去的。也许向他们复述上一个场景里三个比较重要的点会让下一个被拍摄的场景更顺利些。

当拍摄《麻烦终结者》第一集关于三角玩具厂的影片结尾部分时，我还只是助理制片人，而这也是约翰·哈维·琼斯爵士的第一部同期声影片，他仍需要很多的引导。也许是因为我们在影片开拍前花了足够的时间在工厂勘景，进行了研究，也获得了不少工人们的信任，最后我们只在工厂拍了八个小时就拍到了影片的主体内容。我们事先和工人们及中层经理们沟通好，让他们在约翰爵士到访时，去往他经过的路线，这样他们之间可以进行轻松的交流。我们会事先提醒这些参与者要说出他们之前告诉我的关键点，并且鼓励他们说出真相。

这种“偶遇”一些有话可讲的工人，而这些工人还会用比较聚焦的方式把观点表达出来的技巧，构成了影片《高层麻烦》的一个关键部分。《重返基层》中更是如此。例如在关于塞恩斯伯里超市的那集节目中，我说服了工人们询问迪诺·安德里亚诺领多少工资，事实上他们也真的不清楚，但我们知道。在摄影机前问出这个问题，会让当事人不得不直接回答出实际情况，然后解释它的合理性，要知道这个数目甚至是一些工人收入的五十倍。

休·登

《重返基层》系列节目制片人和导演

大家围坐在员工食堂的桌子前，共同讨论可以为塞恩斯伯里做的一切事情。我突然有一个主意，为什么不在这个绝佳的时机让大家问问他们老板的个人收入呢。我之前已取得了工人们的信任，于是我在纸上写下了问题并递给一名我认为最勇敢的工人，让他问问迪诺到底挣了多少钱。

这是一个令人难以置信的时刻，因为50万英镑这个数目真的听起来让他们觉得太巨大了。每个人脸上的表情都是完全震惊的，这幅画面本身就说明了一切，这一幕还被用到了宣传片里。之后我告诉迪诺“这是公开拍摄的”，迪诺只好接受。

塞恩斯伯里超市的工人们接下来要打破一项陈规：他们本来是不被允许在夜班整理货架时交流的，但是他们还是“违反规则”开口了，并在首席执行官和他们一起整理货架时告诉了他，首席执行官承诺改变这个规则。让人们在镜头前坦诚，需要很多的说服工作，尤其当他们有可能因此而丢掉自己的工作时，但有一个好处是因为在电视媒体里公开发言可以保护他们，他们可以说出想说的话。当然他们做出这样的冒险尝试时，需要我们的一些鼓励，大部分的人都是正派而诚实的，他们真心渴望去说、去做正确的、诚实的事情。导演也要善于说服老板和其他难说服的关键人物参与进来，说出他们心中的实话。

休·登

《重返基层》系列节目制片人和导演

要取得嘉宾们的信任，而不是误导他们。在开拍之前要尽可能多花时间去到嘉宾们工作的地方，设身处地去了解发生了什么。但是也不要花过多的时间以致打扰到他们，也不要让人知道你都发现了一些什么，因为你需要自然发生的状态。有的时候追求芝麻会丢了西瓜，所以一定要谨慎挑选你要拍摄的主题。

被拍摄的老板们必须要信任你，因为他们知道你试图展示这里发生的状况。当你对他们说，穿过那扇门并朝右边看一眼的时候，他们要相信你让他们这样做，是为了让他们展示一些体现商业效率和智慧的细节，而不是让他们如履薄冰。

当拍摄《麻烦终结者》第一集关于三角玩具厂的影片的结尾部分时，同期声变得更加重要。我需要约翰爵士告诉工厂老板们关于他们和他们工厂的真实状况。我不知道如何处理这个场景，也不知道我能否促使约翰爵士足够强硬。而且要在这位商界大亨的档期里空出时间也很困难，最后我们找到了几个小时——在他完成英格兰中部一个会议后，有短暂的空闲。而这个地方在三角玩具工厂的南边，离工厂还有100英里。我必须要说服三角玩具工厂的老板们来会议地，约翰爵士对此没有异议。他也教会了我：选择一个适合会面的地点是非常重要的——最好不要选择让当事人过于舒服的地点。

所以我很庆幸拍摄的地点离开了三角玩具工厂——老板们的根据地，但要去哪拍？我得找到一个他们愿意出席的地方，更重要的是还不能是一个无聊的办公室。事实上当主题越无聊的时候，采访的地方必须要越奇怪才行，尤其是涉及商业话题时。三角玩具工厂的老板们恰好提起过雷迪奇有一位园艺家具销售商，他们曾为其制造过塑料椅子。听起来似乎是一个不错的地点，于是在一个灰暗的二月天里，我来到了伯明翰附近的室内游泳池，它的周围布满了塑料的棕榈树和遮阳伞。这儿是该园艺家具供应商的展示空间，对于我们即将要拍摄的围绕商业问题的争辩，这是一个虽不按常理出牌，但似乎很合适的地方。于是在这样一个奇特的游泳池，我拍摄了我职业生涯赖以为继的第一部影片的结尾部分。

只是拍摄并没有完全像期望的那样进行，比如预期的争执其实并没有发生。约翰爵士一开始在我的提前鼓舞下很有气势，此前他表达的是，他深感震惊。当他在镜头前在工厂里参观时，很多中层经理的话让他感到震惊，在采访里他也表现得很震惊，说这个老板守旧又独裁（这是约翰爵士在很放松的时候的表现）。现在他有机会将这些话再面对面转述给老板本人，像对我讲的一样……但是他没有这样做。因为这是不太合乎情理的做法，特别对于英国人来讲。采访中有时候人们会很有批判性，很犀利，但是在现实中却不会这样。我当时感到这部对我至关重要的影片就要彻底消失了，此时我的头衔不过是年薪只有16000英镑的助理制片人。我不能失去这个对我来说唯一的机会。

于是我假装约翰爵士有个电话要接听，将他叫了出来。我再一次提醒他有三个要突出的点，也是他之前告诉我的：1. 这个工厂很老，也过时了；2. 塑料和玩具生产线混乱不堪；3. 如果工厂还想存活，就要做出改变才行。而他根本没有在镜头前对工厂老板们提到这些。我所做的一切就是按照一张要点清单，提醒他之前告诉过我的内容，这样做对于主持人是很有效的。

当约翰爵士再回去，重新开始拍摄之后，我是满怀希望的。但是很不幸，他又开始了那种温吞的谈吐，没有讲出内心的想法，但后者才是这部影片需要的。直面对方并说出你的想法是很困难的，容易退缩，就像写剧本一样。所以我只能打断拍摄，告诉他电话又来了。这一次我告诉了他另外三件事：1. 如果他不能说出曾经告诉我的真实的想法，那么在这集样片之后我们可能不会有系列节目了；2. 他也可以跟主持人的工作说再见了；3. 最糟的是他会毁掉我的职业生涯。这个样片是证明我的导演能力的最好机会，如果我失败了，那我只能回到我的波特托贝罗市场去摆摊了。

从自身的利益出发，也为对方考虑，这种组合式的说服方式是难以抗拒的，在这过程中也要利用主持人的虚荣感，告诉他们这也是他们展示才华和在商业 / 机械 / 科学等领域的专业性的大好机会。告诉他们如果能超越自己的局限，会对他们所处的行业很有帮助。通过胡萝卜加大棒的组合，我继续给约翰爵士施加压力。这一次终于成功了，他确实对新的投资人霍华德和正在挣扎的公司主席及前任股东西德尼说了那些对我讲述过的话，我们终于得到了一个很棒的段落。下面表格中节选的是播出版影片开始时约翰爵士的旁白，是用之前提及过的问答的方式录制的，而不是念的稿子。

《高层麻烦：在胡桃夹子里》

BBC 电视台，播出版

约翰爵士（旁白）：现在我要会见霍华德和西德尼两位，我选择了跟三角公司合作的园艺家具店这个中立的地点会面，希望在这里能够说服他们做出重大的改变。

约翰爵士同期声：如果你的工厂像现在一样，长此以往将很难有竞争力，在我看来它真的非常没有效率，厂房陈旧不堪也没有竞争力，西德尼也知道，设计方面……

同期声：我不赞同您的看法，约翰爵士。

约翰爵士同期声：我才不在乎你同不同意我的看法，我又不是故意在这里刁难你。我们在这里讨论的可是你生意的前景。我压根不认为这工厂像现在这样能存活下去。

事实上在这次决定性的最终拍摄后不久，首席执行官西德尼先生就离开了这家摇摇欲坠的玩具工厂，一个新的管理团队接替了他，这是一场真实的改变。

所以在同期声中，就像在采访和旁白中一样，你都要心里有数，知道到底要在场景里呈现什么内容。基本上所有拍摄对象都需要你的或多或少的点拨，尽管也许不用像约翰爵士在处理这个可怕的收场时需要那么多“鼓励”（我发现主持人面对的对象越重要，他们需要的鼓励越多）。无论怎样，即使简单的场景也需要聚焦，杰米和诺拉也是一样。尽管他们也会有一些灵光显现，但毕竟他们都不是那个需要在拍摄时便在脑海里剪辑出影片的人，也不需要为第二天的拍摄苦恼。你的工作是让他们去融入故事，这意味着你的嘉宾需要知道每个段落是关于什么的，特别是当他们没有参与过剧本创作过程的时候。

例如，杰米在为第一份菜单选购原料的时候，很重要的一点是需要诺拉这个时候提出合理的问题，如果她问一些关于度假的问题就糟了！带着焦点，才会出现像下面这段围绕正确主题的生动对话（留意一下开篇的旁白是多么的简洁），在其中，诺拉斥责了杰米这位新的厨房工作人员。

《杰米的校园餐食》

新鲜玩意制作公司为第四频道制作

第一集　播出版

旁白：杰米不断研制着菜谱。但诺拉才是那个需要在杰米走后按他的菜谱制作食物的人。

诺拉：在咖喱里面放些什么呢？哪些蔬菜？

杰米：昨天我们已经说过了啊。

诺拉：你没有讲用什么配咖喱。

杰米：我说了，当我在讲怎么做火鸡的时候，那时候你还说“我没有火鸡只有鸡肉”。

诺拉：我确实准备了鸡肉，是的。我是说过可以给你鸡肉，但是我们今天早上拿不到鸡肉——这是昨天的事情。

杰米：我昨天知道的，在你告诉我没有火鸡的时候，你说我们有鸡肉。

诺拉：昨天来不及计划今天的事情。

杰米：好吧。

诺拉：每一天都应该提前有个计划，你应该提前通知我下一天你需要什么。

杰米：好的。

诺拉：早上去冰柜取东西时，我可以就把所有东西都推来，我知道我早上去冷库的时候你又在笑话那些手推车。

杰米：我没有笑话手推车。

诺拉：所以早上我可以推过来，比如你需要两公斤胡萝卜，都可以解决。

杰米：好吧，我保证不再笑话了，我绝对保证。

诺拉：两天前你也这么说。

即使你尽了最大努力，有时候节目嘉宾（概率超过主持人）还是没有能力说出那些能让你的故事情节进一步发展的有效对白，特别是如果不是职业主持人的他们第一次参与影片拍摄的时候。还有的时候，你的嘉宾会忽视那些你所需要的东西，不愿在对话中提及它们。这个时候你必须要强势些，甚至不得不参与到对话中。如果不这样，节目嘉宾会继续言不由衷地表达。

我认为这取决于你是否做了充分的调查和研究，然后是否用尽一切办法去回到他们当初跟你说过的东西。这对于我来说是一种职业道德和操守，必须挖掘事情的真相。这也有点像一个猫抓老鼠的游戏，有的时候你可以在拍摄对象表达观点时趁其不备开机，而不提前沟通，尤其是当你没有主持人可用时，或是拍摄对象是权贵人士，比如深谙太极之道的政客时。内心胸有成竹，但外表要装装糊涂，这会非常有用。

为了诚实而制造混乱

不要刻意地去强调开始拍摄的动作，悄悄地进行，否则拍摄对象会有提防，会认为开拍就意味着“现在让你的声音和对话都变得更加无聊吧”。当拍摄对象觉得自在，并聊开了之后，就可以悄悄地开始录影了。 当然，要提前告诉他，你将会这样做。这种做法对于剧组成员可能会很难，所以在拍摄之前你有必要给剧组人员解释你的工作方式。不要让大家正襟危坐，在准备拍摄的时候，要让对话活跃起来，然后一旦当他们进入状态，便可以让剧组开始拍摄。场面越是看起来有些混乱，拍摄对象越是会放松而不担心要说什么，这正是你想要的。事实上制造一点混乱也是为了让拍摄对象轻松一些并获得一些能量，这种能量也是拍摄需要的。而如果现场非常安静和正式，并在拍摄之前停顿很长时间，会让你的拍摄对象焦虑不安，闭口不谈。

我们曾经在准备一部重要的影片的采访时遇到过一次大的挑战，那是在南约克郡(South Yorkshire)的警察局里，采访警察局长。他努力让自己显得随和，但他事实上是一个非常内敛的男人，同时警察本身就非常习惯采访——他们有很多和嫌疑人的对谈经验。当我们准备的时候，我假装和剧组的人起了争执，他们表现出越来越沮丧的样子。当我们这样开始拍摄局长的时候，他已经放下了戒备。政府的部长们会更加难对付，在《杰米的校园餐食》里，国家教育大臣查尔斯·克拉克（Charles Clarke)，同意在杰米的十五号餐厅里与杰米见面。我们拍摄他们两个人的对话，但是没有他所期望的美味的午餐，来到他桌前的服务员是诺拉。她端上来的是一份杰米正想要设法摆脱的常规的校园食品——脆米棒，镶嵌着处理过的肉类，做成笑脸的形状。这是一个让人震惊的时刻，但因为有摄影机的原因，这位政府要员除了微笑也别无选择，他表示杰米的努力是非常有用的，这种糟糕的食物早就该从校园菜单里消失了。正是因为这些片段，杰米才幸运地显出神奇之处。

十八个月之后，换了两届教育大臣之后，我们要在《杰米重访校园餐食》里拍摄最新的情况。这一次，并不意外，公关人员不想让新的教育部长来到十五号餐厅了，这一次只能在政府的办公室，在他的地盘。好吧，我们想，至少诺拉和杰米可以从诺拉的厨房把食物装进保鲜袋带来，毕竟这部后续跟踪的影片里反映了很多学校没有厨房的情况，这些学校的餐食也都是在林肯郡附近的餐馆被做好之后分装了运往各个学校的。

不幸的是诺拉现在被格林威治区的公关人员“特殊照顾”了，他们似乎早就料到她又要为新的部长准备餐食。还有一些高层政府部门的公关人员，告诉我们不能在拍摄中出现任何食物。也许是因为克拉克（Clarke）看到英国孩子们吃的东西太生气了吧（尽管他本人那次并没有显露出来，我觉得，那次的采访还是很顺利的），不过新的教育部大臣肯定不愿意这样做了！我们觉得可能要失败了，像经常会遇到的那样，当你失败的时候你也要将其视为一个机会（塞翁失马，焉知非福），然后想想怎么利用它。在这部回访的影片里，杰米也面临着另一个问题，尽管现在学校餐厅提供了更加健康的饭菜，但是很多孩子热衷于去当地商店里购买垃圾食品。所以我们让杰米去会谈之前，购买了很多英国孩子们会买的替代午餐的食品——薯片和巧克力。

注意镜头之外的对话

我们只被允许在诸多公关人员和经理人面前进行一个短小的会面，这是非常别扭的一种情景。我们也被告知政府大臣需要先和杰米进行一个私人的交谈。如果你同意了，就意味着那才是真正的讨论会发生的地方，是拍不到的，所以只要能避免，那我一定会避免这种情况的发生，我会据理力争地表明我必须拍到他们两个人见面的那一刻，之后他们可以进行私下的交流。而这个私下交谈往往很难发生，因为一旦他们走到了镜头前就不会停下来。

这就是发生在政府大臣身上的事情，我们拍到了他们的第一次会面，从向走进来的杰米最初的打招呼开始：“您好，我是这周的国务大臣”，接着我们继续拍摄，因为大臣和杰米聊得很愉快，他们开始谈论校园餐。在坐车来的路上我给杰米描述了这个会面里我们需要侧重的几个问题，有三个关键的事情是我们的旁白里需要提及的：1. 禁止学校里的垃圾食品的力度还不够，孩子们要停止从校外购买并把它们带进学校里面；2. 政府需要拨款，尤其要帮助没有厨房的学校改建厨房；3. 一个持续资助的承诺。

但是国务大臣很有威慑力，令这些问题变得没那么容易提及。杰米不但需要一些帮助来让他记住问题，他还需要帮助来面对一位大臣，甚至表现出这些刁钻的问题不是因为他想问，而是因为我们造成的。那么能这样做的办法只有一个，就是加入到对话中。一般来说有三种加入讨论的方式，令人惊讶的是，至今还有许多导演会用第一种，也是最不好的那种：那就是直接打断，这会破坏采访气氛。更好的方式应当是不用说什么“打扰一下”或者停止拍摄，而是自然地加入讨论然后再自然地从中退出。

还有第三种，也是最好的一种。我走上去在杰米耳边悄悄说“别忘了你的包里还有垃圾食品呢，拿出来吧，告诉大臣这就是大多数孩子吃的，然后要求更多的政府拨款”，很快公关人员让我们停止，因为我们的时间很有限而且已经超时了。但我们仍旧继续着直到他们再度提醒，我们必须离开了。我嘱咐摄影师拍到了所有公关人员的说辞，拍下了全部过程里的每一句话，以及杰米在一个强硬的大臣面前问出了所有问题的情景。

所以当你的嘉宾抑或主持人面对棘手状况时，你需要帮助他们聚焦到你希望从每个段落的同期声得到的3—4个关键的信息点。即使杰米在唐宁街十号和托尼·布莱尔交谈时，我也曾面带笑容地在拍摄中贴近他的耳朵说悄悄话——只要镜头对准的是正在回答问题的首相而不是杰米就行，以此来让我的主人公增强力量，从而能够专注于问出下一个问题，并且敢于在一个棘手的环境中挑战一个强硬的对手。

同期声的腔调

你可以很容易地分辨出你拍摄的同期声是否是很棒的，这常常是通过腔调，而非内容做出判断。更大声的时候意味着更多的激情和能量，小声则可能是因为你的嘉宾在琢磨着隐藏一些他们的真实想法。有时候我甚至觉得用一个声量控制器就可以剪辑同期声。拍摄对象大声讲话并提高音调的时候，他们听起来就显得情绪饱满，像是在激烈地争吵，这是很棒的。如果他们最后变得非常安静，显得有点鬼鬼祟祟，也不错。如果他们的音调适中，音量也适中，反而是比较平庸和无趣的。但有的时候这恰恰就是你唯一能拍摄到的情景，因为他们在竭尽全力地避免说出内心真实的想法，即使他们肯讲，也是用一种笨拙并且没有重点的散漫的方式。为了克服这种情况，有的时候你不得不让自己成为对话的一部分，毕竟，在采访时你是在对话之中的——事实上你是其中的半壁江山！

所以当声音听起来索然无味的时候，必须想尽办法让它活泼起来。用你的个人能量和面部表情去鼓舞你的主持人，比如他变得强硬的时候，施以赞许的表情，他软弱的时候，你要显得郁闷，必要的时候加入到对话里，挑动气氛，插话也无妨，例如“所以孩子们都讨厌你的饭菜，不是吗？”，让大家围绕主题产生争论，才能发表强烈的见解，否则他们可能会很反感自己这样做。事先要好好和你的摄影师沟通，你加入对话的时候，他一定要拍其他人的样子，同时想好怎么从对话里退出，不要让拍摄对象注意到。你应该安静地走到大家视线以外的地方，这样他们就不会看着你对你讲话。最好直接走到和你争执的那个人的身后！即使他转过身来看着你，也要避免视线的交集，万不得已你就看着地板，这样他们只好和面前的人交谈。对于要接替你继续对话的那个人，你要给出肢体暗示，用表情鼓励他们说出心中所想，一旦他们做到了，你就安静地退出。他们此刻在真实而充满情感地对话——让人们做到这一点是很难的。

不是所有人都赞同上述做法，但这样可以保证对话是沿着你的影片故事的正确轨道进行的，而不会偏离轨道。这绝对不是要引导拍摄对象说一些言不由衷的话，恰恰相反这是为了帮助他们表达内心的实际想法。

剪辑室里你可以把自己的部分都剪掉，但观众都是有判断力的，他们知道导演的存在，所以影片中有没有拍到你的镜头并没有多大关系。很多优秀的电影制作者们，像是莫里·迪恩（Molly Dineen）、尼克·布鲁姆费尔德（Nick Broomfield）、迈克尔·摩尔、亚当·柯蒂斯都把自己拍进电影，以声音或者画面或者两者兼具的方式出镜，可能让观众看到你的存在会显得更加真实。不过大部分纪录片作者只是短暂地偶尔进入到场景里，意在引导一下对话，之后他们会尽快地把自己抽离出去。

同样，在同期声场面拍摄接近尾声的时候，要让你的摄影机处于待机的状态而不是收起它。告诉你的拍摄对象你还需要补拍几个镜头，来展示他们互相倾听对方发言的样子。更好的处理方式是如果他们问起，才告诉他们声音也会被收录的。但即使知道摄影机仍在运转，拍摄对象这时也从心理上认为拍摄结束了，并愿意讲出那些一直想说的话。因为摄影机对准的是听者的脸，会让说话的人觉得更自由。他们的声音会安静下来，他们开始说出真相，这时候可以让摄影机再次运转了。这种拍摄前和拍摄之后的对话往往是最佳的部分。

总而言之，如果你能在影片中通过画面和对白就可以得到所有的信息是最好不过的，就像好莱坞的剧情片一样，绝大多数时候让一个角色和另一个角色展开关乎主题的交谈要好过让他们在你的采访里发表见解。真实的生活里是充满交谈而不是访谈的。但是与剧情片不同的是，我们没有在纪录片里撰写对白的权利，所以你的拍摄对象有时候不会按照你希望的那样交谈。有时候即便你努力了，他们还是处处违背你的想法，甚至更糟的是，他们完全不会表达自己的感情：所以当纪实拍摄不成功的时候我们会用采访，但是请牢记在采访中要深度地挖掘情感，最后的救命稻草才是撰写旁白。请记住不到万不得已不要使用旁白，尽管旁白也能成就一部影片，但要尽可能短小精悍！

第 7 章　关注及节目播出

当你终于剪辑完影片后，就需要让观众看到它了。当作品播出时，不但需要让观众感到满意，也要让电视界的同行以及评论家们认可，才算成功，你才有机会去提案和制作下一部影片。通常，如果观众或评论家喜爱你的作品，那么你的电视同行们也会跟风，但是如果观众不喜欢，那么你的同行们是否喜欢便会变得至关重要。

本章是关于如何获得人们的“关注”。关于如何定位、推广和销售你的影片，以获得观众的关注，并且说服排片人（scheduler）和市场营销人员们为你提供帮助。因为如果没有得到应有的观众群，故事选得再好、制作的再完美也都没有意义。而影片如果未经推广就在错误的时机播出，很可能就会没有观众，落得悲惨的下场。影片制作中，最重要的是让观众真正欲罢不能地关注。因为如果观众不关注，他们压根就不会去看。但是在此之前，本章也会讲一讲你该如何推销你的下一个故事，赢得买家的关注，并得到把影片制作出来的资金。

引发人们关注是影片制作中最重要的一点，可能也是检验节目的唯一方法。我们迄今为止讨论过的一切都是为此服务的。如果你已经读到了这里，你会发现：

“角色”是关于谁是观众应该关注的人；

思维上要“打破定势（out of the box）”，跟随拍摄对象真实的冒险经历，这样观众会更加关注；

使用“叙述动力（Narrative Drive）”提出一个大问题，这样观众就会真的关心角色探索和追寻的历程，再添加一些带有危机性的小问题作补充，这样可以确保一路上都能吸引观众；

给你的影片剪一个强有力的“开场（Front）”建立人物形象，同时也是引导观众认识影片的路线图；

确保你是靠“爱（Love）”让你的角色们服从安排，这样他们会乐意参与其中，跟你说实话，并且展示他们内心世界的真实情感，让你注意到更多；

此外，你应该“采访（Interview）”他们的感受，写下简洁阐明事实的旁白，准备好场景，帮助叙述动力发展，所有的设计都是为了观众最大程度的关注。

在影片制作过程中，运用以上所有的技巧，这样你就做了吸引观众注意并记住你的故事所需要的一切工作。但如果你卖不出去，那一切都毫无意义。所以在讨论新闻发布、市场营销和推广这些棘手的问题之前，让我们先从引起关注的第一步做起。选择正确的故事，做出正确的提案，播出平台（或者你的老板）才会产生足够的购买兴趣。

在你的项目进入尾声之时，你应该想想下一部或者再下一部影片要拍什么，因为立项的周期非常长。而这一过程的第一步是确保你有一个能让立项主管关注的故事，并且用提案让这种关注最大化。

让立项主管关注

尽管有时可能你只是被交予一部影片，但更多的情况是，你有了一个突如其来的想法或是一个基于某些条件的想法，进而想要研发它，例如给某个特定时段提案或是在某个领域创作故事。无论是哪一种，你都要在一定的制约下工作。你需要考虑时段或是主题范围。如果在某个领域你已经树立了自己的名气，那么会很有帮助。买家不可能从一个以严肃纪录片闻名的人或公司那里买一个轻娱乐节目。如果你从自己的经历中能找到一些选题，会很有帮助。

彼得·巴泽尔杰特（Peter Bazalgette）在一个园艺中心排队时突然想到：“这么多人都想建造花园，那么为什么不能在48小时内完成呢？”就这样《地面部队》（*Ground Force*）①诞生了。我家曾经做过生意，我很好奇他们所做的事情——我的商业节目就是这么来的。《皮肤脱落的男孩》则来自导演的内心：他自己曾经经历过癌症的煎熬，而这部影片是在他的家乡纽卡斯尔（Newcastle）当地拍摄的。这个故事让他产生了共鸣，激发了他的热情。

当你发现一个有着潜在矛盾冲突甚至文化冲突的伟大故事（而不是一个主题），也许能引你进入一个隐蔽的世界。但是在这个竞争激烈又复杂的世界，无论你以哪种方式找到主题，想卖出节目就要有野心，而且野心越大越好，或者创造出的新颖模式点越多越好。看看《与恐龙同行》（*Walking with Dinosaurs*）和《人体》（*Human Body*），或是第一期《老大哥》——野心勃勃地在一个封闭房间里装满摄像头，还兼具忏悔和驱逐这样的模式点。

① 译者注：一档老牌园艺改造节目，1997年在BBC第2频道播出。

乔恩·罗兰

BBC纪实节目部前任研发主管

叛逆者影业创意总监，热门模式《不要告诉新娘》和《一家之主》（*Man About the House*）的负责人。

他不久前成婚并已组建家庭……

在你自己的生活中寻找具有普世性的东西。我们都会结婚、都要买房、都要装修房子。最大的家庭纠纷发生地就在宜家。为房间添置物品是一件极其私人的事情。通常是由女人当家，所以我们决定提出男人当家这一提案，让男人成为《不要告诉新娘》和《一家之主》的主角。什么是他想要的，什么是他以为她想要的以及什么是他们都想要的？一个非常非常简单的情境，添加一个噱头，就变得非常吸引人。

我有一个非常简单的研发信条：如果X做了Y会发生什么？如果让一个男人组织婚礼会发生什么？如果你让青少年带孩子会发生什么？如果你的老板走进办公室坐在你旁边工作怎么办？如果你知道答案那就没意思了。如果答案是“我不知道”，那就是正确的答案。

这种野心也可以通过引进新科技这样简单的方式来实现。保罗·华生（Paul Watson）在1970年代，改编美国系列节目《美国家庭》（*An American Family*）而创造出的节目《家庭》，被认为开创了“墙上的苍蝇”型（fly-on-the-wall）真人秀节目的潮流。近期这档节目又被用同样的名字复活了，在一个家庭的房间和走廊装满摄像头，创造出一档极致的真人秀。

在你说服观众之前，先要使电视台主管，或者你的老板相信，观众会关注这个。很明显，你需要去推销。无论是向制作公司提案还是在制作公司内部提案，或者是向立项主管提案，都适用同样的规则。首先你要计划好如何让最重要的推荐对象关注它，因为如果他们都不在乎，就丧失了一切可能性。

西蒙·迪克森

第四频道，纪录片部门副部长

《家庭》和《忙碌的产房》立项主管

对我来说，那些有失败风险的东西才会真正让我感到兴奋。我曾经对《完全戒毒进行时》（*Going Cold Turkey*，这档节目全天二十四小时跟踪拍摄那些正在戒毒的海洛因依赖者）颇为赞许，但它并没有真正打动我。所以我想我们是不是可以将《老大哥》/

《完全戒毒进行时》的技术，即多机位拍摄方式，应用到观众更爱看的题材上。我的第一条建议是将多台摄像机安装在一个家庭里，我们这么做了。我宁愿和我信任的制作公司向未知领域跨出实质性的一大步，而不愿小心翼翼地重复那些已经被证明可行的事情。

一个纪录片新的子类型的进化可能需要很多年。从在肖尔迪奇区的餐厅边吃越南鲭鱼，边与尼克·柯温（Nick Curwin）和马格纳斯·坦普尔（Magnus Temple）交谈，到现在的《忙碌的产房》（效仿《家庭》的方式，但场景是在一个妇产科医院里）已经有三年了。这档节目取得了很好的成绩，是频道最成功、收视率最高的节目。

提案

当然，可能有这样的机会，在你还没有向他们的办公室提交汇报材料之前，突然就碰到了研发总监，公司领导或是立项主管。你可能在一个颁奖典礼上、剪辑室里、或是在你拜访同事的走廊上偶遇他们。不要错过你的机会！用一些小片段撩拨一下他们，但是不要透露太多。快速完成这一步骤，这样等到他们看到书面提案时，仍然能感到兴奋和新鲜感（注意做这件事时的场合，以及他们会不会对这种突然袭击感到不快）。

还有一个小窍门：当你写真正的提案时，保留一小部分内容。这样可以在正式会面讨论的过程中，留下一些惊喜的空间。不要忘了看看立项主管最近的节目，充分地了解他们。最后，记得简洁而有力地提出想法。我会建议你做一份简短的封面，讲清楚主题是什么，有什么不同或特别之处，是为谁而做的，以及为什么目标观众会去看它。就像在影片制作时，经由大量的调查研究之后形成的一份简短的提纲，这可能是所有立项主管都会阅读的东西！只要这个想法还算过得去，那就很有希望至少获得一次会面的机会。

哈利·莱斯顿（Harry Lansdowne）

BBC 第三频道立项主管

不要在门口堵截我，在爱丁堡时曾经有人在早餐上这么做过，或者随便塞给我一份剪报，而不想想如何才能将它转换成独创性的吸引人的电视节目。如果它足够吸引人，那么，不要让我一股脑地看到所有信息。行动之前一定要先看看我的频道。给我发邮件一定要是能高度总结出所有想法的一段话。

在大部分主流电视台中，通常会有一系列跟纪实节目相关的部门。你是要做专题性纪实节目、纪实节目、还是娱乐节目、纪录片、特别纪实节目？它们有什么区别？的确它们经常会有重叠部分，但是在英国，若是厨艺类节目，例如《河屋》(*River Cottage*) 就很可能被归到专题性纪实节目。如果你要做内容更多的更强大的模式，例如《赫斯顿的不思议米其林厨房》(*Heston's Michelin Impossible*) 里，赫斯顿每周要解决一个公司的烹饪问题，那么就既可以是专题性纪实节目，也可以是纪实娱乐节目，甚至是纪录片。如果是更严肃的主题，例如《杰米的校园餐食》《家庭》，甚至《最前沿》，就完全进入了纪录片的世界。但是杰米后来的作品《杰米的食物部队》则是纪实娱乐节目（也许这就是为什么其内容相对轻松的原因）。最终，随着内容不断充实，科学和历史也加入进来，你就进入了特别纪实节目的范畴。这一领域对调研的依赖性更高，所以在为《亨利八世》(*Henry VIII*) 这样的节目制作提案时，可以多花一点时间，因为你需要深入的知识，而不像《别告诉新娘》这样的专题式创意，但无论哪种都要历经深入思考。说到底他们都是纪实性节目，所以要选择你真正喜欢的。此外不要仅仅盯着创意，而是准备好你的整个提案。

维多利亚·达默

美国ABC电视网非主流系列节目、特别节目和深夜节目部高级副总裁

要有一个非常清晰、简洁的创意。经常有人从英国赶来，利用提案的机会一口气提出好几个创意。相比好几个提案，我们更想听到一个非常专注的提案，因为这样才能显示出你的激情和你为此付出的巨大努力。所以，“就是这个”要比“这是我们四五个节目的清单，您能挑一个出来吗？”好很多。对我们来说，如果他们表现出对我们播出的节目和市场有过思考，并认为“这是专为你打造的节目”，这样会更好。这才是提案更有效的方式。

安翠雅·王

生活时间电视网 (Lifetime Network) 前首席执行官

美国的竞争更加激烈，因为你要与五十至七十个覆盖广泛的频道竞争，所以你需要在有线电视领域打造自己的品牌和细分的市场。有线电视台想要成功，就需要理解你的观众，他们在不断换台的过程中为什么要选择你。之后，要在清晰界定的品牌之下执行和创造节目，这一点非常重要。所以在精彩 (Bravo) 电视频道上，观众清楚知道他们可以看到真人秀等纪实类节目。生活时间也是一个清晰的品牌，因为你知道在

> 这里你可以看到剧情片、电影和肥皂剧。美食电视网和探索频道等也是一样的。所以你在兜售节目时，不要在那些对你的货不感兴趣的人身上费工夫，因为这是在浪费双方时间。

最后，你在提案时也要考虑播出时段。从早到晚，时段的价值随之增加。要看看日间和晚上七点到十点间分别播出的都是什么节目。想想你的观众在那些时段想要看到些什么。从有线到无线频道，有很多频道播出纪实类节目，看看它们放送的节目，想想它们需要什么节目。记住，即使你是一个运营者，想要在公司内部提案，你也需要想想观众群、频道、时段、时长和期数这些问题。如果你要让你所做的事情聚焦，那么以上这些都至关重要。

封面

如前所述，我建议你做一份简短的封面，介绍一下你的提案内容，有什么不同或是特别的地方，为谁而做的以及为什么目标观众应该看它。在大量调研工作的基础上，将你的提案用一小段话总结出来，这的确是所有的立项主管极有可能会阅读的东西。只要你的想法还算过得去，那就至少能给你赢得一次会面的机会，之后就真得要好好做准备了。下面这个表格中的样例能成为真正的项目吗？你来做决定。它存在什么问题呢？

> **《小孩帮》(*Kid Squad*)**
>
> （6×60 分钟，晚 9 点档）
>
> **背景**
>
> 在信息大爆炸时代，孩子们变得越来越早熟，成为越来越多的广告商和日渐精明的店家眼中的肥肉。而对那些试图变革，紧跟孩子们的步伐的商家和社会机构来说，是否可以请孩子们来解决它们的问题呢？
>
> 5 位充满魅力的聪明孩子，去解决跟孩子们相关的公共和私人领域的一些生意中出现的日常问题。他们每周前往一个新的地点，面临一个新的挑战。孩子们可以没有包袱地去发现问题和解决问题。
>
> **前提**
>
> 为什么玩具店亏损这么快？当地主题公园为什么门可罗雀？唱片公司要如何应对网络下载问题？一家苦苦挣扎的玩具公司或是英国足球俱乐部要怎样才能赚到钱？为

什么这家餐馆没有人去？衰败的时装店要怎么办？我们每周派五个孩子去一个以孩子为主要客户的行业，来解决类似的问题。

如果这行得通，他们甚至可以挑战火车为什么坏了？这样的问题，或是针对医院出现的一些问题，提出对孩子们来说显而易见的解答，抑或为一家失败的学校提出解决方案——例如如何处理考试？

这五名知名的孩子要根据魅力、头脑和天真无邪的才智等方面进行挑选。他们其中要有过于早熟型、体育狂热分子、酷小子、情感敏感型以及小雀斑型。

之后，好玩的事就发生了，因为孩子们会问大人不敢问或者想都不敢想的问题，从基本原则出发，去辨别和解决问题。

故事

开始

一家青少年时装店就要完蛋了。老板想得到帮助。他需要了解他的市场。孩子们要与他见面，看看他觉得问题可能出在哪里。

调研

孩子们与朋友交谈。其中一个孩子在临近这家时装店的地方找到一个周末兼职，有两个人在菲利普·格林的零售学院上了两天强化课程，还有两个骑上自行车，出发去见竞争对手的员工，秘密拍摄下来，和公众以及广告商交流，暗中监视并发现……

和店家见面

带着他们新学到的知识，所有五个人开始在商店工作，售卖服装、会见供应商、和顾客及经理交谈来找出真正的问题并达成共识。

结局

孩子们设计出了变革计划。店铺要进行改造，特别是陈列方式要与此前迥异，他们需要一名DJ来吸引当地孩子并举办一个派对之夜。商店会变得焕然一新，所以他们的朋友们会喜欢的。

后续

商店将其中一些建议付诸实践——会奏效吗？

真实性

真实性变得如此重要，我曾经为提案工作总结了一份要点清单，而每项要点的首字母组成“真实性”“A.U.T.H.E.N.[T.]I.C.”这个单词。我之所以慎重地选择这个词，是因为很多戏剧冲突丰富的系列节目之所以会失败，就是因为缺乏真实性——为主人公设计的情景或是挑战，对角色来说是不真实的。让我们把这一点运用在我们刚刚提到过的《小孩帮》这个节目上来说明。

野心（Ambition）——野心够不够？大多数的孩子能做到什么？

基础（Underpinnings）——做调研。孩子们是不是真的能够改变经营状态？这就像是房子的地基。地面下的部分支撑着整个房屋。在电视行业，你要掌握比最终观看节目的观众多十倍的知识，这样才能让节目看上去真实可靠。

上层建筑（Top）——你为制作影片找到理由了吗？有没有儿童行业的公司正面临困境？

障碍（Hurdles）——你为孩子们准备好一系列挑战了吗？他们会做什么？如何将挑战或问题拆分成场景表现出来？

结局（End）——非常重要，我们如何得知主角成功了没有？如何将其量化？

人物标签（Nomenclature）——我们如何选择辨识度高的孩子？他们要具有什么样的性格特点？

剧情推进（In the moment）——我们如何推动剧情，使观众能够真的从一开始就想知道——接下来会发生什么？

关注（Care）——又回到“关注”这个老话题。这个问题价值连城：大家会关注吗？你会批准它立项吗？

样片

给提案制作一个样片也是很有用的做法。使用DV摄像机和自由职业的助理制片人，这样不用花费太多。样片可以成为一项低投入但尤其重要的投资，特别是在展示一位新的主持人或是一群角色的时候，还能帮助获得进入棘手的机构拍摄的许可。就好比其他行业提供样品的做法，要不惜代价保证样片质量上乘，不需要太多粉饰，但一定要直击要害。

节目创意和卖其他任何东西都是一样的。你要引买家上钩——理解他们的需求、他们的压力、他们喜欢什么、讨厌什么。然后系统地尝试将他们的需求和你的那些满足对方需求的节目创意优势联系起来，但是不要过度推销，诀窍就是不要让买家感觉到你已经告诉他们太多，而要让他们追问你更多的内容！而且要保持倾听，他们或许会有自己的建议。如果一切顺利，他们会开始感觉想要拥有这个节目创意——于是会“买进”。

阿克塞尔·亚诺

欧洲电视网纪录片部门主席及瑞典电视台立项主管——被誉为国际纪录片之王

我很少会因为听到了什么消息，就激动得从椅子上一跃而起。当我看到伟大的影像，例如《归途列车》(*Last Train Home*) 的一些素材时，我才会真的感到兴奋。这部电影后来获得了阿姆斯特丹国际纪录片电影节大奖 (IDFA)。我看到的影像片段来自当时刚完成的一场调研之旅，讲述中国一亿人口大迁移。这份素材品质上乘，我确定它将会成为一部出色的电影，而它也真的成为我们所购买的影片中极好的一部。

一份样片要满足以下要素中至少一点：真正意义上独特的电影；巧妙的切入点或摄影；或向我展示我从没见过的东西；或者以意想不到的全新的视角或观点，赋予我了解的东西全新观感。在你的所有场景中，选择最强有力的场景——那些真正能够打动人心的。

一旦真正开始着手制作并研究角色和故事线，试着在酒馆里讲给大家听，你会发现你的项目已经和当初的提案有些不同，这一点是不可避免的（如果你本来就杜撰了一堆东西，那这种现象当然会发生，不过很多人在提案时都这么做）。

但是不要太担心。记住立项主管不太可能记得他们都立过什么项，只要最终结果是好的，他们会觉得他们当初就是这么要求你做的，这个项目会出现在他们引以为傲的年度成就列表里！在 2001 年，马克·汤普森 (Mark Thompson)，BBC 电视台的总经理将我引荐给了新任主管，格雷格·戴克时说："罗伯特·瑟克尔是一个不等立项就开始干的家伙。"

坚持下去，立项主管和管理者们最终会发慈悲的。然后他们将会为"自己"所为感到骄傲，就像主持人常做的那样——他们经常不知道自己想要什么，只要最后让他们拥有这个项目就行。现实中，他们只想要大热之作，因此他们也会以此为标准对你进行评判，而不是看你是否按规矩办事。

史蒂芬·兰伯特

兰伯特工作室首席执行官，《交换妻子》《神秘百万富翁》和《卧底老板》的创造者。

《交换妻子》在提案和售卖之时，很大程度上是一档个人理财节目。我们经常会在报纸上读到将六七个女人的收入和支出进行拆解分析的日常生活专题报道，于是给了我灵感，如果让一位护士拿着一名上流的大律师的收入，再以自己的方式支配这笔钱，而上流的大律师则反过来用这位护士的收入生活可能会很有趣。所以说，最初这是一个关于个人理财的想法。但是因为都是女性交换彼此收入来生活，我们就把这个点子称为“交换妻子”。每个人都说：“不行，我们不能这么叫，人们不能交换妻子。”我想：“为什么不呢？”于是决定：“她们除了不用去对方的卧室睡觉，其他一切都应该交换过来。”

史蒂芬·兰伯特

兰伯特工作室首席执行官，《交换妻子》《神秘百万富翁》和《卧底老板》的创造者。

我认为阻碍很多好点子的最大绊脚石是，你还没拿到立项，就总有人期望你把很多细节工作都完成了。这往往不是琢磨出一个模式如何行得通的好方法。最好的状态是找到本身有吸引力的题材。然后开始选角，找到有可能的角色，了解他们的真实情况，同时开始思考如何制作节目。制作一档节目的秘诀在于，先找到一个深爱你的基本创意的立项主管，然后你在制作过程中将创意实现。

和他们唱反调

还要记住一点：电视网的立项主管和频道管理者们并非总是在任，往往任期不超过四年，所以他们很有可能在你的系列或单集影片完成时已经被解雇或是升职了，特别是如果你花了很长时间去制作的情况下！如果你可以证明你所做的一切与最初立项的或与上一任立项主管之间没什么关系，这会给你带来好处。因为如果你的作品和最初立项方案或是和上一任主管关系太近，它很有可能被现任主管安排在不好的时间段。当然也有例外，如果你能说服新立项主管，这部作品实际反映的是他们的想法。

不仅电视立项主管不能常居其位，也有可能他们的领导——频道或是电视网主管会被更换，而这些领导们也不会想要承袭一档由前任领导立项的节目。所以如果你的节目是完全原创，完全不是什么东西的衍生品，也与当初的立项方案关联甚少的话，那反而会成为优势。而如果你的立项主管依然在任，他们也可能已经忘了一开始是为什么给你的项目立项的，因为他们会关注他们最近的大热节目。最好的情况是，当初你完全忽略他们的意见，做出了其他人没做过的东西，那么你更有机会给真正重要的人带来惊喜，让他们开心——那就是观众。

为了有助于这一过程，我有时想：无论要你做什么，都要跟他们唱反调。这一点适用于从节目时长到节目类型的各个方面。每个人都看着上一周的成功节目，想要立即照猫画虎制作出一个新版本。例如因为《杰米的校园餐食》成功了，我被要求做一个关于社会和政治革新的节目，涉及从监狱到医院[加上特雷妮（Trinny）和苏珊娜（Susannah）[①] 两个主持人]等方方面面。而如果每当有人要求我模仿《学徒》做一档每周淘汰选手的节目时，就给我一分钱，那么我的兜里应该已鼓起来了。一旦一档非常成功的节目出现，那么在十八个月到两年的时间里，会有一群立项主管们批准的山寨货出现，例如《大亨》（*Tycoon*）和其他淘汰选手的节目。但是到了那个时候，会有新的“上周热门”成为潮流，每个人都被要求模仿它。所以无论什么样的要求，反着做会很有帮助！甚至在你成为一名立项主管时，这种做法也很有帮助。所以我的意见很直接：要想成功，就要远离跟风之作，除非你是在多年之后想要重新掀起风潮，在这种情况下，经过长足发展的这种形式，实际上已是新的形式。

在我主管 BBC 商业节目部门时，立项主管和排片主管们普遍认为一小时的节目是时髦，而四十分钟的节目已经过时了。但就在有人这么告诉我们时，我决定制作时长为四十分钟的节目。我的部门成功的一部分原因正在于我的这个决定。事实上，当时别无他家允许这样做。所以两年后出现了四十分钟影片供不应求的现象。但是颇具讽刺意味的是，BBC2 频道的主管仍然在引进一小时时长的美国节目，去除广告后时长不超过五十分钟。它们通常晚九点开始，之后固定地接上十点半雷打不动的《新闻之夜》。其结果就是，在美国引进片之后，即使插入一些预告片和过渡视频，仍然有将近 40 分钟的时间时段需要填补！这个“问题”的唯一解决方法就是一个三十分钟的节目之后再接一个十分钟的节目，但是没有充足的此类节目。而因为我无视这个规矩，仍然制作四十分钟的影片，我的节目突然变得非常受欢迎；他们几乎是当时市面上唯一的此类节目（例如《重返基层》《地毯上的血迹》以及《高层麻烦》）。

最好的情况是，如果你做出了其他人没做过的东西，你当然也更有可能带给真正重要的人惊喜，让他们开心——那就是观众。

无论用什么方式，如果你可以让那些立项主管或是公司争夺你，那就让他们更加为你疯狂吧。完成《麻烦终结者》第一季后，我面临“下一部要做什么”这样的难题。当时我是在一个专业的纪实节目部门——科学部门，却做着商业类影片。所以当我面对两个节目的残酷选择——《地平线》还是 QED 时，我非常焦虑。面对新发明我可能还能应对，例如为《明日世界》工作，我可以研究汽车引擎和制作工艺——但是科学？我的物理和化学只过了初级，至于生物，我这一辈子还没接触过一星半点。

《地平线》和 QED 的编辑完全没有意识到这个问题，他们在争抢我，甚至有人告诉我，

---

① 译者注：特雷妮和苏珊娜是英国知名的电视节目主持人，她们经常搭档，主持时尚改造等类型的节目，其中最著名的是《不要这么穿》（*What Not to Wear*）。

其中一位以为我被抢走了，还在科学部门负责人面前大哭起来。

我被这种诚意打动了，决定为她工作。但是她的泪水其实不是为了得到我，而是为了得到任何人而准备的。因为在她即将播出的科学系列节目里，还缺少一个故事，而只剩下14周时间去寻找故事、获得拍摄权限、调研、制作和剪辑。通常即使故事已经找好，也还要再多一半的时间才够。

我签完字才发现这个事实，当时差点也要哭了。我不是科学家，制作影片的经验短得可怜，又不能辜负我刚获得的英国电影电视艺术奖，我能有什么故事呢。怎么找到一个立项主管和观众都关心的故事呢？

首先我要找到一个故事，但是从哪儿找呢？正如当初制作《麻烦终结者》时，我需要在可能的题材中缩小范围。问问朋友和熟人总会是一个好的开始。所以我在晚餐上向一个亲近的朋友吐露我的难题，她是一名精神病医生。当时我对精神病学有一定的了解，因为它不是纯粹的科学。当她说，让我们追踪一名病人的治愈过程，我说，太好了——你或许记得我说过我喜欢讲述英雄故事。她说："很好，但是你有几年的时间？"我再一次灰心丧气。然后她记起在盖斯医院有一种用认知分析快速治愈的新疗法，只用六周多的时间。尽管当时拍摄的时间剩下不到六周，但是我还是去看了看。没意思，我提不起兴趣。一切又重头开始。

但是你总是能先听到关于一个故事的一丁点消息，然后又听到另一个，尽管分开看你并不会感到兴奋，但是它们却能彼此启发。当时我一边不断琢磨着寻找主题，一边尽可能多地和精神病医生们共进晚餐。我本不需要这么做，我竟然忘了曾和我住在一起的一名精神病医生提到过，在英国首屈一指的莫兹立（Maudsley）医院有一个四周疗程。他们的"亲子游戏"疗法是针对脾气暴躁的孩子，由一组精神病医生在一面单向镜后，通过话筒和耳机指导家长如何应对问题儿童。要不是与精神病医生共进晚餐，我本不会选择这个。通常对的故事会以至少两种方式来到你的面前——有时这才是找到合适故事的方式。

莫兹立医院很快被说服，允许我对疗法进行跟踪拍摄，但是不能拍摄他们自己的病人，因为他们感到这会涉及道德问题。如果我可以自己找到一个合适的孩子，那我就能拍这部影片，跟踪拍摄这个"游戏"。这一点正合我意，因为这样我就可以自己选角了。对我来说家长的加入会是另一个亮点，这样可以制造更多的矛盾冲突。更棒的是，还会有一名关键的精神病医生和一名心理学家——一名英雄和一名反英雄——他们在单向镜后面观察家长和孩子的互动，并通过每个家长隐蔽的耳麦向他们传达指示。这就是烹制矛盾冲突的秘方。

不幸的是，我已经没有四周时间进行拍摄了，我也没有适合跟踪拍摄的家庭。所以我说服莫兹立医院用两周时间完成疗程并立即用广告征集家庭。我聘请了一名莫兹立的精神病医生，单独咨询他治疗过程中可能会发生什么，向他展示候选者的录影带。在制作任何科学、学术或是技术影片时，向不出镜的独立的专家寻求“第二条建议”总是值得的。

我成功地给我擅长讲述的旧故事穿上了新衣服，跟踪拍摄全英最调皮的孩子之一（又用到了最高级修饰）——我们在尼斯（Neath）找到一名五岁小孩。这些我都成功完成了，我们会关注吗？这恰巧发生在詹姆士·巴尔杰谋杀案[①]之后。这部影片的开场是这样的：

QED 系列之《家庭游戏》，BBC 电视台，片头播出版

安德鲁（Andrew）躺在超市走道的地板上扭来扭去。	安德鲁在尖叫。
人们驻足观看。	**爸爸**：很尴尬，非常非常窘迫不安，安德鲁闹脾气的时候，人们都盯着我，就好像在说，你能管管那个小孩吗？但是他真的很难管。
爸爸试着让尖叫的儿子在超市过道上站起来。	安德鲁叫得更厉害了。
	旁白：大多数孩子都会发脾气，但是只有十分之一的孩子会像这样爆发，这是严重破坏性儿童的标志。这些孩子的家长对他们完全失去掌控。这样的孩子在五岁时非常让人生气，到了十五岁就有可能因为青少年犯罪而上头条。
学校外面。 安德鲁“咣咣”地敲打车盖。	安德鲁·韦伯已经因为表现糟糕转过两次学了。他欺凌同班同学、咬老师、还把课桌掀翻。
爸爸在学校外面。	**爸爸**：曾有一名家长威胁我的妻子，如果没人管管他，他们就要对他采取一些措施了，最后我们只好带他离开学校。 **旁白**：从二月上旬开始，他八岁大的姐姐乔安娜去上学，而他在家和父母待在一起。克莱夫（Clive）和阿曼达·韦伯（Amanda Weber）就要到达忍耐的极限了。
爸爸和妈妈在家中。	**父母**：他进别人家的花园，按人家的门铃，一刻不停地在找麻烦。他做过一大堆恶劣的事情，让家里水漫金山、打他的姐姐、打破东西、虐待动物。他简直没救了，彻底没救了。我们已经没辙了。在他这个年纪如果没有人做些什么的话，他到了青少年时期会变成什么样？

① 译者注：1993 年 2 月 12 日，2 岁大的詹姆斯·巴尔杰（James Bulger）跟母亲到当地一家购物中心购物，随后失踪，14 日，他残缺的尸体在铁路沿线被发现。22 日，两名 10 岁的孩子罗伯特·汤姆森（Robert Thompson）和乔恩·维纳布尔斯（Jon Venables）被指控犯有谋杀罪受到监禁。

上述片段的同期画面是：几个从街头到超市等不同场合的场景，强有力地证明安德鲁举止无当，以及一段沉重的采访展现父母面对他们的儿子一筹莫展，迫切寻求转变安德鲁的疗法。这个片段用了一两分钟时长，再加上一点本可以更少的解说。标题之后则展现了更多的关于这对父母如何面对管教他们的儿子的挑战，以及迫切地希望从治疗中寻求改变的情景，还有一段从南威尔士到伦敦接受治疗的旅程，作为这个故事的开端。

在治疗过程中，精神病学家用单向镜和摄影机观察家长和孩子的行为，通过隐藏的耳机让家长在儿子表现好时表扬他，并在他调皮捣蛋寻求关注时无视他（这就像导演一样。导演们在表扬声中就能表现得更好，更得体）。结果很戏剧化。安德鲁大发脾气，冲出门去，在医院地面上横冲直撞，我们在后面紧紧跟随。但是慢慢地，治疗开始发挥神奇的作用。

记住我最爱的配方——由冲突导向转变，抑或是救赎。这两点我都得到了，因为他的改善，整个家庭都转变了。他的妈妈最后说的几句话和安德鲁用电子琴奏出的美妙的音乐融合在一起——而这样的幸运，一部分要归功于一位杰出的研究者，夏洛特·豪沃斯（Charlotte Howarth）。

QED 系列之《家庭游戏》，BBC 电视台，结尾的话，播出版

妈妈（在家）：他曾经顽皮得让我们抓狂，我们觉得不会有什么办法能奏效了。我们觉得这不可能，完全不知所措，我们过不了这个坎儿了。

这部影片非常真挚感人，而且出现的正是时候，所以它收获了将近九百万观众，接近 40% 的市场份额，还获了一些奖项。主管这档节目的那位女士，苏·詹娜（Sue Jenner），又制作出了《超级保姆》。一种新的节目类型诞生了。我成功找到、提案、又一次制作了以转变为主题的故事并取得成功——但是，就像电视业常见的现象，成功能持续多久呢？

立项

最终我完成了从影片提案到审批影片的过渡，那么从另一边的位置，我可以给你们哪些提案建议呢？当我终于说服 BBC 我可以做更多的商业纪录片时，我已经是一名执行制片人了，所以我不光要提出故事，还要去面对审批故事的挑战。我开启了属于自己的单集式系列纪录片——《高层麻烦》，并要与其他受欢迎的节目如《地平线》（在美国又称之为《新星》）以及 QED 相抗衡。最终这个系列持续了八季，还产生了很多衍生系列，例如《出版界的麻烦》(*Trouble Between the Covers*) 以及《顶层麻烦》(与千年穹顶工程有关)。但是要给哪个节目立项呢？可能出乎你想象的是，这个工作不是在现成的成百上千的好点子里挑挑拣拣，然后选出几个，而是迫切地渴望独创性的东西蹦到你面前。

我的一个评判标准是名称、主题或是话题是否出彩，这一点我自己在提案时也会用到；另外，要有一些让人们可以认同的东西；第三点，要有惊喜的视角或是幕后的发现。但是通常比这些都重要的是：看一个人有多渴望制作这部影片，而这部影片是否带有呈现某种转变的潜力，因为，要记住，好的故事总是追踪在压力下完成转变的人们，如果最终能完成救赎那就更完美了。总之，正如我的员工们常说的那样，我只关心三件事情：冲突、冲突和冲突。

因为冲突可以凸显角色，展现大家都渴望知道的真相。看着主角温和平静地存在着，这并不能推动任何故事发展。但是寻找冲突最好的地方是哪里呢？我们曾讨论过类似黑帮电影里迫在眉睫的死亡，或者板块撞击造成的地震这样的灾害可以作为戏剧驱动力。但是，正如我早前所说，商业纪录片里不存在很多迫在眉睫的死亡，除非是在意大利南部和布朗克斯 (Bronx)①。

然而，还有别的可以制造冲突的东西：家庭或战争，但是不同思维模式的碰撞对我们来说是最好的。如果你还具有幽默感，也会成为优势，例如在英国，这种板块的碰撞包括：南与北，现代与守旧，富有与贫穷——以及最好的一种，阶级碰撞。

在我为新的系列纪录片《高层麻烦》寻找故事时，回想起了《麻烦终结者》，当时眼看时间飞逝，很快就要到播出的时间了，第一季还差最后一个故事了。抱着对这最后一集《麻烦终结者》的绝望之心，我坐在晚餐桌前，想到了陶器。人们每天都用到这样的陶器，不久前它们还都从老式的英国工厂里烧制出来——特伦特河畔斯托克小镇上有许多工厂。现在他们要搬到中国去了。所以我向几乎每一家工厂写了信，其中一家同意了。丘吉尔瓷器是英国最大的制陶工场，雇用了大概一千名员工。工厂由三兄弟拥有并经营——这是烹制冲突的上等配料。他们人都很可爱，却赚不到钱，这是又一个好配料。工厂不景气的原因很明了，并且能为压力和分歧提供源泉。例如，我们在工厂参观的时候，设置了让约翰爵士“无意间碰到”公司设计团队，并向他们询问的场景。这家英国产陶器最多的大规模企业，花在设计上的钱有多少。“每年五百英镑”，不出意料的差劲，但在约翰爵士访问过后，一切都改变了。

这是一个包含了板块碰撞元素的好故事。而当我作为《顶层麻烦》的系列节目主管时，人们不断向我提案，我仍然建议寻找存在有潜在英雄和冲突的题材领域，就像“长筒

① 译者注：布朗克斯是美国纽约市的五个市区之一，是纽约市有名的贫民区，犯罪率在全国数一数二。1970至1980年代时，布朗克斯区住宅区常发生纵火案，直到1990年代初纽约市政府大力打击后才有所改善。

女靴工厂”的提案交到我面前时，我可以感到现代英国的不同板块彼此碰撞着，从而令我兴奋。

> **多米尼克·沃克**
>
> 第四频道纪实娱乐节目立项主管
>
> 要从自认为无法完成的工作着手，然后再一点点往回撤——从一个雄心勃勃的想法开始，一个你认为没有人肯为之立项也不会有人让你这么做的点子，而不是从你认为能实现的想法着手，然后试着做得更出格一点。
>
> **罗伊·阿克曼**
>
> 新鲜玩意制作公司总经理
>
> 我有一个理论，称之为“箭头立项”。当你向一个人身体射箭时，有一种杀死他们的方法是，让他们拔不出箭来；如果硬要拔出来，也会同时带出血肉，他们还是会死。所以，在某种程度上，你也需要向电视台身上“射箭”，要让他们为你的项目投入开发经费。这把箭可能是一位人才，或者一种全新的看世界的方式，或者一片他们从未见过的领域，甚至可能是一个标题。
>
> 这个“箭头”的想法是指，你必须说服他们为这个点子冒险。如果你能说服他们花费时间和金钱来开发这个项目，那么他们就得避免亏损。一旦决定实施这个想法，他们在与你共事时就会变得更加放松，一心努力让项目变得更好。一旦他们迈出了第一步，那就可以肯定，他们想要做一档好节目，而你和他们是一条船上的。

但是，即便你已经成功地让立项主管足够关注并购买了你的单部或是系列影片，并且你也有足够的制作资源、技巧和决心，准备去制作一个吸引人的故事，这些还不足以保证成功。

推广和播出时间

节目的定位与推广，与出色的节目制作是同等重要的。这项工作主要分为三个部分：安排播出时间、宣传推广和预告片。

宣传推广值得从一开始就做打算，例如拍摄剧照，想一想可能的报道选题，或者甚至可以在拍摄过程中带着一名记者——你得酝酿着，但直到播出前的几个礼拜，在此之前你不会想要任何东西被公布出去。这一切都取决于节目的播出时间表，所以选择一个合适的播出时段是推广影片的第一步。

安排时间是一门暗黑艺术。以下因素都要考虑：周几、什么时间、跟在什么节目之后、竞争节目是什么？时段好坏与否取决于排片人觉得你的节目怎么样，如果他们认为节目有能力为频道赢得数目可观的观众群和/或带来影响力，他们就会把它放在一个好时段，反之，他们就会把节目放在毫不起眼的时段。如果你的影片相当好，那当然值得占据一个体面的时段。如果它悄无声息地在午夜放映，那么就算观众关注它，也没几个人会真的去看。那些本可能在看过之后非常关注的潜在观众，包括那些你希望他们能多了解你的作品的电视台领导们，也会错失这档节目。所以节目定位的第一件事是找到合适的时间段。

我曾经在一家新潮的餐厅里意外碰见BBC纪录片部门的主管，当时我正邀请BBC2频道的排片人共进午餐。那位主管看到我们两个在一起，感觉十分惊讶——我是一个忙得四脚朝天的人，而排片人的身份在重要立项的决策过程中相对“不重要”，所以他很奇怪我为什么要和一个区区排片人待在一起（当然如今排片人的角色变得重要多了！）然后他恍然大悟：突然明白为什么我的节目总能在晚九点到十点半的黄金时段播出了。我和排片人推杯换盏是因为拿到好时段真的非常重要。当然，节目本身怎么样会影响排片，但是你的人际关系同样至关重要。如果你能诚实相待，排片人会更加信任你——例如你吐槽一位经常出状况的新人，或是某部你搞不定的影片，告诉他们这些，他们不会将这些无伤大雅的事情放在心上，也会聪明地隐藏，但却会因此而尊敬你。当你有些非推进不可的事情时，他们会信任你并且帮助你。

不光要和高级排片主管培养感情，还要兼顾他们的下属。事实上，要和排片办公室里的每一个人搞好关系。在你去电视台拜访时，要表现出对排片的兴趣，这样你或许能得知更多的东西。排片和时段很重要。看看《卧底老板》的成功吧。它紧随在一亿观众观看的《超级碗》之后，成功留住了其中的三千八百万观众，成为首播节目观看人数最多的纪实节目，红极一时。尽管影片本身就很优秀，但如果不是因为那个时段，其影响力可能不至于如此，而且其制作人也很聪明地得到了CBS所有宣传资源的支持。

塞西尔·弗洛特·科塔兹和朱莉·乌里韦，

分别为弗里曼陀传媒北美公司的CEO和高级副总裁

当时还缺少一档大型的外拍竞技类节目。已经有了《幸存者》，而且它还在播，《老大哥》，也还算不错，还有《极速前进》。但是还缺少另一档高风险外拍竞技类

> 节目。在过去的18个月里已经做过太多的尝试，电视网的黄金时段节目还在苦苦挣扎。
>
> 不是说节目里没有竞争就不行，但是没有竞争的话，完成节目销售和落地都会难得多。通常情况下，要么有大人物加持，或是有很大的噱头，或是以非常明确的方式亮出你的筹码，但《卧底老板》并没有这些，要不是有《超级碗》做导入，这档节目很可能会失败。节目的推动方式至关重要，必须是天时地利，以及合适的导入方式的结合。
>
> 做美国电视节目，你要善于制造声量。在《卧底老板》之前，上一个首播大获成功的节目是2007年的《你比五年级学生更聪明吗？》(*Are You Smarter Than a Fifth Grader*)。

如果你要播出一个系列节目，在排片人的帮助下还可以再做这么一件事。排好你的播出次序。如果你有一系列独立的影片，把最好的影片放在第一个，第二好的影片放在第二个，第三好的影片放在最后一个，然后把剩下的放在中间。系列节目的第一期就好像电影片头一样至关重要。你要仰仗许多电视专业人士的评判，而他们只会观看头几期节目。正如我们观察到的，很多电影失败的原因在于开头进展太过缓慢，引子太长，而很多节目的失败则在于将第一期做成了整个系列节目的导入篇。像在《重返基层》这样的新节目模式里，我们从来不会把拍摄的第一期节目放在前面播，因为它绝对不是最好的。我们总是不可避免地在系列节目拍摄到一半的时候，才明白自己真正在做什么。

每个系列节目的每一期都应该是独立的。观众绝不可能虔诚地守着电视看每一期节目。事实上你或许每周都会有一批新的观众——他们来来去去，大多不会观看你的整季节目。但是有一部分观众可能会观看前几期节目，所以如果你觉得有必要做前情回顾，那就做一个非常简短的版本加进去。再说一遍，要从当期节目开始，过一会儿再回顾前面的故事。让每期节目相互独立不重复，不要让上周观看过节目的观众感到重复。在当下的单期记录片中，出现了一开始就讲述背景的做法，而这是应该避免的。

市场营销

结交市场营销人员同样重要，如果可以的话，在系列节目甚至单期特别节目一开始运作时就要这么做。因为市场人员了解观众，他们可以帮助你聚焦节目主题和目标观众，反过来你也可以帮助他们了解节目。他们还将决定你的系列节目是能得到很多宣传推广还是悄无声息。《皮肤脱落的男孩》和《杰米的校园餐食》都从排片人那里获得了晚间九点档的时段，以及营销方提供的高额度的宣传预算。这至少能够帮助节目引来观众，而凭借我们煞费苦心的设计，影片开头将会牢牢吸引住他们。如果没有这样的帮助，单期纪录片《皮肤脱落的男孩》不会获得那样的成功。毕竟单期纪录片尤其难获得推广的机会。但是第四频道的一位新任节目主管看中了它并决定推它一把，我们很庆幸有他帮忙。排片人、市场营销人员和主管人员都很重要——而且你能从他们那里学到东西。他们都很聪明，而且和观众的距离比你要近得多。

市场营销人员掌握观众调研和其他信息，你的项目为什么行得通或者行不通，他们甚至可能比你更清楚。我曾特意问过他们，他们很明确地告诉我，为什么第一次寄给他们的《杰米的校园餐食》粗剪版会行不通。你也许还记得，当我向他们展示这部接近完成的影片时，他们担心不太会引起观众的关注，所以我们进行了调整。他们在整个流程中的意义都是无价的。

在《杰米的校园餐食》刚开始的时候，我第一次与市场营销和推广团队会面，那是一次非同凡响的经历，对我有巨大的帮助。他们首先告诉我，想让观众重新关注杰米是一项巨大的挑战，叫我一定要注意这一点。

如果你还记得，当我们在项目之初和他们交流时，他们调研出的结果是，很多观众依然认为杰米是那个做了一堆塞恩斯伯里超市广告，过着梦幻般生活的百万富翁。他们的报告里提到，公众当中甚至有一些人非常反对杰米，包括一些媒体也没有给他好日子过。因为我从一开始就与市场营销人员进行交流，他们不断提醒我，在那些批评家看来，杰米只是随便和第四频道签了一个合同，并不关心具体做什么。而事实上，杰米非常投入。得知这些之后，我们便知道拍摄这部影片的挑战在于如何让观众来看。市场人员担心《杰米的校园餐食》可能看起来会像又一档自我推销的电视节目。

所以如何让那些反对杰米的人来关注呢？这是我们的挑战。我们需要拨动他们的心弦。因为负责市场和推广的同事的警告，于是我们从一开始就竭尽所能地去解决这个问题，让人们关心杰米。我们在拍摄中把他塑造为对抗哥利亚的大卫式的形象。正如我们在“开头”一章中讨论过的，我们将节目开场替换掉，不以杰米作为开场，而是以证明问题存在的证据开场——孩子们接触到的都是些面目可憎的食物。即便如此，当我们拿到成片时，市场营销人员提出了新的问题：为什么观众要知道我们做了什么？甚至，为什么他们要看这部影片？

所以，在与我们紧密共事期间，他们提议要用广告和预告片进行一场推广，来确保公众至少会被吸引来看一看节目。这些市场人员是我共事过的人当中最有才干的一群，他们的预告片和广告不光帮助节目成为热点，还带来了一大群心态端正的观众。这些市场人员本能地明白我们需要将主角塑造成为攻克难关的英雄式人物。这不仅适用于拍摄过程，在定位过程中也尤其重要。所以市场人员提出了一套异常勇敢的宣传方案，让孩子们来吐槽杰米如何不会做饭还不自知，以此显示出杰米承受着多么大的压力。这种方式需要是有趣的。

在预告片里丑化主人公，展现英雄成长道路上最初的状态，这么做的必要性通常很难跟主角说通。杰米有一大群随行人员，致力于宣传他是个多么好的厨师，但是相比做电视，他们更擅长出书，所以让他们对一个指责杰米不会烹饪的营销活动买账可不是件容易的事。市场人员很担心这些随从可能很难理解，只有让杰米经历难堪的时光才能重新获得公众的喜爱。

杰米是一个通情达理的人，在拍摄现场经常会远离他的工作人员，去拍摄一些挑战性的场景。但是当要做这个具有欺骗性的预告片时，我们却不得不趁他在哈克尼区的餐厅时试图说服他，周围全是他的团队成员。相应的，我需要设法让第四频道的市场人员在杰米孤身一人的时候和他来个“偶遇”。尽管说服行动有些草率。但我搬出了所有关于英雄的论证，他接受了，一如既往的通情达理，他背后杰出的二号人物路易斯·霍兰德也接受了，他是在幕后一手组织起校园餐食运动的人。这一次的营销活动破坏了杰米的形象，但是随后把他塑造成了大卫的形象，对抗哥利亚式的政府，让观众重新关注他，也让节目取得了成功。

尼克·斯特林格

《杰米的校园餐食》的市场人员，现在BBH广告代理公司工作

为了想出有创造性的点子，我们绞尽脑汁，突然想到，杰米不光是为了和政府和学校餐饮部门去抗衡，也是为了一群不在乎他是谁的人。他最难获得的观众群会是孩子，因为杰米·奥利弗做的牧羊人馅饼也是馅饼，对孩子来说没什么不同。所以营销方式就是让孩子们在他脸上乱涂乱画，朝他扔食物。

杰米要接受这个营销方案一定得非常勇敢，但是他周围总跟着一些拼命保护他的人，所以在各个方面他都得勇敢面对。这就是怎样很好地完成营销和广告的方法：不要循规蹈矩，要换种方式思考。

街上的广告牌上是孩子们在他的脸上乱涂乱画的画面，就像预告片里那样，用蜡笔或者粉笔在杰米的围裙上画上胸部，围裙上还爬满了辱骂性的句子，例如“这个笨蛋不会做饭”或者“你做的食物很差劲”。还有类似的报纸广告和最重要的丑化杰米形象的预告片，其中文字和画面有着巧妙的对应。

《杰米的校园餐食》，预告片，第四频道

杰米穿着主厨的白大褂，周围都是蔬菜。他没发现操场上的孩子正透过窗户看着他。	当我第一次来到学校时，说实话，真紧张。
他的上唇被粗粉笔画上了胡子，他继续说着，毫无知觉。	但是我错了。孩子们都很棒，他们欢迎我来学校，你知道的。如果我是学校里的孩子，看到我这样的人来学校肯定想给他点苦头吃，但是这种事并没有发生。当我拿走他们的垃圾食品，你知道的，我把每天的薯条、汉堡和比萨饼都扔掉了，扔掉那些垃圾……
胡子呈现动画效果	
蔬菜上也被加上了涂鸦，用动画呈现。杰米什么都不知道。	把新鲜产品搬上桌，让厨娘们重新烹饪。这真是太棒了，一点问题也没出；孩子们都很支持，全部都吃光了，还奔走相告。你知道现在学校里充满爱和相互尊重。
“你的食物塞牙缝都不够”的字眼在另一侧动了起来。	
镜头对着杰米白大褂上被画上的胸部。窗户下面写着“这个笨蛋不会做饭”。杰米还是毫无察觉。	怎么了？怎么了？

要好好地检查你的预告片，其他东西也一样。在剪辑之前要和营销人员探讨细节，读一读脚本，如果预告片不能使你满意，坚持再剪辑一次！我不记得有多少导演向我抱怨过预告片不精彩，但他们什么也没做，甚至也没和营销人员沟通过怎么做！最近我有一些朋友为一个新的模式做了一个非凡的样片。它的播出效果将决定整部系列节目创意的命运。遗憾的是，没有经过高调的推广，预告片也很无力，没帮上什么忙。而我在播出之前会经常看预告片。

然而，预告片和广告花费高昂，很多时候你可能得不到这些，但是在媒体上，你仍然有很多可以做的事情。观众都很精明，总是把播出的推广视频当成是广告，而新闻文章通常会更加客观。所以不管你有没有预告片，新闻报道至关重要。

新闻报道

对于新闻报道来说时机就是一切。如果出现太早，人们要么会忘掉，要么会对其感到腻烦。所以新闻报道的活动安排需要如军事活动般精确。当我在做《麻烦终结者》之前，先设计了一份详细的新闻报道活动期限时间表。这个节目是我的一大突破，对我意义重大，我迫切渴望它能够受到关注。如果你做出了自己第一部影片，你也会这样。

最早开始准备的专题报道，需要提前几个月着手写作（某些杂志需要三个月）。为了达到这一目标，我会结交写专题的朋友——他们总是在找东西写，而且不太可能“出卖”你。如果你没有记者朋友，结交一些友善的记者。很多专题作家都过得不太好，所以我的建议是——帮助他们，拍他们马屁！然后告诉你的老板或者新闻办公室你在做什么。

向记者公开你影片里的故事可能是件危险的事。所以要千方百计避免他们出卖你。尽可能地开诚布公，但不要捎带出一些对你或者你的影片影响不好的东西。向他们提供一些关于你的影片可能的故事方向，或者电视行业的一些内部秘闻。甚至声称希望有一天让他们自己上电视！这些总是可能的。至少要告诉他们，你如何嫉妒和羡慕新闻记者，我就这么做，其实这很简单。如果他们看起来很忠诚很理智，甚至可以带他们到拍摄现场。我带自己的一个朋友，心理学家奥利弗·詹姆斯（Oliver James），来到《麻烦终结者》的录制现场，他写了两页的专题报道发表在一份大型全国性日报上，使得新闻报道像滚雪球一样越来越多。但是要确保他们参观现场后不会立即去印刷发表，和他们谈条件，要求在播出前两到三周时再发表。

如果你在拍摄期间突然接到记者电话，告诉他你很忙，稍后再回电话，特别是在你不知道打电话的人是谁的时候。告知你的老板和电视台，他们会知道这位记者是谁。回电前讨论一下他们想知道什么，想想你可能会说什么。你不会想为最新的《每日邮报》曝光的内容负责，特别是未经讨论过的。

在直截了当地说服专题作家关注你的故事的同时，也要试着为他们找到一个角度，也许不是从你的故事直接切入，而是从他们的故事切入。让你的节目主角登上你所在城市的杂志专栏，用上“生命中的一天”、“相对价值”或者一些与他们相关的东西作为主题。许多电视台的新闻办公室工作人员可能会不同意你的要求，他们总有更重大的信息要发布给整个电视网，并且他们会希望掌握和媒体打交道的控制权。不要让他们得逞，特别是当你的节目优先等级很低的情况下。如果是这样的情况，你就需要自己努力了。但是你还是要和新闻办公室的工作人员多聊聊天，不要让他们因为你在宣传自己的节目，抢走了他们的风头而感到过于气愤。

很有可能他们会为此勃然大怒——那就笑得甜一点，然后说你不明白。很多最成功的纪录片制作人都很擅长宣传影片和自我宣传。如果做不好这些，就很可能无法被视为伟大的纪录片制作人。

我的新闻活动时间表通常从专题报道的漫长准备阶段开始，进入拍摄过程时，开始为那些需要两个月发稿周期的彩色增刊和杂志准备内容。接下来，在播出前一个月，我开始联系记录在册的所有杂志。在播出前三周，是重要的周末报纸准备试片评论的最后期限。最后还剩下几周时间，轮到日报的试片评论文章重磅登场了。

除了这些，还要努力让节目上到电视节目推荐列表上的“今日摘要”栏，其作用和预先评论差不多。带着全身心投入的热情，我将给试片评论员们一一打去电话，说抱歉打扰他们，我只是想确认他们是否拿到了 DVD（或者是否在线观看过节目了），看过之后有什么问题，例如在拼写上发现了什么错误。我喜欢给他们提供一些节目趣闻，然后问问他们对节目优劣的看法，因为“我真的非常看重您的意见”。当然，我确实如此——他们通常是第一批看到节目且立场中立的观众。

在新闻报道这条漫长的道路上，还有评论家这群以自身独立性为傲的与众不同的生物，对待他们可要比对待试片评论员温和得多。试片评论通常比观后评论和善的多，这就是为什么你会在制片人、导演和执行制片人的简历中看到很多试片评论语。如果你给一名电视评论家打电话，只要简单地问问他们是否拿到了 DVD 或者是否已经看过节目即可，如果他们表现出愿意听你多说几句的样子，你再说别的，否则他们会觉得你是在试图控制他们（当然，你就是在这么做）。

最后一件事变得越来越重要——强大而富有创造力的网络呈现形式。还是那句话，尽可能聘请最好的人，甚至可以自己动手，来创造属于自己的网站，但是仅用来作为补充，而不是重复做那些已做之事。还可以试着利用别的网站为你造势。杰米持之以恒地精心更新他的网站和苹果手机上的应用程序，看看他取得了多么好的效果，例如他更新的“二十分钟简餐”正在反过来催生出一档新的电视系列节目。

图片宣传

图片的重要性至少也与文字相等，它可以帮你获得专题报道或是宣传，也能吸引读者的目光。如果你很幸运地拥有一名摄影师，那就为他们腾出时间。暂停拍摄、让他们专门拍照一个小时的效果，可能要相当于八个小时边录影边抓取照片的效果。因为后面这种情况，你没有给他们专门的时间让他们正确地发挥，还可能打扰彼此。如果你没有摄影师，那就自己拍剧照，因为它们将是非常宝贵的宣传资料。记住，报纸上“每日摘要”的预告照片尺寸非常小，所以照片中要保证你的内容和主持人够大、够吸引人。

《杰米的校园餐食》节目一开始就有出色的第四频道新闻办公室的全力支持。马修·罗宾逊和杰米的公关人员彼得·贝瑞（Peter Berry）一起工作，后者是一个非常敏锐的人。那是一场军事般的宣传活动，他们知道他们想要什么，并且在我们的帮助下确保一开始宣传得越少越好。然后他们安排早早地写好专题，但是印刷时间严格遵循约定的精确时间表，大概在播出前的几个星期才开始。大专题要比小专题更麻烦一点。宣传由采访、电台和电视直播以及我们制造的新闻事件组成。在拍摄期间我们一直有一名专业的摄影师跟随，并且确保给他们足够的和杰米单独相处的时间。但是最后在播出前夕，我们想要一个好的拍照场合来制造新闻。于是我们首先计划在国会前倾倒一卡车的薯条，然后让一群格林尼治的孩子们在威斯敏斯特游行。最终我们让杰米，诺拉和基德布鲁克的厨房团队去莱斯特广场上，在餐车里按新的校餐食谱做饭供行人品尝。

新闻主管和市场人员一样，永远都在动着脑筋看节目，思考这是什么样的节目，所以要参考他们的意见。他们都是讲故事的好手，如果能给他们展示一段粗剪视频会更有帮助。在《杰米重访校园餐食》——《杰米的校园餐食》后续节目正在剪辑时的一个周五的下午六点，正当我和另外八个人准备回家吃饭时，第四频道新闻办公室的工作人员给我打来电话。他对节目有很强的洞察力，他告诉我片子很垃圾，太烂了，他都不想看完。他说的很极端，但我很高兴，因为他这样做确实让我听进去了。他说这部影片没有提到杰米前一部系列影片取得的巨大成功，而只关注于后者不成功的部分。

马修·罗宾逊

第四频道《杰米的校园餐食》的宣传主管

如果影片是在解答大家都好奇的问题，确实会很有帮助。我们花了很多时间问自己："这个节目是关于什么的，有什么新的东西，为什么人们会在乎？"如果你的剧本开始的几句旁白可以直接摘出来用在新闻上那就太棒了——这说明节目制作人真的明白他们在讲什么故事。但是由于电视节目的灵感经常来自于报纸和杂志，所以你实际上是要将同样的故事再回卖给它们，这其实很难。

你不光需要知道用什么来吊住观众的胃口，还要知道什么才能引起记者的兴趣。制作人要多阅读报纸、与新闻机构接洽、了解新闻制作的过程，才能更加有效地为节目获取关注。

专题和新闻非常不同。新闻可以有很大的影响力，但是你得受制于新闻议程，而且新闻故事有时也是一把双刃剑。另一方面，专题呈现的内容确定性更强，但是需要更多的计划。和一名你信任的作者一起工作是一篇正面报道的最好保证——能力足够的话甚至可以自己动手写。如果你对记者没有十足把握，在网上查查他此前的报道是一个明智的行为。

他感觉到一些东西的缺失，虽然他没有明确点出那是什么，但是已经做了最重要的部分——发现问题，让我思考。我立马回到剪辑室，加上了一个场景。那天晚餐吃得非常晚！第二天我邀请自己最喜欢的两名剪辑师共进晚餐，然后在深夜11点让他们坐下看节目。他们看出了真正的错误：不是缺少庆祝的场景，问题出在剪辑后的版本中，杰米在什么都没有看到的情况下就挑三拣四。所以之后的一天我们找了一位助理剪辑师，在影片中杰米看出问题的场景之前加上了两个场景并重新录制了一些旁白。

广播电视宣传

电台也可以是宣传影片非常有用的工具。你可以让你的节目嘉宾去上一系列英国当地和国家电台的节目，从早餐时段到《前沿》(*Front Row*)，从《一周伊始》(*Start the Week*) 到《女性时间》(*Woman's Hour*)，还有全国各地甚至世界各地的电台。《杰米的食物革命》就受到了美国知名主持人瑞安·西克莱斯特的大力帮助。如果你想要获得一次真正重要的采访，特别是如果你是制片人 / 导演时，可以告诉你的老板并且建议他们去接受采访，但由于电台约定的往往是糟糕的时间、糟糕的地点（在地方电台很有可能如此）。几乎可以肯定你的老板不会想去，这样就轮到你施展拳脚了。

最后，宣传金字塔的顶端是电视本身——重申一遍，不止对于你的嘉宾，对于你自己也是同样重要的。如果你得到一个机会能够在电视节目上推广你自己的影片，不要怯场。多数做电视的人在表演上都很烂——很可能是因为他们都属于掌控型人格，这种人不可避免地会充满戒备心。事实上，他们很难采访。但是我们中很多人最终都将会在电视上以这样或那样的方式露面，所以倒不如掌握些窍门。假如，你最有可能上的一档节目是一档批判式的节目，你需要学会在面对质疑甚至侮辱时，同意每个人说的每一句话。通常，据我所知，当被媒体或是一群敌对者攻击时，第一步总是先同意他们的说法有道理——然后再用一个“但是”扭转局面。

洛林·赫尼西 (Lorraine Heggessey) 现在是泰晤士托克拜客 (Talkback Thames) 公司的 CEO；在那之前她是 BBC1 频道非常成功的掌门人。在她名气攀升前不久，我是她最后一个节目的执行制片人。当时是在制作《心理治疗》(*Minders*) 系列节目，跟拍伦敦南部的一支社区心理健康队。赫尼西在拍摄一名接受心理健康队治疗的病人，他经常入院，还在精神卫生健康中心接受过一段时间的隔离。他的家人不想他参与录制，但是他同意了，精神病学家也说可以让病人给出一份“知情同意书”，所以赫尼西和她的摄制小组就前去拍摄了。之后病人撤回了同意书，但是对我们来说已经太晚了——我们已经在剪辑了，而且他之前给出的同意书经由律师认定，从法律意义上来讲是不可撼动的。

结果，批评家们被邀请到第四频道的《回应权》(*Right to Reply*) 节目上，我要在这档节目上捍卫播出节目的决定。因为摄制对象给出同意书时正在病中，而我仍然准许这部影片的播出，为此我在节目中遭到了围攻。你也许会认为我当时处于弱势地位……那么我究竟是如何回应的呢？

“当然，你是对的，”我这样开场，“我们都为此感觉很抱歉。但是如果心理疾病患者因为其疾病而被拒绝上电视，那会是更糟糕的结果。”这么说很有效果，演播室的人都站到我这一边了。在指出对方错误之前，要先认可对方观点。

永远不要低估这些人对你有多么重要——排片人、市场营销人员、宣传人员和新闻记者。成也萧何，败也萧何。如果你正确处理了和他们之间的关系，最终你在时段、预告片和新闻发布上都会很顺利，至少你可以十分肯定观众会知道你的影片，而你应该从该特定题材影片的目标观众群入手。不可避免的是，一些主题的影片，无论制作或者营销做得多好，都只能吸引相对小众的观众。但他们也值得你为之做这些事。重点在于，确保尽可能多的对节目感兴趣的观众来观看和欣赏节目。

观众

如果你想知道影片表现如何，你应该努力拿到观众市场份额表，在英国叫作BARB（在每个国家都有对应的东西）。这几乎是每位频道主管、排片员、立项主管和执行制片人的早起必看读物。BARB数据，隔夜即出，在节目播出后的第二天早上就能从电视台和多数制作公司那里拿到。你可以从中得知观众总数以及同样重要的前一天播出的每档节目的电视观众所占的市场份额（你也能每天从《卫报》在线媒体板块上了解到比较重要的节目的数据）。

从白天到夜晚，观众总数上升，然后人们陆续上床睡觉，观众人数又不可避免地下降。但是观众总数不是唯一的衡量方法。那些转台看你的节目的观众所占的市场份额才是最有价值的。在特定时间，如果市场份额非常高也可以被认定是一个真正的热门节目。

将节目和同时段其他频道节目的表现进行对比。不要只看观众总数，而是要以一刻钟为单位，看节目在哪里吸引观众，哪里流失观众。然后对比之前播出的节目，看看它们表现如何——是在吸引观众还是在流失观众。或许最重要的是，和同频道同时段不同日期节目的收视表现对比，看看前几周内同一时段的其他节目表现如何。试着看出趋势，以更好地了解观众。

如果你定期做这项工作，你会更加了解观众真正想要看什么——以及什么时候他们会想看这一类节目。这项工作甚至会让你发现观众比大多数人以为的要更加聪明和敏锐。

永远记住，尽管你需要取悦你的老板、同僚和媒体，但是最终你的大财主是观众——你是为他们工作的。最终，他们会是最苛刻和最睿智的批评家，其他所有人都会被观众牵着鼻子走。学着判断你所制作的这类节目的潜在观众群体规模。你要经受他人的评判，你也要自我评判，通过自己的能力取得此类影片观众群和影响力的最大化。观众总数不是最重要的，但如果总数多会有帮助。

在BBC这个我所在的单位，我们都会推测接下来要上的节目会吸引哪些观众，在这一点上，我们精确地令人咋舌。一旦我们确定了时段，就会了解竞争对手以及其他频道在此之前会上什么节目，最后的结果会是对主题和影片制作水准的综合考量。机会渺茫的主题，经过精良的制作也能翻盘，听起来稳操胜券的主题，交到错误的人手里也可能会失败。我们不介意捎带着做些小众的主题，但是我们要能成功地让观众在意，不光是通过选角、剧本和剪辑，还要在推广、行程安排和市场营销上细致入微，尽可能地让最多的人看到——无论是什么内容。

个人宣传

还有最后一件关于宣传的事。如果你已经完成了所有这些，甚至是成功地完成了这些，还有一条小技巧要牢记。那就是当你已经成功地宣传和推广了你的节目品牌，你还可以得到更多报道——宣传自己，这样可以帮助打造你的个人品牌。如果你已经取得了成功，或者更常见的情况是当你处于上升期，媒体采访会很有帮助。在英国，《卫报》的媒体版面是最好的，其他报纸的媒体版面次之，然后是行业报纸，例如《播报》(*Broadcast*)，总是在寻找故事。在美国同样有一些行业报纸，世界各处还有很多其他的杂志。试着和记者们聊聊，了解他们，把这作为你自己事业发展的一部分。他们都在找故事，而你也不知道自己什么时候需要他们。

尽管在你事业刚起步时，没有人会想在你身上找故事，但你可以以项目的名义在行业刊物上介绍节目制作的过程——当然包括顺道介绍你自己。但是小心不要让老板知道，否则他们会觉得被冒犯了，甚至嫉妒你——但是大多数老板如果他们也得到了一些赞誉，都会高兴，而不会发飙。你还可以写一些适合专栏的文章给全国性的媒体，谈谈你所制作的节目。专栏总是在寻觅着电视故事，而报纸上有很多的专栏，所以释放你的想象力吧！还有，不要太过于担心专栏编辑会改写你说的——宣传才是重点。

约翰·哈维·琼斯爵士在新闻发布方面有很多经验，所以在我第一次接受报纸采访时，他教我：只要你对媒体发声，他们就会说三道四甚至重新组接你说的话，但是别担心，就算是批评式宣传的结果也可以很有用。如果你已经决定要和某一位记者共事，那就尽可能地拍他们马屁，看起来越恭顺越好，使劲夸他们，然后期待好结果。

在我刚起步的时候，与我共事的很多英国制作人都认为自己是艺术家，超脱肮脏的商业营销伎俩之上，但是向排片员、市场人员和新闻媒体献殷勤对成功是非常有用的技巧。在节目和频道越来越多的情况下，弄出些动静变得越来越重要。记住，如果你卖不出节目，那么做节目就没有意义！

第 8 章　时间线：标题和真相

真相，标题和时间线

最后，我们要讲到影片制作中最重要的三个方面。时间线是一种很棒的组织原则，有了它才能保证一个好的开头，以及后续的顺利进行。它可以让你的工作不再混乱，而且不仅仅适用于影片拍摄，同时也适用于你的职业生涯。所以那些古老的故事，童话故事和圣经总是会以“从前”或是“一开始”这样的字眼开篇。

一个恰当的标题也是极其重要的。我之前就见过太多节目因为选错名字而失败，但也有因为选对名字而成功的例子。

真相是在纪实类影片制作中既关键又令人畏惧的部分。它是一个宏大、又充满争议性的话题，因此我们只敢在这里点到即止。它的挑战性在于不但要真实地推进故事，同时还需要拍出勇敢的且具有观赏性的影片。当然，会有很多律师、监管员、和编审专家来帮助你或阻碍你，这取决于你怎么使用他们。

真相

首先来说真相，这对于纪实类影片制作者来说是一个既复杂又让人畏惧的问题，尤其在近些年出现了许多广为人知的丑闻的背景下。影片制作相比摄影来说更像是绘画，你需要用你掌握的技巧去展现你所找到的真相。一些纯粹主义者可能会认为创作一部 90 分钟的真正的纪录片，导演只需要把摄像机打开、固定好，然后不用任何移动，90 分钟后再关机就搞定了。但即使这样，选择不同的 90 分钟拍摄都会有不一样的结果：一旦你决定要拍某个事物而不是其他，甚至只是拍一个单镜头或是空镜，你就已经在改变事实了。而且你在拍摄这一行动本身，也会改变人们原有的行为方式。你可以在一个特别普通的日子选择一个特别普通的人——比如我们拍摄你读这本书的最后一个小时，这能够代表你的特点吗？能够展现出你真实的样子吗？如果导演在这之前已经对你进行了充分的调研，然后精心组织了一个非常有趣的故事来表现你，这样难道不会更好吗？

记住节目的故事是观众买单让你们去拍的。他们需要一个故事可以帮助他们了解世界，并讲出他们的故事，不过这个故事必须让人们感觉是真的，同时还要揭示出人物背后的真相。所以我坚信，真相不应该是简单地拍摄你面前所发生的事情，而是诚实地“再现”你调研中所发现的东西。

一旦你在组织一个镜头，你选择从一个角度拍摄而不是另一个，选择拍摄这个角色或场景而不是另一个，你就改变了事实。事实上海森堡（Heisenberg）所说的不确定性原则（uncertainty principle）和观察者效应（observer effect），也就是说仅仅观察一个实验，你就会改变它的道理，同样也适用于影片制作，所以你必须认识到这一点，然后努力用影片制作的技巧尽可能地表现一种未被观察到的真实，并把这个还未被发现的真实传递出来。这可能是你出去玩的时候发现的，以及让你的节目嘉宾忘了你的存在的那种真实。这样做的目的在于还原他们说话的方式、说话的内容和行动的方式。有两个方面在影片制作中非常重要：一个是你所展示的真相的小细节，另一个是你要传达的大真相。

在我长期思考的过程中，我发现那些我想要制作的影片，以及那些行得通的影片，都要在三个方面体现真实：故事、节目嘉宾以及你自己。只要保证了这三者的真实，影片才可能取得成功，因为观众们可以嗅出虚假的成份，也会为一部让人感觉真实的影片而停留。

斯蒂芬·若罗维茨

众多获奖影片的剪辑师

在剪辑室里，你靠撒谎不可能做出一部好的影片，如果撒谎，你绝对会搞砸。因为人们都不傻。你必须要遵从真相，尽管这可能很难。通往一部成功影片的唯一道路就是遵从真相以及你所拍到的素材。影片自己会讲出故事。人们以为影片是很好撒谎的，但其实恰恰相反。

成功是你先找到自己的故事，然后把它真实地讲出来。如果我被派去制作那些不是我真正有热情的故事的影片，我会试着说不，因为它们对于我不是真实的。举个例子，当我在科学部门时，我会避开那些我不明白或是不关心的科学故事主题。现在当有人让我去制作一部去“看着”一个奇怪的家庭，但是却没有故事或没有原因、而只是呆呆地瞪着他们的影片，我会说不。大的主题在哪？故事在哪？英雄事迹是什么？追求是什么？我弄不清楚，他们也没有告诉我。但如果没有了这些元素，就不是我的影片了。有时我不得不同意帮助一些快要完成的影片，这些影片于我而言不够真实，缺乏故事或问题，让人感觉什么都没发生。当我很艰难地为这些影片寻找主题时，我会很庆幸我没花6个月的时间来做这部影片。我不喜欢去制作那些题材没有故事的影片，特别是那些我不理解和我不关心的题材。因为它们对我来说是不真实的。你需要找到那些对你而言是真实的影片。

不光你自己，“你的影片”也需要你真诚以待，还有你的主持人、嘉宾和题材这些因素也都需要真诚以待。我经常被要求拍摄关于两个队伍的影片，其中每周有一个人物会被淘汰。有人建议我找杰米·奥利弗来拍一个这样的节目，但对于杰米来说，为了制作一个节目随便开除人是很不符合他的性格的。例如在《杰米的厨房》中，杰米要试图帮助缺乏食物地区的孩子变成厨师，而只有在这些孩子真的没有能力去做的情况下，杰米才会放弃他们，他会尽可能地留住他们，希望去帮助他们，而不是羞辱他们。这是杰米的人物角色，也是他的招牌，这就是为什么这档节目能行得通。而当沙奎尔·奥尼尔（Shaquille O’ Neal）着手要帮助佛罗里达学校的孩子们在节目《奥尼尔大挑战》（*Shaq’s Big Challenge*）——史蒂芬·兰伯特创意的另一档节目中减肥的时候，他看上去并不像杰米那么关心和投入这件事，所以节目效果并不是很好。

当然你也需要有强有力的人物角色来吸引观众，包含了一连串小问题及其答案的叙事动力，以及我们在此之前所讨论的为了让观众对节目感兴趣、帮助节目成功突围的因素。但如果违背了你的主持人的“初心”，就可能会有危险。《杰米的校园餐食》也很符合我的想法，我对这个感兴趣，所以我和杰米两个人在一起才能合作的很好，也让节目获得了很多奖。这对我们两个人来说都是真实的，而且我也确保了这对于我所雇用的团队中的每个人都同样真实。

有时候，我觉得我在真人秀节目中会释放出一个怪物（去逼迫嘉宾），但是如果这是真实的，也就无可厚非。因为通常如果人们被置于一个对他们而言不够真实的情境中，用了错误的方式去逼迫他们，节目也会行不通。冲突性可以帮助你走得很远，但如果看上去不是真的就会适得其反。观众们比很多人想象中要聪明得多。所以，千万要在脑海里记得真实的含义。

在现场你可能经常要人为地给你的主持人制造一些挑战，但是要确保，这些是你之前经过详细调研，有可能会真实发生的事情。例如有没有可能会有某个学校班级和杰米打赌，如果学生把他做的饭都吃了，他就穿上玉米做的道具服在校园的操场上游行一圈？杰米又会答应这样做吗？两个问题的答案都是肯定的，所以节目拍出来效果很好，感人又真实。

在《杰米重访校园餐食》节目中，我们有了另外一个主意，打算在林肯郡的酒吧里做校园餐食，但因为那个地方没有厨房，效果就打了折扣。杰米可能在这些酒吧之间举办一个烹饪比赛，然后炒掉最差的那个人吗？不，他不会的。所以我们如果贸然决定，这事就会搞砸。如果《杰米重访校园餐食》这样的纪录片中的挑战让人感觉是人为设计的，并不是很自然发生的，也违背了人物的真实个性，那么就会以失败告终。

真相还包括敢于在你的影片中批判你的人物角色。你应该赋予他们一些艰难的时刻，只要这是真实的。回到很早之前，我做过的一次报纸的采访，那是在《观察报》宣传《麻烦终结者》时，我很担心三角玩具工厂的老板可能会因为在影片中受到的批评失去工作。在采访开始前，我和这位专程来BBC电视中心来见我的《观察报》记者分享了这个担忧。我想展现出我的弱势，好让他站在我这边。他回复我说，想开一点，人们从来不会真的对批评反感，如果它是合理的，不合理的批评才会引来反感。

西德尼·奥查德在影片播出后辞任了三角玩具工厂首席执行官的职务，同样的还有肯·莫瑞斯（Ken Morris），辞任了石罗普郡健康部的首席执行官，他也是在参与了《麻烦终结者》之后失去了他的工作。但是他们两个人都觉得这是合情合理的，而且一年之后，他们答应参与我们的回访节目，去跟拍他们的新工作。有时，导演们害怕刁难他们的节目嘉宾。但是请勇敢一些，只要你是真诚的，嘉宾很少会退出。

有好多种方式可以确保你的嘉宾们感觉到自己是被公平对待的。首先，永远不要对他们撒谎。你并不需要告诉他们所有事情，但你不能给他们一个虚假的印象。如果与我合作的制片人为了让嘉宾参演而承诺不拍他们不好的一面，我会大发雷霆，因为他这样做有可能会让嘉宾们有所保留。或是为了获得拍摄许可，而在一部关于餐厅主题的影片里，承诺不去批评餐馆的食物，我一定会发飙。如果制片人还以书面形式承诺不会有嘉宾的负面形象，我会更加愤怒。你怎么知道事情会变成什么样？如果你是因为嘉宾给你压力，那你顶多回答你会还原他们的真实面貌，而不要用“正面”这种词。还有一种方法是告诉嘉宾们很多细节，让他们变得厌倦。西蒙·迪克森关于“厄运之谈”（Talk of Doom）的一段话很值得记住，早在开拍前，参演者同意拍摄时，他就会把负面的可能性说出来。

西蒙·迪克森

英国第四频道纪录片部门副部长、立项主管

当你在进行“厄运之谈”时，要么参演者意识到这个节目对他们来说不太合适，要么氛围开始乌云密布，因为你不再只是遮遮掩掩地描述抽象的担心，而是要共同去感知，把每一件可能发生的坏事都描摹出来，并向彼此说透了。不过一旦你和拍摄对象进行完这一次的“厄运之谈”，你就迈向下一步了，你和拍摄对象之间的关系，通常来说也从这个节点开始会明显增强很多。

获得嘉宾们的信任，不仅在开拍前很重要，在拍摄过程中和拍摄后也同样很重要。你的嘉宾们一旦有了拍摄意向，记得立即告诉他们不好的一面，他们会因此更喜欢和更信任你。然后在拍摄过程中，尽可能多地让他们持续了解你所做的事情，哪怕是拍摄的与他们无关的部分，也尽可能多地告诉他们，他们就不会觉得自己毫不知情。但你也不必对他们讲出每一个细节，举例来说，在拍《千年穹顶》时，节目中的首席执行官珍妮·佩吉和部长彼得·曼德尔森并没有实际打过照面，但很重要的是，我们分别告诉了他们，影片也在拍摄对方。

就像朋友或是恋人的关系一样，如果他们发现了你故意有所隐瞒，他们会很受打击，更严重的是如果他们觉得你对他们说谎，他们甚至会觉得被背叛。你哪怕只是告诉他们属实的一部分故事也比撒谎要好，所以你真的要时时避免撒谎。

从里到外检查每一个事实

当剪辑接近尾声，你的旁白也写完了的时候，你必须不断地知会你的拍摄对象们，告诉他们你正在做些什么，并且再检查一遍每个小细节，让他们参与，但主导权在你手里。你可以告诉他们粗略的框架，他们在片中是一个什么样子，让他们产生一点担忧的感觉。你甚至可以让他们来带给你信心，告诉他们影片不好的一面（这样成片反而可能是一个安慰），向他们求证很多事实问题，恳求他们帮助你。

要从里到外检查片子的每一个细节。这个原则可能是我给制作团队强调最多的一个：如果你的影片做到事实准确又诚实，这不仅仅能说服你的拍摄对象，而且还会成为一部更好的影片。因为我坚信，事实准确度，对细节的苛求决定了质量的高低。就像一栋房子，如果一切东西从灯的开关到大门把手都在正确的位置上，那房子也会让人感觉是很棒的。所以一部每个细节都精准的影片，也会让人觉得这是一部更好的影片。你放进去的细节越是准确，这个故事也越能让人信服。

哪怕观众感觉被欺骗了一次，或是只要注意到一个小细节的错误，他们就会对整部影片失去信任。那你还如何翻盘呢？有意思的是，在这本书中提到过的那些最敢顶风作案的人，也往往因为他们的大胆而被认为是最为聪明的人。例如在“女王门”(Queenstage) 事件（对女王的话进行误导性的编辑）和 Hindujas 集团护照事件中的影片制作人和参与者尽管都饱受打击，但也正是这些人因为大胆和敢拼的个性，才能把自己从职业生涯的死亡边缘拉回来，还能重新走向职业顶峰。这也再次提醒我们，不好的事会在每个人身上发生，关键就看你怎么去处理它。

贝尔·格里尔斯 (Bear Grylls) 是一个节目主持人，也是一个无所畏惧的冒险家，在野外生存领域很出色。因此，他凭自己的这番能力做出了《荒野求生》(*Man vs Wild*) 这档出色的节目。不幸的是，尽管他在追逐冒险的过程中耐力超群，他也有几次“失足”的经历，大概是缘于他的傲慢吧。例如某一次当他经历了沙漠孤岛的煎熬之后，在回夏威夷酒店途中，还呈现了他试图骑一匹“野马”的情节，但实际上这匹马是从附近一个徒步旅行站租的。探索频道和第四频道让我帮忙确保贝尔的下一部节目能够出彩，这就意味着节目得非常扎实。导演亚历克西斯·吉拉德特（Alexis Giradet）拍摄到了拼了命的贝尔要创造飞越珠穆朗玛峰的记录镜头，这非常令人惊叹，但是事实是贝尔在登顶珠峰之前，高度表就在途中爆裂了。所以，我们要在旁白中特别谨慎，节目镜头也是如此。从节目的早期草稿到最终成型，你都要一直不断地检查。以下是这档节目的早期草稿。

《贝尔的珠穆朗玛峰任务》（*Bear Grylls' Mission Everest*）

多样体（Diverse）制作公司为英国第四频道和探索频道制作片头，初版草稿

贝尔：2007 年 5 月 14 日基洛·卡多佐（Gilo Cardozo）和我——贝尔·格里尔斯，试图要做每个人都认为是不可能的那件事情，就是要冲击世界纪录，飞越世界最高的珠穆朗玛峰。我们的计划是：身后背着发动机，只依靠单薄的绸缎质地的降落伞飞越 29000 英尺的高峰巨人。我们飞越的是世界上最大、最具危险性的山谷区域——喜马拉雅山脉，要在地球上风速最强的高度飞行。

基洛：我以前从来没爬过这么高的山，从来没做过这样充满挑战的事。这一切对于我而言都是新鲜的，风速高达每小时 200 英里，温度低至零下 60 摄氏度，在一个喘不过气来的 30000 英尺的高度上，我们可能会瞬间猝死。

我很害怕，但就是因为害怕，我才要做这件事。珠穆朗玛峰，每 6 个登山者就会有 1 个人埋葬于此。所以如果我们继续挑战更极限的东西，生存机会将会如何？稍有不慎，我们就会死。

贝尔：我真的想过可能会死在那吗？在某些黑暗的时刻，我想过。这就是我们的故事。一段奇妙的旅程，我们走到世界的极限边缘，冒着生命危险去实现梦想，去打破一个世界纪录。

在影片的开头，应该用上最具冲击力的同期声画面，写下最强有力的旁白，然后影片要完成的时候再检查一遍。我们当时这样做时，有两点需要担心。第一点：在开场说他要尝试打破一项世界记录——飞越珠峰。第二点：在最后一句说他完成了自己的梦想并且打破了世界纪录。这两句话让节目主管很担心。但第一点在叙事中的作用是激发这场冒险，而这也确实属实，是他试图要做的。只不过后一个大问题需要更改。因为他的高度表坏了，所以他没有办法证明他飞得比珠穆朗玛峰更高。此外，从叙事的角度说，这句话提前

剧透了结果，让故事失去了悬念感。

所以我们需要保留第一句话，最后我们成功了，把片头变成了一段暗示出更多惊险故事且更加吸引观众的内容。同时，我们找了一个第三人视角的旁白者来叙述，这样听上去更有张力也更客观。在下表中，我添加的内容在左边。

《贝尔的珠穆朗玛峰任务》

多样体制作公司为英国第四频道和探索频道制作。片头的接近定稿版

问题（附证据）	**旁白**：珠穆朗玛峰－喜马拉雅山脉 （停顿） 冒险家征服珠峰的方式不仅仅只有登山，还有在这座世界第一高峰上坐上热气球、滑翔和滑雪。 他们将面对零下40摄氏度的气温，令人窒息的海拔，以及每小时速度高达175英里的疾风。 珠穆朗玛峰已经夺走了超过200条生命。 **贝尔**：我是否想过会死在那里？在某些黑暗的时刻，我想过。
追求的目标	现在两个英国冒险家——贝尔·格里尔斯和基洛·卡多佐，正在计划挑战一项大多数冒险家都认为不可能完成的一项冒险。他们将仅仅依靠背上的发动机和尼龙滑翔伞组成的滑翔引擎，来飞越珠穆朗玛峰。 **基洛**：光是想象俯瞰世界最高峰的景象，就已经让我神魂颠倒了。 **贝尔**：如果我们失败了，至少我们是在伟大的壮举中失败的。
路线图／挑战	但在他们启程之前，他们需要制造一种新的引擎，可以比以往任何一种滑翔引擎到达的高度都高。 **贝尔**：这样的山峰根本不可能被征服。我们不是要去征服这些高山，而是它们的慈悲允许我们停留。 ……他们要锻炼自己的身体和头脑，以直面生死的考验…… **基洛**：待在3万英尺的地方让我害怕，但更令我害怕的是做这件事情的过程。 ……还要说服他们的老婆和孩子同意让他们去做这件事情…… 沙拉（Shara）哭了。
大问题	这两个朋友可以实现自己的梦想并且安全回家吗？ **贝尔**：我计划这样的项目时，总是既要安全又要有雄心壮志，但底线是雄心壮志，而不是安全。

以上这一切都是真实的。现在这版也符合了我们制作影片片头的所有原则（虽然在这里我要再赶紧补充一句，使用“冲突”工具包是我的惯用手法，但如果有人能想出更令人惊喜的开头并达到同样的效果，我会很高兴）。但更重要的是这一版只说了贝尔想要飞越

珠穆朗玛峰，并没有说他已经做到了。所以我们提出了一个大悬念，并且也有了危险感。

在影片的结尾，我们加上了一个事实真相，但丝毫没有影响整个故事。

旁白：他最终到达的高度无法得到官方证实，但对这两个飞行者来说，这场挑战的意义并不在于打破世界记录，而是在于打破人类可能性的极限。

事实证明，最后出来的影片非常成功，而这个结果毫不出人意料，因为实际发生的事情已经足够惊险刺激，并且也拍摄得非常成功。这样一来，贝尔的丑闻也就烟消云散了。

保持嘉宾的信任

保证节目的精确真的非常重要，虽然你会检查事实的真实性，但有些东西只有你的嘉宾们才会知道。所以当你写完旁白后，最好通过电话把相关的段落读给他们听（在我看来，没有必要把形容词也读出来，因为它们不属于重要的事实）。这与大多数导演被建议的做法完全相反，但对于我来说非常有效。因为这样做，将有助于给你带来一批合作愉快的前任嘉宾，而生活在八卦横生的六度分隔的世界中，他们会告诉那些潜在的新的嘉宾，你对待他们是多么的正直靠谱。这样，你就可以比其他人（那些没有读过这本书，或是读了也没有按照书上说的去做的人）获得更多的拍摄许可。

关于维系与嘉宾的信任关系还有一条建议：我永远都是在成片播出之前，就先给那些主要的嘉宾观看。虽然这有反常规，但我会确切告诉嘉宾这样做不是为了让他们审片，而是为了检查事实的准确性，同时帮助他们减轻对节目播出的担忧。我会坚持让他们知道，他们无法再改变节目内容的剪辑，只可以指出与事实不符的地方，而且只要你之前已经好好检查过，就不会有什么错误，这样也会让他们觉得很欣慰。在我 25 年的制作生涯中，我曾与数百名制片人一起出席过这样的看片会，目前为止，也只有一个嘉宾指出过拼写他名字的错误。

给嘉宾们看影片也是关怀的一部分。毕竟，你与这些嘉宾们是亲密合作的关系，他们为你付出过很多，你应当对他们心怀感恩。所以我也会告诉嘉宾，他们在检查节目的事实准确性时，也是为了让他们提前了解，影片播出时应该如何做出反应，而且他们也可以决定要不要告诉他们的朋友去看，同时这也给了他们面对面向我抱怨的机会。这可以说是一个正式的场合，所以得在一个剧场举行，也许是剪辑公司拥有的影厅，或者至少是一个合适的节目办公室。

另外，还有一个重要的第二原则。在我的职业生涯中，我发现我经常面对的是有钱又好斗的嘉宾，如果你能避免，就尽量不要把片子带去给他们看。记住，看片地点的选择很重要。理想情况下，你向他们展示影片拷贝版最好是专业的格式，或至少看上去如此。如果你使用了DVD，要确保它已经在播放机里。我最不想做的一件事是把一张DVD放进机器里，然后在看片会结束后可能会有人要求带走它。如果你能避免的话，千万不要为了让嘉宾看片，在播出前把拷贝版寄给他们。否则他们会看完一遍、再看一遍，还会给他们的朋友看，而他们会从各个角度去提出修改意见。

杨·托马琳

英国第四频道法律与合规部门前任总监，现任媒体法律顾问公司总经理

嘉宾们的看片会必须极其小心地对待，首先应该要有一个清楚的书面（邮件亦可）协议，将所有看片会的基本事项规定出来。嘉宾必须明白他们没有审片或修改内容的权力，观看影片的目的只是为了确保事实的准确和公正。可能的情况下，尽量让他们到你的地方观看，并且绝不能让他们带走拷贝。否则下一次你可能就是在法庭上看到你的影片！

在我看来，另一个错误是还在制作阶段就把影片给嘉宾看，这样一来，如果他们反对其中某些内容，影片就可能会根据他们的要求进行改变，因为这种情形为谈判留下了空间。所以，我会尽可能在片子完成、已经加上了字幕之后再给他们看，而不是在制作过程中。理想的情况下还应完成旁白配音，这样看上去影片已基本完成了，即使里面的旁白可能只是导演自己配的音、声音是直接在离线电脑上录制的所以显得有些模糊，但重点是要显得后期剪辑已经完成了，让嘉宾们知道影片就是这样了。导演应该要有信心在嘉宾看片之前，自己纠正片中的所有错误。如果影片属于比较难的科学或技术类，导演可能需要先私下找一个独立的专家共同核对，这个专家可以是开拍前给予指导的顾问，也可以是导演在专业领域的朋友。我曾经跟拍过一个精神病专家小组，制作了一部有争议的系列节目，在给嘉宾观看这个节目之前，我先请一位业内的精神科医生来看节目，巧的是这个人还认识节目中的嘉宾。我们需要在嘉宾观看之前，确保影片中的批评都是真实而公正的。特别是在如此专业的领域，让专家来提前检查一下是很有帮助的。

如果能请到权威人士也会大有帮助。比如邀请系列节目制片人或是执行制片人一起参与看片会。这样做会让嘉宾们感觉到他们深受重视，而且这些地位高的人可以帮你挡开很多麻烦问题！我会准备一些酒，为了让这个看片会显得更优雅更有社交气氛，并且看上去像是一个比较安静的庆祝活动。你需要用真正的热情来做这件事，并且在节目播出前后，你都需要持续地关心你的嘉宾，因为他们可能会公开地指责你，甚至起诉你。但只要你对他们保持真诚、敞开心扉，他们就很难再去抱怨你什么，而且你要是还一直对他们很热情，他们也就不太可能这么去做。

在观看某些场景时，可以故作轻松，半开玩笑地回忆你在拍摄过程中出现的问题。当影片播放到你最担心的场景时，可以去倒饮料。但其实嘉宾们的反应可能让你很意外。他们可能只是担心自己的屁股看起来太大，或是他们穿得好不好看这些次要的东西，而完全忽略掉那些你最担心让他们看到的他们出现的失误。

少数情况下，看片的人会不太满意你的影片，但这些人基本上都是没怎么参与甚至完全没有参与影片的人。举例来说，我们制作过一个简短的系列节目，是关于布莱尔执政早期提出的新政——建立"超级领袖"领导下的新型学校。为了忠于我们的英雄事迹，以及为了搜集故事素材，我们跟拍了这样一位超级领袖改造伊斯林顿艺术和媒体学校（Islington Arts and Media School）的过程。但是这么做不太成功，因此在我们拍摄过程中，到了2000年时，这位新的领导就被撤换了。可是，影片播出之后，担忧却来自这个学校当时的管理层，他们完全没有出现在影片中，甚至我都不曾见过他们。

有时，私下的看片会获得很好的反馈，那些嘉宾也真心表达了他们对影片的喜欢和认可。但在影片播出之后，却又因为听了其他人的评价就改变了想法。塞恩斯伯里超市的老板迪诺·安德里亚诺，在看了他自己参与的《重返基层》那一集之后表现出赞赏，因为影片很诚实。但在节目播出之后，他的同事惊讶于他对很多事情一无所知，比如不允许员工们在晚上一边整理货架一边聊天。于是他就对节目不那么肯定了，尤其当他从塞恩斯伯里超市离职，一些报纸还援引了他在《重返基层》中的一些表现作为理由的情况下。

你也许会问我，为什么要把这些都写出来？那我以后还要怎样应对我的嘉宾呢？因为我真正相信的是，真实就是最好的，合理处理才最重要。同时这本来就有严格的规定，而不仅仅是关于公平对待嘉宾这么简单。在英国，所有独立制片公司都必须与播出平台签订合约，以保证节目必须遵守播出法规，而一旦违规就会代价惨重。这意味着你必须熟悉并遵守英国广播公司编辑准则（*BBC's Editorial Guidelines*）和英国通信管理局播出法规（*Ofcom Broadcasting Code*），因为这两个法规适用于英国所有的广播电视机构。大多数广播电视机构针对不同的节目类型会有自己各自的准则和协议。英国第四频道和第五频道将大部分的政策方针都汇总起来，出版了非常有用的《独立制片人手册》（可参阅 www.independentproducerhandbook.co.uk），这给大部分受到节目制作和播出法律规则制约的领域提供了实用指导。

全世界都有类似的法规条款。不管你在什么地方，你同样需要熟悉当地的法规条款，确保你在任何难于抉择的时刻，都能为每个担心和质疑的地方找到确切根据，并且让你的顶头上司也参与进来。在你要去某地拍摄之前，要以邮件或书面的形式保证有准确、持续更新且清晰的对关键点的记录，这样当出现投诉或是法律索赔时，可以保护你。还有一点要记住，当你拍摄儿童或是弱势成年人时，你需要更加小心翼翼。在大多数的国家，包括英国，拍摄儿童时可能需要从他们的监护人那里获得许可，同时还要加倍留心。

律师

如果节目中有任何一点可能违反节目制作准则的问题，这时律师就派上用场了。尽早向他们寻求建议，甚至是在刚开始着手准备项目时，就去找他们，拍摄全程也要和他们保持联系。你如果受到责罚，那一定是因为你没有提前告诉律师危险之处，或是没有询问他们意见。就像和嘉宾一样，与律师保持好关系非常重要。不要只是让他们在过程中参与进来，也要试着去了解他们，理想情况下要亲自去给他们送剧本和DVD。他们越相信你、理解你、参与得越深，他们就会容许你做更多的事情。因此，我总是向律师们询问审片意见，和他们聊聊那些正在播出的节目。毕竟，他们都是聪明人，还是经常看节目的人，他们的编审意见可能真的很有用。他们可能是第一个客观审视你的剧本或粗剪版影片的人。如果你和他们维护好了关系，他们可以更好地明白你的用意，信任你努力去做的事情。在一部有风险的影片中，当你担心嘉宾所说的话，或者担心你所说的关于嘉宾的话有问题，那么粗剪阶段就应该让律师介入进来。即使你的节目完全没有任何风险，不需要律师进行早期审阅，那也必须要在后期剪辑结束前，提前几天让律师来看，以便出现问题尚有时间来调整。这件事一定要提前做好，因为一旦出问题你就需要律师马上审阅并做出回应。所以恰当的交往不只是出于礼貌，它更是至关重要的。

杨·托马琳

英国第四频道法律和合规部门前任总监，现任媒体法律顾问公司总经理

精明的节目制作人会知道细致的研究、聪明的说法和礼貌在让律师帮你出头时，会很有帮助。我经常发现，我的制作公司客户们常惊讶于他们本可以比预想的更深入主题。谁也不想要被起诉，或是遭到英国通信管理局的批评，卷入诉讼可能就会搞垮一个小公司，所以你需要知道，如何才能在最好地实现创意目标的同时，保护好自己的名誉和经济利益。

主要原则是：律师提建议，编审来决定。广播电视系统的律师可能是控制欲超强的怪咖，所以在获得他们支持的同时，你绝对不能让他们来掌控你的影片。因为一旦遭到英国通信管理局的批评或是法律诉讼，你才是最后那个要负责的人。所以你要掌握这些问题的主控权，但可以以律师的建议为指导。自我审查对创造性的冒险不利，所以我们项目的早期阶段就需要专家和实用的法律指导。

时间线

时间线是我们接下来要讨论的“T”，这已经在这本书中多次提到了，因为它对于影片有着巨大的帮助。首先这是让故事按照叙事逻辑发展的一种方式，让事件一件接一件地发生，并赋予它们之间以因果关系。更重要的事情是，作为一位电视界的麻烦终结者，我发现时间线可以帮助你脱离很多麻烦。让我吃惊的一件事是，每当我被叫去剪辑室给一部影片帮忙时，我做的最多的一件事就是把素材放到一个正确的、符合逻辑的顺序中，而通常情况下，这只需要按照事情发生的顺序，删减掉很多交叉镜头。值得重申的是，时间可以是一部影片最好的组织原则，就像时间在生活中的作用一样。更值得重申的是，要让时钟立即走起来。如果你的影片是要花比较长时间拍摄的（大多数影片都是如此），将素材按大致正确的顺序排好是你需要做的首要之事。时间几乎只凭借自身的力量就可以创造出叙事驱动力，因为它在我们的生活中就是如此。

斯蒂芬·若罗维茨

影视剪辑师——最后要说的事情

影片是我们生活的翻版，理应有一条时间线，因为我们都生活在时间线引导的生活中。现在看来，时间线是非常伟大的，你影片结构的四分之三都与时间有关。最具难度的影片是议题导向的影片，因为不能用时间线作为引导——这只是我的一个观点，你也可以坐下来去写一本书探讨一下。在没有时间线的情况下，你根本不可能制作出一部成功的影片，除非你找到那种关键人物，能让你对他们本人、对他们的生活、对他们的观点都感兴趣的那种人物，才能使节目成功。但即便那样，时间线也还是会有帮助的！

更重要的一点是，在副标题之后就要立即展开你的时间线。我在这件事上（以及制作片头）花的工夫比其他都多（然后就是当同一角色同时出现在两个交叉场面时要去将其分开，这也很花时间，我们会很快讲到这点）。之后的问题便是挑出重要的部分，在此基础上按时间顺序创作出故事。而我经常被请去帮忙处理的很多影片都是因为缺少时间逻辑而糟蹋了。

当然，为了符合叙事和结构，有些在不同时间拍摄的素材需要前后调整位置。只有那些不受时间影响的事件可以不去理会，无论它们怎么放置都不会影响到故事的宏观真相，但你不能把事件的起因放到后面，或是把某个起因引起的事件放到前面——比如，一场大嚷大叫的争吵和离婚的威胁。一件事情是起因还是另一件事的结果，这两者之间有很大的区别。通常情况下，在纪实类影片剪辑中关乎真相的最棘手的问题便是时间线。但是这里有一个简单的原则：如果影片中的某个事情发生的顺序会让故事改变，那就不要移动它，如果没有太大影响就可以移动。

如果有人要学习做饭，然后开了一个餐馆，若你颠倒了这两个事件的顺序，你也会完全颠倒故事的意义。交换这两个事件可能会造成误导或虚假，就像你坐上时光机，会遭遇关于因果关系的可怕问题。不过，如果是面试应聘者，然后再去采购货品，这两个完全不相干的事情就可以不用在意顺序的问题。你必须要勇敢的去调整那些场景，让故事性变的更强。毕竟，如果你就是按照拍摄的顺序安排镜头而不加调整，那么你是做不出影片的，因为你不能只用一个场景。所以回过头来，归根到底你得理解真相，还要懂得运用制作影片的技巧去展现你理解的真相，而不是死守规则。

然而，很多导演总是自作聪明地去处理，移动时间线，又使用交叉镜头，所以你会看见同一段场景中，人们先是在一个地点，又跳到另一个地点，然后再跳回到第一个地点，这只会让故事变得更难理解，并且让人困惑。事实上，让影片看起来流畅的最好方法就是按照正确的排序。比如在《强迫症之家》中，我们看见患者一开始是在家中，然后在途中，然后在治疗中。在先导片中会看到从后面的内容摘取的最具戏剧性的场面以吸引观众。但如果患者在家中的镜头太无聊，那可以缩短或是放弃这部分。因为你要永远记住，只要是在正确的故事线上，你可以丢掉部分时间线，特别是在最开头，在这个地方总是容易想加很多东西或是希望保留最早拍的镜头，但这些内容可能会比较无聊。

所以把时间线用起来，可以用旁白或字幕把时间添加进去。如果要在旁白中说明，不用提到像“下周”这样的字眼，但是可以简单用“现在我们的主角已经完成了这件事，他接下来需要做那件事”。

西蒙·迪克森

英国第四频道纪录片部门副部长

当我刚开始做导演时，我记得总有一些事情我做不好，其中一个就是处理时间线。就如同所有的新导演一样，我有时很容易陷入故事的一个精彩瞬间，而不是按照规则将它归入整体叙事去思考。罗伯特总是可以把我和其他同事们的影片打磨出一个更好的样子，他会不断提醒我们，真相非常重要，时间线也很重要，而事件发生的顺序则格外重要。尽管也有很多理由可以不严格按照时间顺序去安排场景，但总体上来说，按照实际发生时间去处理节目场景的顺序，整体叙事会更好、更真实、更令人满意、更真情流露。

如果你要标示时间点，那它必须是连贯的，要么顺时要么逆时，不要同时进行。哪一个更好？如果有最后期限，朝着最后期限进行倒计时效果会更好，因为时间线与最后期限非常搭，比如“2010 年 1 月 25 日：还有三周时间”，或者仅显示当天日期和时间段。你也可以使用字幕计时，例如“三周之后”，但是这样效果不太好，因为你容易忘记之前的那个时间。但是，千万不要同时从两个方向计时，否则会让观众迷糊。不过刚开始的时候你可以顺时计时，然后快要到最后期限时，再开始倒计时。然后在最后期限之后，如果影片还在继续，你可以再次顺时计时。

无论是哪种方式，字幕还是旁白，但一定要连续地展现出时间线，这样对观众理解故事非常有帮助。有一些最棒的场景一开始表现的不好，也没能很好地融入影片，就像贝尔最后飞越珠穆朗玛峰的场景，但通过使用时间概念和一些细节可以将它表现得更有现场感，观众也从而可以代入情境，也让这个场景得以出彩，或是像在《吉米的食物部队》中给上千人送餐的时刻，因为加入了时间概念和细节，场面有了现场感，让人感觉身临其境。下表中是贝尔的例子，我的想法还是标注在左边。

《贝尔的珠穆朗玛峰任务》

多样体制作公司为英国第四频道和探索频道制作

打破收视纪录的片段，播出版的旁白

计时表开始计时，顺时计时。	过了 14 分钟，在 18000 英尺的高度， 第一个问题开始出现。 他们的无线电信号中断了。 “是”敲 3 下，“不是”敲两下。 在 18 分钟后，GPS 系统显示贝尔已经上升到 19000 英尺的高度。 他们越飞越高，朝着更稀薄的空气层飞去。如果他们唯一的呼吸系统在顶峰的高度失灵了，几秒之内缺氧反应就会让他们晕厥。在神志不清又孤立无援的条件下飞越这巨大的高峰，他们生还的概率几乎为零。但是，他们又不可能承受第二个应急系统的重量。
还要加上高度的细节。	6000 米，接近 20000 英尺的高度。 （暂停） 他们已经距离大本营上方垂直 1 英里了。 （暂停） 在地面上的所有团队成员只能看着，祈祷着。 7000 米，23000 英尺。每一步爬升都在刷新纪录。 他们此时已经距离海平面垂直距离 4.5 英里，同时这高度也在大本营周围的大多数山脉之上。越过了努子峰壁，珠穆朗玛峰变得越来越清晰了。

	他们的处境越来越危险。但他们只能孤军奋战，仅仅依靠他们的技巧、训练以及基洛的珍贵飞行器。 突然出了问题。基洛正在下降，没人知道为什么…… 上午9点22分，基洛的飞行已经宣告结束。他未经测试的珠峰飞行器坏掉了。 贝尔还在独自继续上升。
依旧属实。	贝尔甚至飞得更高，进入了未知的高度。
	9点33分，飞行经过72分钟后，贝尔已经到达了他梦寐以求的高度——可以凝视对面的珠峰了。
这是已经做到的事情，即便贝尔还没有打破世界纪录（我们还不知道结果）。	他们创造的珠峰飞行器在空气稀薄和冰冷的世界里成功了。 返回的旅程，要在发动机熄火之后滑翔下来，他应该降落到一个离露营地有1英里距离的小山村。
仍然聚焦于他们所做的事情，创造一个真正的情感高潮。	珠峰飞行器和他们的友谊都顶住了压力、灾难还有几乎致命的降落。 他们的引擎出了故障，并且被冻住了。 最后贝尔和基洛的飞行器，已经滑翔到了别人从未到过的地方。
现在我们要为飞越珠峰行动划上失败的结论，但之前我们从没有说过他已经成功地完成了这个任务。	在基洛安全着陆后，2007年5月14日的10点11分，他的朋友贝尔也着陆了……活着且毫发无伤。 稍后的分析结果表明贝尔的GPS已经在25005英尺的时候冻住了，也就是在他飞行了44分钟的时候。他那时仍然以每分钟上升250英尺的速度往上飞行。返回之前，他又持续飞行了28分钟。他最终到达的高度无法得到官方证实，但对这两个飞行者来说，这场挑战的意义并不在于打破世界记录，而是在于探索人类可能性的极限。

这个节目不需要靠撒谎来讲述一个好故事。节目中的故事赢得了大众的支持，喜欢挑刺的媒体并没有因为贝尔没完成他设定的目标或是说大话而抨击他，反而因为故事线和时间线的设置把大家都带入其中，进而感同身受地同情他。最后贝尔得以重返他的事业。

要确保你添加的时间标识和你讲述的背景素材拍摄时间是一致的，而那些与因果关系无关的素材则可以有所移动调整。如果你的影片遇到问题的话，一定要试着让时间发挥作用，如果你的影片是在按时间顺序讲故事，那就勇敢地诚实地去做。

职业时间线

让时钟转起来并管理好时间，这不仅仅要用在你的影片上，同样也适用于你的职业。做电视节目可以算是全世界最好的工作。能够有正当理由去见那些你感兴趣的人，问他们一些朋友都不会问的、更别说是陌生人敢问的问题，而且更棒的是，可以一边赚钱一边全球各地跑，这既有趣，也堪称一种特权。

制定这样的职业时间线刻不容缓，哪怕你还只是一个跑腿的角色，甚至还没有起步，都应该用心去制定！只要你从这个行业的边缘开始努力，学习和观察其他人如何讲故事，可能当你真的要开始制作一部影片时，你已经完全准备好了，不只是技术层面，还有精神层面。你会惊讶于你之前已经学到的东西。

当我推着装满胶片的小推车在莱姆格瑞夫中心（Lime Grove）——当时的BBC时事部门所在地四处跑，把片子送给调研人员，用于他们的日播节目中进行展示时，我的梦想就是成为他们中的一员。我后来又干了超过十年时间的混音，然后成为调研员，最终当我第一部影片播出时，已经37岁了。那时的我如饥似渴，也已经见过世面了，所以第一部影片就获得英国电影与电视艺术学院奖，可能并不算意外。记住，当你努力奋斗时，第一阶段通常都是最艰难的，之后再让人给你一份更高一级的工作，让你顺着梯子往上爬，就会变得简单许多。

如果你经历了漫长的等待，然后有幸做出一档现象级节目，要保持镇定。如果你还没怎么等待，成功就早早地到来，则更应该保持镇定。不要变成昙花一现式的人物。我见到过很多导演制作了他们的第一部影片就一炮而红，但之后就被遗忘了。通常情况下，是因为他们太年轻。他们可能会获得格里尔逊奖（Grierson）的“最佳新人奖”，或是皇家电视协会相关奖项。然后他们被看作神一样的存在，没有人再敢继续教他们这门手艺，执行制片人也不敢告诉他们应该做什么，他们就永远得不到发展了。所以他们会消失，而想要重返巅峰就太难了。所以不要太急于成为导演，你先做一个调研员或制片人助理也可以学习到很多能力，尤其是当你跟了一位很好的导演时。当你开始做导演的时候，不要担心做模式类的节目。模式会给你一个框架，而在其中你同样可以表现出你的个性，就像一曲交响乐，或是经典五幕剧、希腊悲剧，虽然每次都是一样的，但都有新的演员和微妙的变化。这些模式节目正是提升节目制作水平的好地方。

如果你足够幸运，做出来爆款作品，然后下部作品的突破会非常艰难，但重要的是不要绝望。在我的经验来看，好的影片就像公共汽车，它们一下子开来一堆，然后又一辆都没有了。1990年年初，在我第一档走红的节目《麻烦终结者》之后，紧接着我创作的《QED家庭游戏》也成功了，然后我就迎来了一段3到4年的瓶颈期，那真是一段漫长的日子。但之后又开始连续出来好作品，像是《高层麻烦》《地毯上的血迹》和《重返基层》，并且又获得了一系列奖项。之后的2001年，我没有获得英国电影与电视艺术学院奖的提名，BBC2频道的老板问我这是怎么回事，是不是出了什么错？尽管全英国的节目中只有四档能够获得提名，但我没在擅长的类型获得提名，仍被认为是失败。别的人在我创造的模式化的故事基础上拍了《伪装者》，并且赢得了专题类节目奖，而这个奖此前是我获得的。我让别人感到失望。但越是这个时候你越要沉住气。

电视是一个与时尚类似的行业，所以虽然有时候你会取得成就，但可能在某个时刻又会急剧下滑。一旦这样时，重要的是不要一蹶不振，而要沉住气，决心以更强大的姿态重新回归。有那么几个人，当他们获得一连串的成功后，选择了激流勇退，去重新创造他们的新故事。他们利用瓶颈期来学习，然后以更好的面貌再次回归。所以在电视领域令人钦佩的人，应该是像帕特·卢埃林这样的人，他们再次回归的时候，完全比原来上了一个台阶。

在这个追赶潮流的领域，如果你一直谦称自己是个新人、经验不足，反而会有帮助。的确，在这一行，你可能要花费惊人的时间才能上手——作为新人我足足熬了15年的时间。电视业喜欢年轻的鲜肉人才，但最终鲜肉也有赶不上潮流的那一天。

成为一名管理者

当节目制作人们得到了晋升，变成经理以后，参加各种会议的次数就越来越多，他们需要学习管理他们的各种奇怪的规则。在这里我也会让你了解一些。这些规则适合大部分的商业领域，特别是在大型机构，尤其是公共部门。首先，电视圈的会议经常像是各种饭局。如果要求你下午两点到场，实际上就会到两点半，他们才开始。但是如果在会议议程上有对你特别重要的事情时，要注意！以防其他人骗了你，准时开始了会议。

这里还有一个会议议程的几何规则，也就是说前三分之一议程将会占用三分之二的时间，而接下来的那三分之一内容将用去六分之一的时间，依此类推。事实上，在BBC的科学部门，执行制片人们认为我们应该为研究人员、助理制片人、制片人的职业发展考虑更多，从而对他们更好地负责。所以我们每年都会对每个人进行一次讨论，探讨如何让他们发展得更好。这本来是件好事，但讨论对象是按照名字的首字母顺序来排列的，所以，每年名字从A到D的人都会有详细的职业规划和很棒的机会，但不幸的是，对于名字从S到Z的人来说，他们太靠后了，只能在讨论当天匆匆略过。所以如果在BBC，你遇见比较成功的人名字的字母排序都比较靠前，就不奇怪了。就在我写这本书时，在纪实类节目范围内，英国电视圈的上层排名都被那些名字首字母在字母表前半部分的人们占据了。目前以及前任的BBC和英国第四频道总监都是如此，包括：杰·亨特（Jay Hunt）以及前任洛林·赫尼西；珍妮斯·哈德罗（Janice Hadlow）以及前任萝莉·基廷（Roly Keating）；理查德·克莱恩（Richard Klein）以及前任珍妮斯·哈德罗和乔治·恩特威斯尔（George Entwhistle）；丹尼·科恩（Danny Cohen）以及前任朱利安·贝拉米（Julian Bellamy），以及贝拉米的前任凯文·利高（Kevin Lygo）。而那些决定电视节目编排的顶层人士如格伦温·本森（Glenwyn Benson）、乔治·恩特威斯尔、加纳·贝纳特（Jana Bennett）

和凯文·利高也是如此。所以基于这些事实，如果你的姓不是在字母表前半部分，你可以忽略这本书，然后赶紧改名吧。事实上，姓氏在字母表的位置靠前，有可能是成功最大的预兆。

如果你作为一个节目制作人做到了管理层级别（最后看起来大多数制作人都会如此，即便我们因为错误的姓氏达不到最高管理层，但我们毕竟还会在拍摄时管理小团队），要试着做不同的东西，避开陈词滥调，也避开那些最新最潮的东西。对执行制片人或是制片人来说，需要参加各种可能和你没有关系的会议，例如关于绩效考评、公平机会乃至自然历史片的国际销售会议等，还会有无休止的战略会议讨论最新的管理方法。这些会议中唯一有些价值的是以下几种：首先，如果你没有出席，会上其他人会捅你一刀的会议；其次，那些涉及"新的"电视战略的会议，因为这些可能帮助你制定你自己的职业规划。当参加约翰·伯特（John Birt）的绩效策略考评会时，加纳·贝内特写下了科学类节目的趋势，得到了管理科学部门的机会，我也写下了教育类节目部分会有什么新现象，从而拿着这块的预算去做了商业题材纪录片。但更多的时候，策略考评会最终可能演变为另一个无休止的电视博弈大战。如果你回头看看这些 5 年前制定的重大战略，其实几乎和今天的现实情况沾不上边，有的可能已经被完全推翻了。

官僚主义可能会让专注于讲故事的人疯掉。电视人因为个人选择离开电视台主要有三个原因：钱，制作更多节目类型的工作机会，还有就是已经完全被官僚体制耗干了。BBC 的官僚体制，可能是大多数有才华的电视人走向独立制作公司最初的原因，因为他们是在独立制作公司开始受巨额资本追逐之前就这样做了。在脱离官僚体系之后，他们可以制作更多不同类型的影片。

不幸的是，许多电视节目都是由那些在商学院才待了五个星期的人运作的，他们认为管理就是运用那些可能其实已经被其他商业领域抛弃了的流行的方法。约翰·伯特至少还是一位真诚的管理者，算是一个罕见例外，这可能也是 BBC 为什么作为公众服务性质的电视台依旧非常繁荣，哪怕他的用人技巧并不是那么出色，而且还有很多糟糕的战略。当然反过来说，那些想为这样一位出色的管理者工作的人，难道是因为管理者会教你怎样制作影片吗？全世界各地的电视网都有相似的官僚体制问题。

不过，BBC 的下一位总裁格雷格·戴克又是另外一种风格了，他想要的是"百花齐放"的状态。在撒切尔夫人执政期间，伯特经营的 BBC 恰逢其时，他试图将商业实践融进 BBC 体系当中，并且将其分为两部分，一方是卖家，一方是买家，就像英国国家医疗服务体系（NHS）一样，将一切货币化，授权给管理者们。格雷格掌管的 BBC 则非常有新工党派风格，但这种风格本应该更民主一些，要能汲取来自各方的意见，最后他却还是沉迷于控制欲，虽然用了一些商业界的点子。

在离开 BBC 之前，制作最后一部影片时，我拿了一个我从来没用过的 DV 摄像机，直奔希思罗机场。在那里我加入到了格雷格和20个BBC高管的队伍当中。我当时是去拍摄他们前往美国参观一系列知名公司、试图寻找“改变”秘诀的旅程。我们在美国拍了一圈，从美国加州丽思·卡尔顿酒店一直拍到达拉斯的西南航空，再到芝加哥阿尔贝托（Alberto）洗发水公司，这是一次既迷人又惨痛的经历。我不仅要忍耐我的老板、长途跋涉、工厂参观和之后的讨论，还要在此前没有用过DV的情况下，负责拍摄这整个过程。这是我自己的“重返基层”，我甚至用了《重返基层》的片头，以展现从天堂到地狱的落差。

在开拍之前，我就强调制作影片是要真实的。虽然我感觉他们不是太相信我，但影片确实是真实的。我私下给我办公室里面一些新人们看时，他们都被感动了。老板们不只是空有其名，而是责任心极强的普通人。他们就像我们一样，是最坚定的节目制作人。他们都已经把“伯特时期”的套装脱掉了，现在换上了休闲牛仔裤。许多人曾经玩过乐队，甚至有的还吸过毒。他们也讨厌一些冷酷无情的商业运作方式，而希望更有人情味。最不可思议的是，当他们被问及感受时，所有人（几乎都是前创意人员）都说他们感觉自己就像局外人一样，就仿佛BBC与其无关，尽管他们当时都是实实在在的运营者！

令人难过的是，最后竟然没什么BBC的员工看到过他们老板的这一面。在广播电视大楼会议室举行的犹太逾越节晚宴上，我给参与了整个旅程的高层管理人员看了这部影片的终版。我们在那晚聚会的最后，在大部分都是基督徒和疑神论者的公司同仁们的歌声与祷告之后（这也许代表了他们之间的联合，也象征着新的BBC）播放了这部影片。我那时展示的是我剪辑的第一版，节目全程都由我自己配音，片子给了大部分对节目内容有编审权的参演者看，而他们有权决定这部影片是否能够播出（这与我在这一章节说的许多内容是矛盾的）。这部影片本应该是在BBC管理层外出日在一个大会议中心隆重播放的一个开幕片，但遗憾的是，因为王太后去世的关系，这件事情被推迟几个星期。当时，虽然管理层已经认可这部片子，称赞它非常真诚，但他们告诉我，因为已经错过了放映的最佳时机，这部片子将再也没有机会播放了。这是我第一次遇到这样的情况，因为让你的影片播出是非常重要的，要是不能展示自己的作品，你就没有机会成为佼佼者。

就如我所强调的，我们都遇到过挫折。不要抱怨，不要自怨自艾，相反让它变成你前进的动力。我就一直铭记着一件事，来让自己充满动力，那是我第一次凭借《麻烦终结者》获奖，登上英国电影与电视艺术学院奖的领奖台前，我的执行制片人悄悄地对我说：“记住这一刻啊，因为它再也不会发生了”。这句话不是故意要惹怒我，但是它确实让我奋进了多年，我要一次次证明他是错的。而2001年我没能被提名，他们认为这是我的失败，这件事情也给了我更大的动力努力向前。我更想下决心改头换面，以更好更强的姿态回归，但我无论如何也不可能像一个崭露头角的新人那样了，因为我已经是在这个职位上超过10年的老手了。

成为了不起的老手

最后，如果你遵循所有的原则、富有激情还够幸运的话，可能有一天你会迎来自己人生故事的转折点，不再是那个默默无闻挣扎着的小角色。然后你就得迅速转变自己的角色，从一个饥渴的年轻人一转身变成一个游刃有余的老手。而制作节目和指导别人对此都会很有帮助。因此我总是到处演讲、写东西、使用这个工具箱，以此努力变为那个老手。但是我还是错了，因为这个工具箱只是一个需要打破的模板，毕竟电视既是门科学，也是门艺术。

在我离开 BBC 后不久，我就给英国第四频道的老板写了一封信，他邀请我共进午餐，非常友好地和我探讨可以加入哪个独立制作公司，甚至慷慨提出帮我建立自己的公司。我告诉他，我首先需要的是一个长假，我想立即逃离这里。我已经与 BBC 维持了长达四分之一个世纪的“婚姻关系”了。这是一段很和谐的“婚姻”，我们也共同孕育出很多获奖的“孩子”。但似乎没有理由的，你会渐渐感到厌倦，甚至想不起来当初“结婚”的理由。现在我自由了，单身了，我此时最不想做的事便是马上再次结婚。我不介意和任何一个电视台或是任何一个独立制作公司一周有那么几晚“关系”，但是我坚决要维护自己的领地和我的自由。

当我在远东和澳大利亚寻找创意灵感、写作和教学，然后再回来时，我又再次与英国第四频道的节目总监吃了一顿高级的意大利式午餐。他问我想有多少个小时的产出，以及我需要多少周转资金来建立自己的独立制作公司。他最初的开价只有几十万英镑，当我表现出不感兴趣后，随着一道道菜上来，这个数字稳稳地涨到了一百万以上。我每拒绝一次，他就以为是因为我想要的更多，于是又增加了出价，然而并没有效果。所以直到出价不断增长的午餐结束，他问我到底想要的是什么，我回答说，我只是想为他挑出一些好影片。

成为一个了不起的老手与成为一名经理是非常不同的，最终你可能必须要谨慎地选择，选择什么也取决于你想要追求哪一方面。在制作电视节目时，随着我们在这棵树上越爬越高，然后很可能到了某一个时间，我们会问自己为什么要做这件事，这件事是自私的还是有社会价值的，是好还是坏。我们必须处理好自己的两面，一面是更柔软、更温和的人，希望保持节目的真诚，但是，另一面又是一个雄心勃勃的、奋进的、控制欲极强的好斗者，需要用甜言蜜语引出真相，并将其呈现在荧屏上。制作出成功的影片最重要的技能是：痴迷、对细节的关注、驱动力和掌控欲，这意味着你可能会失去自己更感性的一面，变成了一个坚守真相并将制作电视节目放在第一位的人。这就是为什么电视往往是管理不善的行业。痴迷于拍出好影片的人们总能获得提拔，但他们的技能并不一定适合管理整个行业，他们甚至可能引起阻碍生产力的反效果。

管理人员如果达到事业的顶峰，就需要给他们管理的频道一个成功的特性，包括强大的品牌战略和得力的下属。要做到这一点，他们需要一些爆款节目，以标示出“他们的”频道，如果是符合其品牌战略和特性的节目就更好了。然后，他们需要为剩下来的大部分产品赢得体面的观众数量，而且也必须找到合适人选并赋予他们权利，这对于长期做创意的人员来说可能会比较困难。许多电视行业的老板，往往都是一级一级被提拔出来的，因此仍然表现出对每一个细节的强烈关注，并且也真的很享受以这种做法来彰显自己的权力。与“道不同不相为谋”的聪明人展开竞争和政治游戏，特别是从同僚的失败中得到的幸灾乐祸感，这些往往是令人着魔的。

结论

当我放弃管理层的职位，而试图成为一位老手时，我受邀帮助的第一部作品虽然拥有一些非常精彩的素材，在剪辑时却没有呈现出它该有的吸引力，很多影片都是这样。这部影片涉及这本书里面所讲的一切，我使用了书里讲的所有的技巧，同时也证明了这个工具箱对于任何类型的影片讲故事都很有用。这部作品成为了一部大热之作，在国际艾美奖上获得了当年的国际最佳纪录片奖以及其他一系列奖项。用它可以来总结本书的“冲突”工具箱。

西蒙·迪克森

《皮肤脱落的男孩》的立项主管

某一天，他在我的日程表里出现了，然后他出现在我前面，一个漂亮的小伙子。我先是拒绝了这部影片的想法。帕特里克想要讲述这个故事的方式，被我每月拒绝了一次，一连六个月，直到我最后决定制作这部影片，我想也许他是对的。因为起初我想象不到人们会对这个话题感兴趣。我认为这个故事表面上看起来就是一个年轻人在痛苦和恐惧中逐渐死亡，这不太可能赢得好收视率。对于这个人，英国第四频道的其他被推荐过这部影片题材的人都拒绝了。这并不意味着他们的拒绝是错的，只能说我是做这部影片的合适人选。我们都曾拒绝那些后来获得很好收视的想法。不要细想太多也很重要，因为从我的经验看来，最好的点子不会是那些已经满大街的、看上去已经很完整的电视创意，而是那些泛有微光的东西，例如一些机会、半个点子、一个地方、或一种方法。

然后作为一个立项主管，我要做的是找到一种我自己的方式进入这个创意，来整理这个故事，将我自己的经验带入这个故事，在过程中学习。我批准过的最好的项目是那些我想从制作、执行和播放这个节目的过程中学到一些东西的项目，如果我觉得，就像我之前说的，如果没有机会去尝试失败或让我离开我的舒适圈，那么我便很可能不会让这个项目通过立项。

这部影片是由一位没什么经验的导演拍摄的，他是帕特里克·克罗顿，但是他是深深地发自内心地想要制作这部影片，帕特里克花了几个月的时间来说服立项主管，甚至在没有很多的预算的情况下也愿意做。克罗顿，这位非常有艺术气质和创造力的导演，终于得以跟拍了一位患有皮肤全部脱落的罕见疾病、十分痛苦的年轻人的生命最后几个月。

尽管这部影片并没有被寄予厚望，但是直到剪辑的最后阶段，还是让人感觉不太对。它当时叫《强尼死翘翘》(*Jonny Pops His Clogs*)。这是我在 BBC 之外参与的第一个项目，甚至是在我参与《杰米的校园餐食》第一季之前，所以我需要展示出，它可以变得完美——因为这是我重启职业生涯的开始。我在修改这部影片的时候，几乎用到了我在这本书中讲的所有技巧，在短短的几天内。当我第一次看这部影片的时候，还爆发了一次家庭纷争。我经常和我的 89 岁的老母亲一起看 DVD，这可谓一举两得，因为她对故事非常有感知力。在看我的影片的时候，她会经常说："亲爱的，这不是你的常规水准哦！"但是这回不一样，在我走了之后她给我姐姐打了电话说："这不能播放"，她和我的姐姐说。从我拍摄三角玩具工厂的第一部作品《麻烦终结者》开始，我便给我的母亲展示我的作品，而这是她第一次说这样的话，她被震惊了。她担心节目的拍摄对象被利用了，她甚至将这部影片描述成仿佛是残疾人的色情片。当然，当时强尼并不是被利用了，他想要拍这部影片，但是他的激情没有爆发出来。我年迈的母亲并没有表现出她的同情和关心。

我从来都没想过一部影片可以引发这样的家庭纷争。因为我能看到影片里有一些绝对精彩的片段，但是它也真的混合了诸多矛盾：

·有非常鲜明的人物，但是他难以引起同情。

·影片非常跳脱常规，具有原创性，但是太可怕了，很难让人接受。

·它有一个很自然的故事，但是需要叙事动力。

·它已经有一个绝对有卖点的开头，这要部分归功于非常有才华、有创造性的立项主管，但是虽然很聪明也很有原创性，它并没有奏效，因为它没有凸显出影片要追问的大问题。

·它蕴含了很多爱。大量的场景是在强尼家中拍摄的，但事实上一个关键的情节是他要搬出去自己住，而一开始这点并不是很清楚。

- 这是一部有非常独特和感人的采访材料的影片，但是没有旁白，除了让主人公讲述他自己的故事这个好主意——如果这行得通的话。
- 最坏的是都不能让我的母亲关心。

我看到的第一版剪辑中，影片的开场是已经死了、躺在棺材里的人物在讲述，他死了、躺在棺材里，描述着他的家庭，而家人正在注视着他的身体。这是一个非常好的想法，从葬礼开始，由强尼来用旁白介绍他自己和其他角色，拍得也很精彩。

西蒙·迪克森

《皮肤脱落的男孩》的立项主管

当这个想法出现在我脑海里的时候，我对我正在做的事情感到有点刺痛，虽然只是在这部影片开始的的一分钟，这可能和之前做过的事情有点不一样，看上去是一种反传统的纪录片开场方式。尽管当时我在立项方面还是新手，但我能感觉到，这是开始一部影片不同的一种方式。

帕特里克·克罗顿

《皮肤脱落的男孩》导演

和西蒙一起讨论时，提及了《日落大道》(*Sunset Boulevard*)、《大寒》(*The Big Chill*)和《美国丽人》(*American Beauty*)。从死亡开始，要比呈现一个人漫长而缓慢的死亡过程更有趣。然后在剪辑室里，剪辑师尼克·芬顿(Nick Fenton)指出为葬礼设计的台词可以与现实场景结合起来（强尼在家，开始在轮椅上，然后在床上敞开的棺材里，他的家人站在周围），素材显示出另一种可能性。

制作执行团队很聪明，他们已经打定主意要让强尼讲述影片中接下来的故事。这是非常好的一个主意，但是也有一个很大的问题：他们是在强尼死之前对他的采访中录制的旁白，这是在影片剪辑之前做的，当然也是在这个框架结构到我手上之前，也就是说，是在他们来到剪辑室发现并重新结构故事之前。尽管我们重新剪辑了，但旁白效果仍不是很好，可是现在强尼已经死了，我们也没有办法再重新录旁白了。

没有完美协调的旁白或时间线，在我看来，也就没有什么要观看它的真正理由。在影片开始不久，还有一些特别可怕的素材，就出现在主片名之后——那是强尼看上去病入膏盲的场景，伴随着陈述病情的旁白。这会让多数观看者感到不适，很难让观众看到强尼阳光和积极可爱的一面。然而，我不是魔术师，对我来说，制作一部好的影片需要有一个潜在的故事、敏锐的采访和漂亮的画面三者的配合。但不管我母亲怎么说，强尼身上藏有一些不同一般的魔法。

为了抓住这一点，我拿出了我的“冲突”工具箱，着手开始工作。与此同时，我有一个很有才华的团队、一个很开放的剪辑师和一个富有激情的导演的帮助，而他们都受到了立项主管西蒙·迪克森的鼓舞。

西蒙·迪克森

《皮肤脱落的男孩》立项主管

这个导演是非常有热情的理想主义者，但是他不知道怎么来处理故事结尾部分的台词，而这一部分我感觉自己可以帮助他。他和强尼·肯尼迪关系不一般，并且他虽然有的想法古怪离奇，但也有天才般的想法可以给人启发。所以我觉得和他一起工作让人兴奋不已又轻松愉悦，而愉快的工作关系是影片成功的关键因素之一。但是在很多情况下，制作团队不能避免“一叶障目，不见泰山”的问题。我感觉到他们正处于将影片带向错误方向的危险之中——他们在试着将手里独一无二的素材与似曾相识的影片类型相结合。他们的影片越来越像在专题节目时段播出的内容，向着严肃呆板的风格发展。但是我觉得这部影片如果能更观点明确、更激进些，会是一部更好的影片、一个更好的向强尼·肯尼迪致敬的方式。

如果什么都不做，我们很担心这部影片的走向。

◆ 影片中的人物已经有了，而且角色很鲜明。但需要让他变得更能让观众产生同情。要给他一个明确的追求，将会有所帮助。

◆ 影片跳脱常规的创意很棒，但如果去掉一些最可怕的画面，对影片将非常有帮助，特别是影片一开始的部分信息量太大，而去掉一些会让强尼的角色看上去更容易赢得同情。

◆ 这个将现实场景配上从棺材里飘出的强尼旁白的开场非常妙、出人意料、很吸引人，但是需要重新剪辑，来引出大问题，开启叙事的驱动力。这一部分完成之后，我们仍然需要更小的问题和答案，来让每一个场景真正有意义。

◆ 开头部分，需要给我们一张路线图，来提醒我们影片的走向。

◆ 在影片中，我们需要提出大问题，包括我所说的“爱”——能够让人闪耀人性光芒的个人化的东西：在这部影片中指的是强尼在建立自己的家庭。

◆ 要完成这些，我们要为讲述者写一个全新的旁白。很明显这将会是最难的改变。强尼的那段采访将会被重新剪辑，作为一个独特的节目开场部分。但是仅有这部分不够讲述这个故事。

◆ 重中之重是要让观众关心。要想达到这一点，我们需要一个新的名字、一条严谨的时间线，并坚持探寻强尼的故事背后更大的真相。我们开始着手工作。

首先我们为那段极好的开场重新剪辑了其最后部分的旁白，采用的是强尼死之前采访中的部分话语。最高潮的地方出现在强尼说，导演的工作做得烂透了，害得他——强尼，不得不死而复生，重新为影片做旁白。

“你好，我的名字叫强尼·肯尼迪，我的灵魂回来了，因为正在做这个节目的人简直是在瞎搞。我觉得我需要回来，亲自来做这件事情，所以我们继续吧，看看我的部分人生。”

不幸的是，这会让影片中的大悬念变成强尼能否比导演更好地完成这部影片。但他已经死了，所以他不可能做得更好。很显然强尼不能再录任何旁白了，这一点很难改变。所以从我们现有的这些素材中，我们用强尼的声音抛出了一个引子：

“我的灵魂需要回来，来告诉你们有关我的生死故事。”

我们很庆幸可以使用第二个版本：它让其他团队成员制作出来的极好的开场完整了，也成就了这部影片。但是要改变强尼的旁白，素材是不够的。开场部分现在描述了更多影片的内容，但还是没有任何细节，或是问出一个很有力度的问题。所以，既然想再录强尼的任何旁白都已经太晚了，从他讲过的话里也找不到适用的素材，我们于是请了新的旁白者，写了新的旁白来接续强尼的追求这条线索，也升华了片头部分。片头呈现了强尼死之前想要做的三件事情，这些都是导演拍摄到的素材中呈现的，也是到了影片最后应该达成（也可能无法达成）的三件事情，就像是一张线路图。强尼想要学习飞翔；从父母家搬出去；还有最重要的一件事，去唐宁街10号说服布莱尔·托尼夫妇为帮助调研和治疗大疱性表皮松解症（epidermolysis bullosa）募集资金。

有什么比劝说一个国家最有权力的政客帮助终结那些致死疾病更好的题材呢？——而且就在你临死的前一天。当我们濒临死亡时，生命的全部就是我们曾用生命做过些什么。这是一个普世性的问题，包含关键元素：冲突、转变、救赎。这需要写进影片中，是需要说出来的终极问题。

然后我们需要处理同情心的问题。我们决定在影片剩下的部分放弃强尼的讲述。因为旁白要确切，当我们剪辑时，我们需要安排好场景的顺序，然后用旁白来串接它们。这对导演来说有点难，因为他之前想要从强尼的视角出发，但是只有重写强尼的台词并且在剪辑后重新录制旁白才行得通，就像我们之前讨论过的那样。

在初版剪辑中，在片名出现之后，强尼就开始在收音机里描述他的疾病有多么的恐怖，但因为缺乏精确而且有驱动力的叙述，会让人多少感到有些困惑，尽管会觉得他有些悲惨，但却无法产生同情心。虽然广播里描述了这个疾病，但并不动人，我们在片头不用了解清楚这个疾病是怎么回事——我们需要的是代入感。所以我们将强尼去给自己买棺材——这样一个生动的现实场景放在了前面。这是一个诙谐幽默的场景，能引起人们对人物的关注，甚至可能会被他逗乐。影片是由一句短小精悍的旁白引入时间线的："首先，要挑个棺材"。场景一开始，是强尼在讨论他的棺材尺寸，然后是以他让棺材卖家把亨氏茄汁焗豆（Heinz Baked Beans）标志放在棺材边上作为结尾。"然后你会问我为什么。不为什么。我就是想让人们在葬礼上看着我的棺材说，为什么要把亨氏茄汁焗豆标志贴在上面？"没有任何原因，然后你会被他温暖而又可爱的性格所感染。

按照这样的设置，节目的时间线立刻就开始了，对他生命中最后的4个月进行倒计时，甚至为这段时间打上"还有几周"这样的小标题。有些人认为这种做法非常粗暴，但整部影片就是关于强尼的死亡，任何有助于观众理解其中的困难和艰辛的设置，对于我来说都是好的。

现在我们把影片的片头部分理清楚了，脉络和问题也都完整了，在标题之后，我们直接以一个幽默的真实场景作为故事的开端，以使我们在乎这个人物。接着我们用对整体有帮助的小问题和小答案将各部分情景从头到尾安插在大的故事当中。因为观众已经开始在乎，所以你可以随着故事的发展更多地谈论这个疾病，但千万不要像起初的版本中那么多。当时还是有人认为对疾病的呈现太多了，而与此相反的是，团队的一些成员起初认为我们将影片柔化处理了，不喜欢我们加进去的旁白，但是我们终于还是达成了一致。尽管如此，我们还是在两点问题上有着激烈的讨论：时长和节目名。

影片之前是90分钟，但是90分钟是一个非常长的时间，所以尽管有一些质疑声，我们最终将时长缩减到了符合英国第四频道标准的一个小时。这样可以让影片节奏变得更紧凑一些，让观众的关注更集中。永远都是越短越好，经常有些导演想要他们的影片更长一些，但是多数情况下，你扔掉的东西都会让影片更好。想象一下多少好莱坞的电影导演想要他们的电影是三个小时的，但幸运的是，那些大制片厂还是把它们剪辑成了两个小时。因为，哪怕钱、剧本还是演员都没有问题，三个小时还是太长了，很难让观众坐得住。对电视节目来说，90分钟也是一样的。

而在BBC频道，减去广告之后一个小时节目时长会降到47分钟，已经算是长的了。所以影片最后按照英国第四频道一个小时的长度标准进行了剪辑。剪辑团队非常棒，有一个出色的剪辑师尼克·芬顿。影片播出后的反响超出了我们的想象。我感到非常幸运，因为影片导演为我们创造了很多出色的素材以供使用。尽管使用冲突工具箱，总是能够让你在素材匮乏的情况下也能创作出一部过得去的影片，但是如果想要影片上升到佳作的高度，那么你就得需要不可思议的情节和角色。

但是还有一个地方不对：节目名称。导演们一旦习惯了一个节目名称，想要劝他们改变是很难的：他们总是认为，靠一个名字就能最大限度地吸引观众群体的想法很愚蠢。但是，重点是能够让尽可能多的人看到这部影片。在市场定位和营销活动的配合下，节目名称可以发挥很大的作用。

节目名称

节目名称作为本书要讲的最后一部分，有着意想不到的重要性。它能大大改变观众对你的节目的预判，甚至决定了他们是否会来看节目。在当上助理制作人之后，我做的第一档节目，就没能从片名中获益。这档节目有着很强的故事性，比如“十亿美元日”那一期 24 小时跟拍了位于不同国家和地区的三个年轻的外汇交易商，他们下了十亿的赌注用来对抗彼此。还有一期节目名为“如何赢得报纸、影响读者”，内容是关于罗伯特·麦克斯韦尔对《镜报》的收购。尽管内容故事性很强，也有很吸引人的独立小标题，但是因为一个简单得让人悲伤的原因，节目整体上未能取得成功。在部门里想出最佳节目名的人会得到一瓶香槟。但在那个时候，大家想出来的最好的名字，竟然是《商业大战》(*Commercial Breaks*)，这听起来更像是一个关于广告的节目，而不是记录那些激动人心的商业故事。这个教训让我难以忘怀，就像如果罐子上没有写明里面装着什么，成功的机会就丧失了一半。

从根本上来说，这样显得表里不一——节目听上去像是关于广告的，内容却根本与此无关。因此，我相信，它原本可以更成功。从那以后，我一直都对节目名称关怀备至——约翰·哈维·琼斯爵士的那档节目原名叫《公司医生》(*Company Doctor*)。我不满意这个名称，之后我们花了几个月的时间想新的名称，直到执行制片人的秘书提出《麻烦终结者》这个名称。太有才了，因为这个名称正是对约翰·哈维·琼斯爵士的总结。现实中他就是一个解决问题的人，时至今日，他也因此被人们记住。这个名称帮助节目获得成功。《学徒》也是因为同样的原因获得成功。然而，《杰米的校园餐食》能告诉你节目要讲的内容，而《杰米的食物部队》却不能说明内容，尽管节目很好，却因为名称的问题流失很多观众，难道不令人惋惜吗？

系列节目《高层麻烦》一开始是叫《新官上任》(*New Broom*)。我知道这个名字不太合适，然后在经历数个月的精神煎熬之后，我终于意识到，在我的故事中，主人公的追求是关键，而为了要表现追求，我们需要有东西来触发它。一个周日的早上，在汉普斯特德(Hampstead)健康中心，我的思绪又回到《麻烦终结者》。在商业领域，触发点往往是“麻烦”。而《高层麻烦》这个名字能够显示危险，显然比《新官上任》更好。我还可以用“麻烦”这个核心词打造更多的品牌节目，例如《出版界的麻烦》和《顶层麻烦》，而且还可以让一个期数不多的节目感觉体量更大一些，更具品牌性一些。

节目名字概括出节目内容是至关重要的。《重返基层》这个标题传达了节目所要讲的事情。同样，《卧底老板》《交换妻子》《不列颠的最糟司机》（*Britain's Worst Driver*）和《改头换面》这四档后来的节目名称也很好地表述了节目内容。《地毯上的血迹》这个名字也保证了这档商战系列节目的成功。如果你看到报纸上一个不相干的故事题目援引了节目名称，或是当节目结束很久、被忘却了之后，人们还在使用这个标题，你就知道这个标题起得非常成功，而如今，你还会读到关于商界的“高层麻烦”的故事。就像电视界的任何事情，坚持，要一直坚持下去。成功就在于任何地方的微小细节都做得更好。

制作纪实类电视节目过程中最难的事情之一，就是告诉嘉宾们节目名称，并劝说他们最大程度地接受它。

乔·波（Jo ball）

BBC 专题节目部立项主管

没想好节目名称，就不算一个节目。这是鸡和鸡蛋的关系：没有好的节目名，很可能就不能立项，如果立项了，但是没有一个简洁有力、夺人眼球的节目名，就不太可能让人产生兴趣。你的书在电子目录里可能不会太醒目。“冲突”这个名字还可以，但是副标题听上去有点无聊，所以为什么不说实话，就叫《一个固执的助理制片人的告白》？

有时候节目嘉宾就是不能理解，此时你需要勇敢，还要记住，一旦节目拍摄完毕，接下来你要服务的就是观众了。有时候告诉嘉宾最终版的节目名称是非常困难的，但你才是专业人士，不是他们，选择最好的节目名称才是最至关重要的——如果节目播出后观众很少，没人会因此感谢你。这也是在整个制作过程中得记住的另一个关键点——最后嘉宾们最介意的事情是，他们投入这么多时间的节目，最终却很失败，或是没人观看。在拍摄过程中，嘉宾们会阻止你为了最终呈现效果而向他们施加压力，而当他们意识到如果当初听你的话，最后的成果可能会更好时，他们又会后悔当初没有按照你说的来。所以你理应向他们施加压力，以制作出一部最好的影片——包括最好的名称。

当我们想出《高层麻烦》这个名称，然后告诉被拍摄的公司的老板们时，他们不太情愿将“麻烦”这个概念和他们公司联系在一起。同时，我们潜在的拍摄对象——我们正在接洽的下一季节目中的老板们也不同意，尤其是在还没有看到第一季节目成功、这个标题也还没被日常使用的情况下。但是他们所担心的，正是我们要用“麻烦”这个词的原因——它可以赢得观众。我把我的理念推销给那些老板们，告诉他们，我们每个人都要克服困难，这是我们的工作，要想在节目中呈现出英雄般的形象，必须有克服障碍的情节，但说服工作并不简单。

让大家接受《地毯上的血迹》这个名字就更难了。洛克·福特（Rocco Forte）来办公室看那期有关他的商战的影片。影片中讲述了格拉纳达（Granada）集团的老板格里·罗宾逊企图接管他父亲所创立的这家大型旅馆和餐饮集团的故事——是一期情感非常充沛的节目。通常情况下，我只展示标题和旁白都已经完成的影片，这样看上去更完整，也更不易被改动。但是这一次我保留了包含节目标题的开头部分没有展示——一头嗜血的鲨鱼从地毯下面逐渐接近一张会议桌。即便如此，我知道洛克还是会担心这个节目。幸运的是，我脚上缠着绷带，想用这种可怜兮兮的景象——别具一格的方法——获得好的结果。观看后，我一边把他送到电梯间，一边和他谈论着痛风（虽然我的脚不是因为痛风才疼的）。作为类似疾病的受害者，他深表同情（正如我建议的：需要找到共同之处）。在我说再见、电梯门慢慢关上的时候，我说："哦对了，这节目我们就叫它《地毯上的血迹》吧。"然后我看着一张惊恐的脸消失在正在关闭的电梯门后面。

简单的名字可以成就一部影片。把你的影片命名为《冰激凌大战》（*Ice Cream War*），观众们就知道他们将看到什么，还加入了一点点的幽默。在《高层麻烦》节目中，有一集我们追踪了北安普顿一家传统制鞋厂为了生存转而生产时髦男靴的故事，这个故事本应该叫《古怪造鞋厂》。在我们纪录片基础之上有一部后续的剧情片，也使用了同样的名字，《古怪的鞋子》（*Kinky Boots*）——事实上，也许是这个名字让他们想要模仿我们的纪录片，从而制作出了这部剧情片！

标题段落

你不仅仅要给节目取一个好的名称，标题段落也要出彩才行。很多人说标题段落和节目包装对电视节目来说不重要。但是你去问问图书出版商，封面重不重要，或是问问洗涤液制造商，他们的产品包装盒子重不重要！而如果要让标题段落发挥它的作用，那么你也要发挥你的作用——在与视觉设计师一起打磨影片的阶段，你要完全地投入进去，因为你要密切关注他们的创意。

在《高层麻烦》节目中，当我们和视觉设计师开第三次会谈时，最后将节目定义为老板的过山车之旅。当我们有了这个简单的概念，我们接着就画出了室外拍摄的故事板，然后来到布莱克浦（Blackpool）的一个过山车。拍摄它的过程非常有趣。我们有一个固定在特殊的移动操控台上的桌子，但它总是摇晃不定，于是我们采取从过山车的后面拍摄的视角，摇晃没了，它表现出沿着轨道冲下来，然后奋力爬升的感觉。

同样的，《重返基层》中，我们研究出来的理念是，让老板们离开他们神圣的办公室天堂，降落在地狱般的店铺地板上。最后的画面是蓝蓝的天空，空中有一朵一朵的云彩，然后一片天空像电梯的门一样逐渐打开，露出里面的景象。镜头走进电梯里，代表地下室的按钮"B"亮了起来，然后电梯载着人物向下。当门打开时，天堂下面的商店里迸发出生命的火花。音乐的选择也是至关重要的，我的第一档节目《麻烦终结者》临近播出时却找不到合适的音乐。一个晚宴上遇到的客人为我们提供了帮助，后来发现他就是迈克尔·尼曼(Michael Nyman)，他的配乐缔造了恰当的感情，这对节目非常有帮助，使它变成了一部完整的作品。幸运又一次降临在我身上。

这个不断打磨、向视觉设计师明确影片究竟是关于什么的过程，同样也能够帮助在剪辑室里苦苦纠结的你，让你聚焦到故事本身，可谓一举两得。《地毯上的血迹》标题部分几经打磨的结果是"鲨鱼"从地毯下面潜入会议室，这就是节目所要讲的。有时候简单就是最好的，标题段落也可以相应缩短一些。在《杰米的校园餐食》这个节目中，我们想出了各种各样复杂的概念，但最后选择用一个简单老式的咖啡厅菜单黑板，上面用白笔写上菜单。我们先展示最开始的菜单，然后用动画呈现杰米所做的改变。这么决定之后，我们开始纠结这两份菜单上应该列上什么菜，甚至在标题段落完成后我们还改过一个菜名！我一遍遍修改标题段落，每一次我都尽可能出现在拍摄现场，这非常重要。甚至在把片子交给电视台后，我有时也会坚持要重新剪辑标题段落，哪怕只是微小的地方。我甚至在最后一刻缩短了《麻烦终结者》的标题段落和尼曼的音乐。

有时标题段落可以更短。影片开头只用简单的字幕也可以非常抓人眼球。《皮肤脱落的男孩》就是如此，只是简单、普通的文字叠现在影片的第一个画面上，持续了3秒。大多数节目名字会出现在片头一分钟或两分钟之后，而《皮肤脱落的男孩》的方式则很不寻常。作为一条首要原则，标题文字持续显示的时间要两倍于阅读所需要的时间，影片中的字幕则需要持续1.5倍于阅读所需的时间。

有了新的节目名、故事，以及其他最后的改变，《皮肤脱落的男孩》最终完成时，恰逢第四频道新的节目主管上任。他看了成片，非常肯定地对整个频道宣布，这正是他喜欢的类型，于是决定安排它在黄金时间段播出——头一次，没有遇到任何推诿和托辞。所以市场团队开始投入行动。有了这样一个节目名称，又有强尼去世之后留下的那段精彩的开场演讲（让我再重复一遍，这个主意最初不是我想出来的，而是来自另外一个思维敏锐的立项主管和团队），还有一个人们真正关心的人物，这部影片变成了讲述一个人如何发挥生命的价值从而直面死亡的故事，有着恰到好处的时间线和故事，而强尼在临死前一天得以去唐宁街10号见首相也让影片最后的大问题解决了。

我们都想让自己的人生实现某些成就，体现在这部影片中就是强尼在过世的前一天，成功地要到了救治其他患者的钱。这是一个永恒的主题，救赎式的、英雄性的、莎士比亚般的、一个普世的真理。我觉得强尼会为此感到骄傲。这也是一部尽可能真实的影片。这可能是第四频道如此喜欢它的一部分原因。影片达到了 18% 的观众市场份额，对于只有一集的严肃纪实类节目是非常高的。在它播出之后，一位新的首席执行官从 BBC 调到第四频道，而当时的首席执行官马克·汤普森，被调回了 BBC 当总经理。在新的首席执行官上任的那天，他站起来说，这是他今年最喜欢的影片。这是一个非常具有原创性的节目，也很幸运地发挥了自己的作用，尤其是让强尼在他临死前来到了唐宁街 10 号。

如果你还记得第一章里列举的进入电视行业的要求，它们由轻至重排列分别是：聪明、魅力、渴望和幸运——幸运是最重要的。由于我执着于找到一家合适的学校，《杰米的校园餐食》的开拍延迟了 3 个月，后来由于剪辑更是一拖再拖。如果我准时开拍，按时结束，那可能会是个灾难。在我们毫无预料的情况下，节目由于推迟，刚好赶上了大选前播出，所以当时的政府必须要重视，而节目恰巧赶上了时机。但虽然有时你会很幸运，也要记住你的成功不能只是因为你一时的聪明——记住你不可能总是幸运的。《杰米的意大利大逃亡》这档节目推出时我就很不幸，因为它刚好在大家热捧的节目《杰米的校园餐食》之后不久播出。这两档节目在一些国家播出时，由于中间间隔了较长时间，前者也获得了大家的热捧。但在英国播出时，由于间隔太短，反响平平。不管是戈登·拉姆齐还是其他明星，都不能消费过度。在电视行业中最难掌握的一个窍门就是不要竭泽而渔。当一档节目势头还行的时候便砍掉它，《弗尔蒂旅馆》(*Fawlty Towers*) 只有两季，最初的《麻烦终结者》也是如此，但是在这么多年之后，人们依旧还是记得这两档节目中每一期的剧情。

庆功会和获奖

最后，完成了一切艰难的工作，你终于到了最后的播出阶段。在付出所有努力之后，你会感到异常的平静——像是考试之后的感觉，甚至还要更糟糕一些。所以我强烈建议组织一个播放聚会，一起观看影片。不用花太多钱，可以就在某人家里进行。即便你只是制片人助理，即便没有其他人建议这样做，你也可以自己组织。

没有它，每个人可能都会感到凄惨而平淡。不管怎样，你为了隔天的收视率和评论还是要去这么做。无论结果如何，尽量见更多的人，无论是在你的制作公司，或者理想情况下，在电视台，因为这样你将能够影响别人对它的评价，至少能有一点点作用，如果反响不错，你也能因此沾光。

还有最后一件事，如果你应用了书中的所有工具，运气还很好（还没完全用光）你将来到一个美妙的时刻——颁奖典礼。不管你的影片有多好，如果你能拉拢排片人和市场营销人员，都是有巨大帮助的。亚当·柯蒂斯辉煌的系列节目《噩梦的力量》如果没有得到适当的宣传，可能只是另一档不起眼的时事类节目。努力在颁奖典礼季来临之前的秋季末让节目重播一次——这样评委团看到它的机会更大，而重播标志着它更有分量。奖项拿得越多越好，哪怕是不起眼的。我在医学类媒体评奖中赢得了一个甚好的花瓶，在那里几乎每个人都能拿到一个奖。世界各地有数以百计的评奖，涉及各种专业领域，从商业类电视节目的温考特奖（Wincott Award）到精神健康传媒奖（Mental Health Media Award），再到美国电视新闻的乔治福斯特皮博迪奖（George Foster Peabody Award）。所以，试着找出你的节目能够满足参选资格的任何评奖，如果你没有申请资格，就劝说你的老板去申请。

如果有些拿不准，可以的话，就为你的节目找到或努力设立一个新的奖项。《重返基层》和《地毯上的血迹》似乎不太可能赢得英国电影和电视艺术学院最佳纪录片系列节目奖项，它们是不够标准的。但这两档节目创造了一种新的通俗纪实类电视节目类型。幸运的是，英国电影学院也有这方面的计划，于是这两档节目赢得了最初两届的英国电影和电视艺术学院这一类别的奖项，接下来，很快《原味主厨》《伪装者》《交换妻子》《最高档》和《学徒》相继获得了该奖项。所有这些获奖者都兼具娱乐性和优质内容——再回到第一章的内容，这是一种令人兴奋的类型混搭的产物。

最后，谁上台领奖变成了一个棘手的事情。我第一次领奖体验是我自己的作品《麻烦终结者》。约翰爵士没能够参加，所以我的执行制片人被叫去领这个奖，但是在这一刻绝对不能害羞，我不请自来地跟着上去了。当颁奖典礼主持人格里夫·里斯·琼斯（Griff Rhys Jones）当着上百万的电视观众面前惊奇地问："你是谁？"我回答说："这个节目是我做的。"

在《杰米的校园餐食》获奖的国家电视颁奖典礼上，我们接到了组织方和杰米公司老板的严格指令，如果我们赢了，只能让杰米一个人上台。当我们真的获奖的时候，我带上了整个团队，包括制作经理、项目统筹和老板——带上所有的人总是好的，无论应不应该——然后尾随杰米一起登台，这是ITV的现场直播，不幸的是我在匆忙登台的时候绊倒了！

成功背后有很多人的力量。《杰米的校园餐食》是被几乎所有与它有关系的人员共同创造的，从数不尽的电视台老板到杰米本人，还有很多没有实际参与的人。而唯一没有提出想法的人就是我了，我是一个手艺人——只是将大家的想法成为现实。我相信这是电视界里最好的工作。很多立项主管认为，电视节目最富创意的部分不仅是最初的想法，更在于将这些想法做成节目、改造它们、包装它们，打造出英雄。

一个节目的发展，就像一个生命体。你需要不断努力找到理由和动力以使得观众去关注。当一部影片或系列节目缺少这样的灵感时，就像《杰米的意大利大逃亡》，你就真的遇到大麻烦了。我加入那个节目的时候，它已经启动多时了，但在开拍前夕他们需要帮助。我能给他们创造的最好的出发点是这样的：《杰米的校园餐食》的经历让杰米无比疲惫，还要面对提前到来的典型的中年危机。他从16岁开始就一直和朱尔斯生活在一起，一刻不停地工作，没有休息。他现在非常期待能够享受此前错过的空档年。

就在我们将要开拍的时候，我们发现他同时还带着一个写作团队和拍摄团队一起工作。但用图片完成的美食书的需求和影片拍摄团队对创造英雄的需要是非常不一样的。杰米的时间和平时一样非常有限，因为这两方都要很多时间，而且要做的事情很不一样，导致一路上摩擦不断。最后我被叫到了西西里岛。隔天早上，杰米·奥利弗和朱尔斯来我在马力迪莫（Marettima）小岛上的酒店房间，他们说拍摄完蛋了。我当时正在琢磨这次我又要打破什么样的电视规则。然后在拍摄搁浅的同时，疾风呼啸而来，船舶取消了，风大到救援直升机都不能靠近。明星们被困在暴风雨中，让我想起制作电视节目最重要的原则就是不要害怕！

感觉就像过了几周时间，但实际就只有两天，狂风加剧，我们终于看到一艘小船非常勇敢地挺近小港口。杰米、朱尔斯和整个团队迅速地上了船，大家都欢呼起来。之后我想起来，也许你可以没有任何原因地去拍一个美食节目，这是杰米一直知道的事情。我意识到我已经打破了所有重要的原则，成功真正的秘密在于：一旦你学会了纪实类电视节目故事叙述的所有规则，就要打破它。

两周之后我们达到了一个意想不到的境界。加入了更多爱的、少了一点督促、再加上一些意外的计划安排扭转了局面。烹饪书已经完成了，杰米独自待在一个修道院的小屋子里面，试图寻找寻找内心的平静，同样已经平静下来的制作团队拍摄到了这一切。危机反而让这变成了一个更强的电视节目，所以要控制你的紧张情绪！

作为电视制片人，很有趣，有时也会有点吓人。现在是时候让你的素材支配你的故事了，用你自己的方式来做吧，创造你自己的原则。各位好运！

附件　电视节目 100 条黄金法则[①]

1. 永远不要做已经成功过的事。
2. 选择可以被拯救的灾难入手。
3. 想要创造成功的作品，需要让不同的类型彼此碰撞。
4. 如果你有足够强烈的直觉告诉你如何去做，不如听从你的疯狂想法。
5. 重点的不是主题，而是故事本身。
6. 好的故事往往是展现主人公在压力之下做出改变，最理想的状态是获得救赎。
7. 将你带入隐藏世界的故事也是很有效的。
8. 选择一个神奇的故事，并且坚持围绕它展开。
9. 给这些故事披上尽量多的新外衣，不过，还是继续讲述同样的故事。
10. 成功需要娱乐和内容的叠加。
11. 你的主题和故事要看上去很宏大，但同时要有足够小的切口去拍摄。
12. 戏剧需要英雄，英雄需要敌人。
13. 电视会削弱人们的表现力，所以，你作品的人物要有“大于生活”的潜力。
14. 对那些想要马上参与节目的人，要警惕。
15. 英雄的历程越是艰辛，大众就会越喜欢他。
16. 让你的主要人物形象越突出、越接地气越好。
17. 抓住节目嘉宾们的虚荣心。
18. 让节目嘉宾来帮助你，告诉他们，如果他们不帮助你，你就会失业。
19. 你总能发现人与人之间的共同点，因此对其他人的兴趣点要表现出感兴趣的样子。
20. 在第一次会面时，不要给节目嘉宾说“不”的机会。
21. 不要太快给嘉宾参加节目的允诺。
22. 表现出好心又有点笨拙的样子。
23. 信任你，是让节目嘉宾配合工作的最重要的因素。
24. 摒弃偏见，要开放性地进行研究。
25. 真相存在于研究调查中。

① 译者注：英文原文中第 24 条和第 16 条重复，在译文中已删去重复内容。

26. 在调研上花的时间是最值得的。
27. 好戏不怕等。
28. 剧本是一张路线图，可以帮助你找到清晰的方向。
29. 经常会出现祸兮福所倚的情况。
30. 尽可能选择与正常预期相反的主持人。
31. 如果可以，选择有激情的专家。
32. 组建合适的团队来制作。
33. 雇用有人推荐的员工。
34. 雇用经验不足但是求知若渴的新人。
35. 为你的角色寻找到适合他表演的最佳舞台。
36. 要不断营造戏剧性，再让故事中的英雄和反派相遇。
37. 当你听到对于一件事情两种不同的看法时，更能验证它的真实性。
38. 叙事是由小问题和小答案组成的，而它们又组成了大的问题和答案。
39. 影片制作要同时考虑五个维度：
    (1) 讲故事的能力
    (2) 视觉能力
    (3) 交际能力
    (4) 组织能力
    (5) 新闻工作的技巧和说服的技能
40. 拍摄与行医一样，道德和技术同样重要。
41. 不要拍太多。
42. 不要在办公室进行拍摄，去找一些有趣的场景。
43. 很多最好的影片是在有限的时间和空间内拍摄的。
44. 不要为没有拍到的东西而惋惜，重要的是你拍到的内容。
45. 在拍摄的过程中，不要去评价，而是要努力去理解。
46. 找到一个好的影片剪辑师。
47. 相信你的剪辑师，要让素材自己讲故事。
48. 最好的后期剪辑是在花园里完成的。
49. 把你的影片给其他的聪明人观看，并且吸收他们的想法。
50. 影片不需要介绍，而需要直接开始，所以要不断精简。
51. 要在标题之后放上一组精彩的同期声画面。
52. 错了就要承认。
53. 增加一些反转或惊喜。

54. 剪辑应该是走两步退一步的过程。
55. 如果主持人表现不错，你也会有面子。
56. 告诉主持人，好想法都是他们想出来的。
57. 要欲扬先抑地处理嘉宾的形象。
58. 要在节目嘉宾的家里进行拍摄，并且需要拍摄他的家人。
59. 不但要让你的嘉宾和主持人一直开心，也要让你的团队保持好的状态。
60. 要入行，你需要具备的要素，从轻到重依次为：聪明、魅力、野心和运气。
61. 和你的领导的上司也要搞好关系。
62. 领导者都是孤独的，要和他们交朋友。
63. 去寻找一些别人没有做过的事情去做，并且要做得与众不同。
64. 想要达成自己的目的，有时需要佯装放弃。
65. 学会宣传自己。
66. 作为一个调研员，要努力追随有才华的导演，并且帮助他们，而不是急于制作你自己的影片。
67. 始终为你的下一部影片或者工作做好准备。
68. 表现出你很乐于分享，实际上却要留一手。
69. 在电视圈之外找朋友或搭档，他们不会让你一直讲关于电视的事。
70. 给自己放假——有时得放长假。
71. 现场的同期声是最好的。
72. 被下达指令时可以表现得很困惑，但实际上却自有打算。
73. 当你没有把握的时候，列出在每个段落，你希望节目嘉宾表现出的你需要的三个要点。
74. 最好在对话开始前便开始拍摄，结束后也继续拍摄。
75. 采访是为了表现情感。
76. 沉默和与之相伴的表情可能是采访中最好的一部分。
77. 旁白要尽可能口语化，避免过于书面化。
78. 旁白需要有幽默元素加入。
79. 旁白要尽量精简，即使是在录制的时候也可以改（特别是重写的旁白）。
80. 提案应该留有余地，引人期待。
81. 有时候需要做一些反其道而行的事情。
82. 试着用几句话说清楚，并得到酒吧里每个人的注意。
83. 拍摄只是影片制作的一半而已。
84. 需要和排片人、市场人员以及公关人员搞好关系，平时请他们吃个饭。

85. 和传媒搞好关系，尽可能给他们提供方便。

86. 在节目宣传中，时机和画面是最重要的。

87. 你自身的媒体曝光也很重要。

88. 你的影片观众群大小与否不代表全部，却很重要，要努力让你的影片在同类影片中赢得最多观众。

89. 你要多多夸奖主持人。

90. 影片最好的组织原则就是时间。

91. 越短总是越好。

92. 节目的名称很重要，要像罐头上的标签一样指明里面有什么。

93. 最显而易见的一般都是最好的。

94. 真诚地面对自己和你的主持人。

95. 尽可能仔细地检查每一个事实细节。

96. 站稳你的地盘，从一个如饥似渴的年轻家伙变成一个成熟的老手。

97. 如果你是一个要负责管理的影片制作者，要尽力避免生硬晦涩和盲目跟风。

98. 尽可能多地拿奖。

99. 不要慌张。

100. 一旦你掌握了这些规则，你就需要开始忽略和打破它们，重新开始。

图书在版编目（C I P）数据

冲突 ：纪实节目、真人秀、电影的故事宝典 / (英) 罗伯特·瑟克尔 (Robert Thirkell) 著 ; 彭侃译. -- 北京 : 中国广播影视出版社, 2019.10
（纪录片实务译丛）
书名原文 : C.O.N.F.L.I.C.T: An Insider's Guide to Storytelling in Factual/Reality TV and Film
ISBN 978-7-5043-8033-3

Ⅰ. ①冲… Ⅱ. ①罗… ②彭… Ⅲ. ①电视节目制作 Ⅳ. ①G222.3

中国版本图书馆 CIP 数据核字 (2017) 第 265306 号

冲突 ：纪实节目、真人秀、电影的故事宝典

[英]罗伯特·瑟克尔 著
彭侃 译

项目策划 陈晓梅
责任编辑 王丽丹
封面设计 盈丰飞雪

出版发行 中国广播影视出版社
电　　话 010－86093580　010－86093583
社　　址 北京市西城区真武庙二条9号
邮　　编 100045
网　　址 www.crtp.com.cn
电子信箱 crtp8@sina.com

经　　销 全国各地新华书店
印　　刷 三河市人民印务有限公司

开　　本 787毫米×1092毫米　1/16
字　　数 325(千)字
印　　张 16.5
版　　次 2019年10月第1版　2019年10月第1次印刷

书　　号 ISBN 978－5043－8033－3
定　　价 50.00元
